Jürgen Mies

Gefahrenhandbuch für Piloten

Verhalten in besonderen Fällen

Motorbuch Verlag Stuttgart

Einbandgestaltung: Johann Walentek

ISBN 3-613-01577-3

1. Auflage 1994

Copyright 1994 by Motorbuch Verlag, Olgastraße 86, 70180 Stuttgart
Ein Unternehmen der Paul Pietsch-Verlage GmbH & Co.
Sämtliche Rechte der Speicherung, Vervielfältigung und Verbreitung sind vorbehalten.

Produktion: Air Report Verlag Peter Bachmann, 64739 Höchst
Druck und Bindung: Konrad Triltsch, 97070 Würzburg

Printed in Germany

Inhalt

4. Luftfahrzeug

5. Wetter

8. Unfall

9. Anhang

Wichtiger Hinweis: Bei verschiedenen Karten- und Formularabbildungen ist noch "Bundesanstalt für Flugsicherung" (BFS) vermerkt. Die BFS allerdings wurde zum 1.1.1993 privatisiert und in "Deutsche Flugsicherung" (DFS) umbenannt. Deswegen können erst nach dem 1.1.93 veröffentlichte oder berichtigte Karten und Dokumente die neue Unternehmensbezeichnung tragen.

Vorwort

Dieses Handbuch soll kein Ratgeber im Notfall, sondern für den Notfall sein, denn wenn man als Pilot während eines Fluges in eine gefährliche Situation geraten ist, hilft das Nachschlagen in einem Handbuch kaum noch. Man sollte vorher wissen, was in welcher Situation auf einen zukommen kann und wie man reagieren muß.

Es werden aber nicht nur Notfälle behandelt, sondern auch Ausnahmesituationen, wie sie in der fliegerischen Praxis jederzeit vorkommen können. Die Themenauswahl orientiert sich an den Richtlinien des Bundesministers für Verkehr für die Ausbildung von Privatpiloten, Abschnitt "Verhalten in besonderen Fällen".

Damit richtet sich dieses Buch nicht nur an den "fertigen" Piloten, es dient gleichermaßen als Lehrbuch für den Piloten in der Ausbildung. Um dem Lernenden die Arbeit zu erleichtern, schließt jedes Kapitel mit einer Zusammenfassung ab. Ob man alles verstanden hat, kann man anhand der über 170 Kontroll- und Übungsaufgaben selbst überprüfen. Alle Aufgaben werden am Ende des Buches gelöst und ausführlich erklärt.

Das Verhalten in besonderen Fällen hängt nur zum Teil vom fliegerischen Geschick und von der fliegerischen Erfahrung des Piloten ab. Richtige Entscheidungen im richtigen Augenblick verlangen auch ein gehöriges Maß an theoretischem Wissen. Dieses Wissen vermittelt dieses Buch.

Höchst, im März 1994

Jürgen Mies

Kapitel 1
Einführung

Fliegen ist schön. Die meisten von Ihnen durchgeführten Flüge werden ohne besondere Schwierigkeiten verlaufen; der Himmel lacht, Sie freuen sich an der unter Ihnen hinwegziehenden Landschaft und genießen das Fliegen ... Es kann aber auch einmal anders kommen. Das Wetter ist schlecht, die Sicht geht zurück und Sie verlieren die Orientierung. Mitten im Sprechfunkverkehr fällt das Sprechfunkgerät aus. Oder der Flugplatz, den Sie anfliegen, hat eine extrem kurze Landebahn. Oder Sie fliegen in die Alpen und geraten in eine starke Abwindzone ... Dieses Buch beschreibt solche besonderen Situationen im Flugbetrieb und gibt Hinweise, wie man sich verhalten sollte bzw. wie man sie von vornherein vermeidet.

In viele der hier beschriebenen Situationen werden Sie (zum Glück) nie kommen, vorausgesetzt, Sie sind ein verantwortungsbewußter Pilot, führen vor jedem Flug eine ausführliche Flugvorbereitung durch und betreiben Ihr Luftfahrzeug entsprechend den Vorschriften im Flughandbuch. Die Unfallstatistiken zeigen, daß die meisten Vorfälle und Unfälle im Bereich der Allgemeinen Luftfahrt auf schlechte Flugvorbereitung und Einflug in schlechtes Wetter zurückzuführen sind. Technisches Versagen, im schlimmsten Fall der Ausfall des Motors, kommt äußerst selten vor. In den meisten Fällen ist die Unfallursache der Mensch, also der Pilot selber. Man hat es daher selbst in der Hand, sich vor vielen der in diesem Buch beschriebenen Vorfälle zu schützen.

Eine ausführliche Flugvorbereitung benötigt Zeit, und die sollte man sich in der Fliegerei immer nehmen. Am besten führen Sie die Flugplanung anhand eines Flugdurchführungsplanes durch, wie man ihn im Luftfahrtbedarfshandel in verschiedenen Ausführungen kaufen kann. Hat man den Flugdurchführungsplan komplett ausgefüllt, kann man sicher sein, nichts vergessen zu haben. Ein besonderes Augenmerk in der Flugvorbereitung muß auf der Flugwetterberatung liegen; ein Strekkenflug über mehrere Stunden oder ein Flug ins Gebirge bedarf einer besonders intensiven Wetterberatung. Läßt die Wetterberatung Zweifel an der Durchführbarkeit des Fluges aufkommen, so fliegen Sie auf keinen Fall. Denken Sie daran: Sie sind nur ein "Schönwetter-Pilot". Es wird noch viele schöne Tage geben, an denen Sie fliegen können.

Zur Flugvorbereitung im weiteren Sinne gehört auch die Vorflugkontrolle, also das Überprüfen des Flugzeuges auf offensichtliche Defekte. Vielleicht ist ein Reifen platt, der Propeller hat eine Kerbe oder der Tank enthält Wasser. In jedem Flughandbuch befindet sich eine Checkliste, nach der man Schritt für Schritt die Vorflugkontrolle durchführen kann. Wer hier schludert, kann sich und seine Passagiere unnötig in Gefahr bringen.

Auch wenn man seinen Flug noch so gut vorbereitet und sein Flugzeug im Griff hat, wird man vielleicht doch einmal in eine schwierige Lage geraten. Jeder Pilot tut also gut daran, sich soweit wie möglich vorher mit eventuellen Problemen zu beschäftigen. Viele der in diesem Buch beschriebenen Situationen führen nicht zu einer unmittelbaren Gefahr für Pilot und Passagiere, es sind Fälle, die eine besondere Aufmerksamkeit und Umsicht des Piloten verlangen. Auf diese Fälle kann man sich vorbereiten. Machen Sie sich immer wieder Gedanken darüber, was Sie in verschiedenen Notsituationen tun würden. Viele sind im Flughandbuch beschrieben, und Sie können sie zuhause theoretisch durchspielen. Setzen Sie sich in Ihr Flugzeug, und gehen Sie die Handgriffe durch, die Sie, z.B. bei einem Vergaserbrand, bei Ausfall des Triebwerks oder in anderen Notlagen, ausführen müßten.

Üben Sie mit Ihrem Fluglehrer verschiedene Notsituationen im Flug. In der Verkehrsfliegerei ist dies ein Muß. Auch Sie sollten sich angewöhnen, jedes Jahr einmal mit einem Fluglehrer ein Notfall-Training zu absolvieren.

Natürlich spielt in der Luftfahrt die Erfahrung des Piloten bei der Bewältigung außergewöhnlicher Situationen eine wichtige Rolle. Erfahrungen sammeln kann man aber nicht nur durch eigenes Erleben, sondern auch durch Erlebnisse anderer. In den verschiedenen Flugzeitschriften findet man eine Fülle von Erfahrungsberichten von Piloten, die man sorgfältig lesen sollte. Das Luftfahrt-Bundesamt, das u.a. die Vorfälle und Unfälle in der Luftfahrt untersucht, gibt in unregelmäßigen Abständen Flugsicherheitsmitteilungen (fsm) heraus.

Diese richten sich speziell an die Privatpiloten und beschreiben detailliert besondere Gefahrenlagen im Flugbetrieb. Nutzen Sie alle Möglichkeiten, sich zu informieren und fliegerisch weiterzubilden - zu Ihrer eigenen Sicherheit und zur Sicherheit Ihrer Fluggäste.

Kapitel 2
Flugplatz

Eine wichtige Entscheidungshilfe für den Piloten bei Start und Landung ist die Halbbahnmarkierung.

Besondere Eigenschaften der Start- und Landebahn

Die meisten Flugplätze verfügen über ganz "normale" Start- und Landebahnen und geben den Piloten keinen Anlaß, mehr als die übliche Umsicht bei Start, Landung und Rollen walten zu lassen. Ein Blick in das Luftfahrthandbuch oder das Jeppesen-Manual zeigt aber, daß es durchaus eine größere Anzahl von Flugplätzen im In- und Ausland gibt, die beachtenswerte Besonderheiten aufweisen:

Die Start- und Landebahn ist extrem kurz oder extrem schmal, die Längsneigung der Bahn ist außergewöhnlich groß, oder der Anflug wird durch ein hohes Hindernis kurz vor der Landebahnschwelle erschwert. Es ist gut, wenn man schon vor dem Start bzw. vor der Landung diese Besonderheiten kennt und sich darauf einstellen kann. Vielleicht muß man dann feststellen, daß man auf diesem Flugplatz mit seinem Flugzeug aufgrund der besonderen Umstände gar nicht landen kann. Ein genaues Studium der Flugplatzkarten gehört daher zur Flugvorbereitung, will man sich (und seine Passagiere) vor unangenehmen Überraschungen bewahren.

Kurze Start- und Landebahnen

Wer beispielsweise mit einer Piper PA28 einen Flugplatz mit einer Bahnlänge von 1.000 m anfliegt, wird ganz gewiß keine besonderen Probleme beim Starten oder Landen zu erwarten haben. Anders bei einer kurzen Bahn. Eine Landebahnlänge von 500 m ist für eine Piper PA28 durchaus noch ausreichend. Aber bei voller Beladung, hoher Temperatur und einer gro-ßen Flugplatzhöhe kann es schon knapp werden. Es gibt einige Plätze mit Start- und Landebahnlängen unter 500 m. Der Flugplatz Helgoland z.B. hat eine extrem kurze Bahn von nur 258 m. Hier müssen Start und Landung auf den Meter genau stimmen. Eine einige Knoten zu hoch gewählte Anfluggeschwindigkeit oder ein etwas zu weit gewählter Aufsetzpunkt können zu einem Mißlingen der Landung führen.

Das Starten und Landen auf kurzen Bahnen muß geübt werden: Am besten erst auf längeren Start- und Landebahnen, bevor man sich an kurze Bahnen heranwagt. Im Flughandbuch sind im allgemeinen die Techniken für Kurzstart und Kurzlandung beschrieben. Da es Unterschiede zwischen den einzelnen Flugzeugtypen gibt (z.B. Geschwindigkeit, Klappenstellung), sind die Angaben im Flughandbuch besonders zu beachten. Zur Vorbereitung eines Starts bzw. einer Landung auf einer kurzen Start- und Landebahn gehört selbstverständlich auch die Berechnung der Start- und Landestrecke. Die beste Kurzlandetechnik nützt nichts, wenn die erforderliche Landestrecke größer als die vorhandene ist.

Kurzlandung

Eine kurze Landung erzielt man durch eine möglichst niedrige Landegeschwindigkeit, dem Aufsetzen an einem Punkt nahe der Landebahnschwelle und einem entsprechend starken Einsatz der Bremsen nach der Landung.

Abb. 1 (nächste Seite): Der Verkehrslandeplatz Helgoland hat eine extrem kurze Start/Landebahn. Die Bahn 06/24 hat eine Länge von nur 258 m.

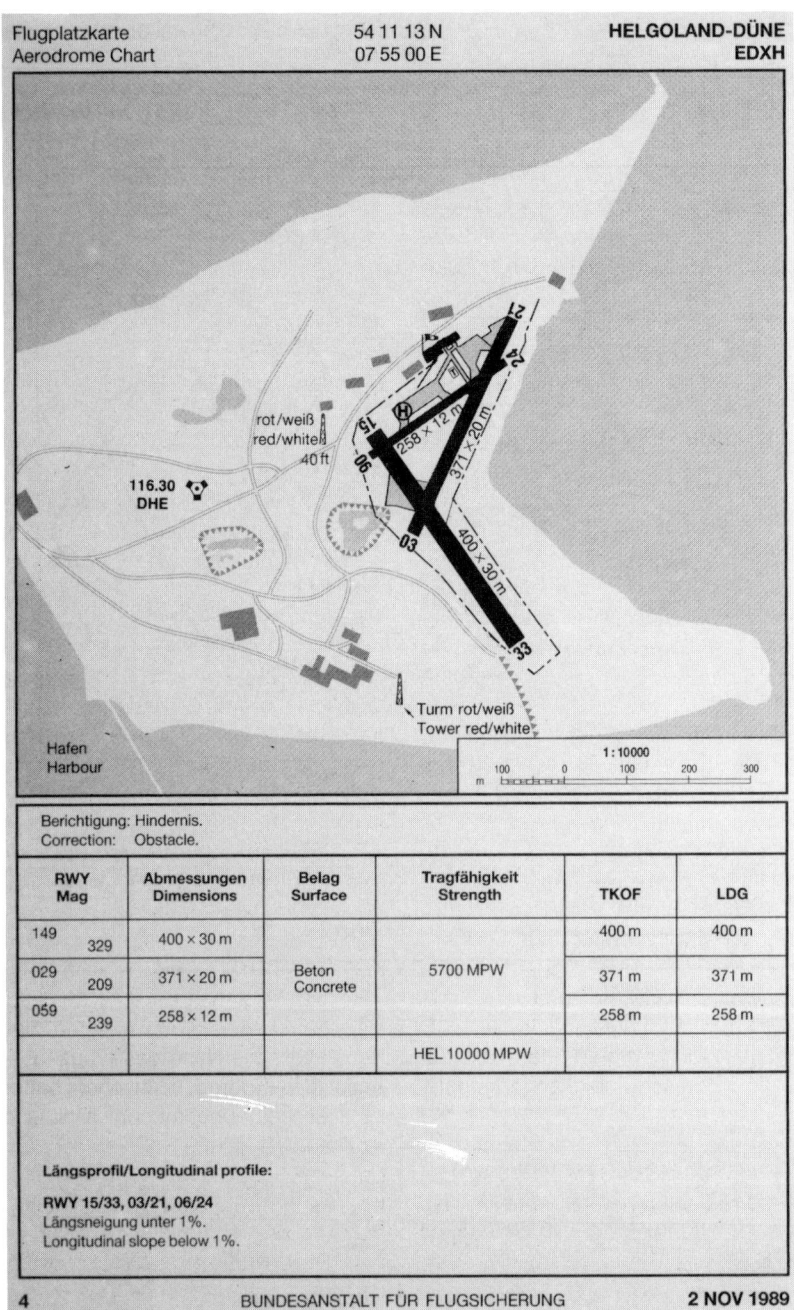

Berichtigung: Hindernis.
Correction: Obstacle.

RWY Mag	Abmessungen Dimensions	Belag Surface	Tragfähigkeit Strength	TKOF	LDG
149 329	400 × 30 m			400 m	400 m
029 209	371 × 20 m	Beton Concrete	5700 MPW	371 m	371 m
059 239	258 × 12 m			258 m	258 m
			HEL 10000 MPW		

Längsprofil/Longitudinal profile:

RWY 15/33, 03/21, 06/24
Längsneigung unter 1%.
Longitudinal slope below 1%.

Durch Setzen der vollen Klappen wird die geringste Landegeschwindigkeit erreicht. Sie entspricht dem 1,3-fachen der Überziehgeschwindigkeit bei voll ausgefahrenen Klappen, also 1,3 x V_{SO}.

Im Flughandbuch wird üblicherweise eine etwas höhere Geschwindigkeit für Kurzlandungen festgelegt. Halten Sie sich an die dort angegebene Geschwindigkeit. In keinem Fall jedoch dürfen Sie die Geschwindigkeit 1,3 x V_{SO} unterschreiten - auch wenn die Bahn noch so kurz ist.

Die Einteilung des Anfluges kann man wie gewohnt vornehmen: Im Gegenanflug werden die Klappen nur teilweise gesetzt und die Geschwindigkeit gemäß Flughandbuch reduziert. Mit Beginn des Endanfluges werden die Klappen dann voll gesetzt, die vorgeschriebene Geschwindigkeit für eine Kurzlandung erflogen und der Sinkflug eingeleitet.

Ist der Endanflug sehr lang, so empfiehlt es sich, wie bei einem normalen Anflug die Klappen nur etwa zur Hälfte zu setzen, auf die Endanfluggeschwindigkeit zu reduzieren und den Sinkflug einzuleiten. Erst im kurzen Endanflug fährt man die Klappen voll aus und verlangsamt das Flugzeug auf Kurzlande-Geschwindigkeit. Durch das Ausfahren der Klappen wird die Geschwindigkeit verringert und die Sinkrate erhöht. Mit dem Leistungshebel muß die Sinkrate sofort korrigiert und exakt auf die Kurzlande-Geschwindigkeit angepaßt werden.

Denken Sie daran: Mit dem Leistungshebel steuern Sie die Sinkrate, mit dem Höhensteuer kontrollieren Sie die Fluggeschwindigkeit.

Gleich welche Methode man anwendet: Beim Überflug der Landebahnschwelle muß die Geschwindigkeit auf 1,3 x V_{SO} bzw. auf die im Flughandbuch festgelegte Geschwindigkeit für Kurzlandungen stabilisiert und ein Aufsetzen nahe der Schwelle sichergestellt sein. Diese geringe Geschwindigkeit garantiert ein sehr kurzes Ausschweben und eine minimale Landerollstrecke.

Über dem Aufsetzpunkt wird das Flugzeug abgefangen. Aufgrund des hohen Anstellwinkels und der geringen Geschwindigkeit befindet sich das Flugzeug nahezu in Landekonfiguration. Der Pilot muß nun nur noch wenig am Höhensteuer ziehen, um das Flugzeug aufzusetzen. Einige Flughandbücher schreiben vor, nach Überflug der Schwelle die Leistung auf Leerlauf einzustellen. Dies führt aber gerade bei voll gesetzten Klappen zu einer merklichen Erhöhung der Sinkrate.

Der ungeübte Pilot wird in diesem Moment unwillkürlich am Höhensteuer ziehen und, da er schon sehr nahe an der Überziehgeschwindigkeit fliegt, damit das Flugzeug möglicherweise überziehen. Besser ist es, auch nach Überflug der Schwelle ein bißchen Leistung "stehenzulassen" und erst unmittelbar über dem Aufsetzpunkt die Leistung auf Leerlauf zu reduzieren.

Bei einer Landung auf einer langen Bahn wird der Pilot nach dem Aufsetzen des Hauptfahrwerkes durch Ziehen des Höhensteuers die Nase des Flugzeuges und damit das Bugrad noch oben halten und es erst bei abnehmender Rollgeschwindigkeit sanft auf die Bahn setzen. Das Ziel bei einer Kurzlandung ist es aber, die Rollstrecke möglichst kurz zu halten, um die Radbremsen bald einsetzen zu können. Dazu muß auch das Bugrad am Boden sein. Man wird es nach dem Aufsetzen des Hauptfahrwerkes so bald wie möglich sanft aber bestimmt auf die Bahn

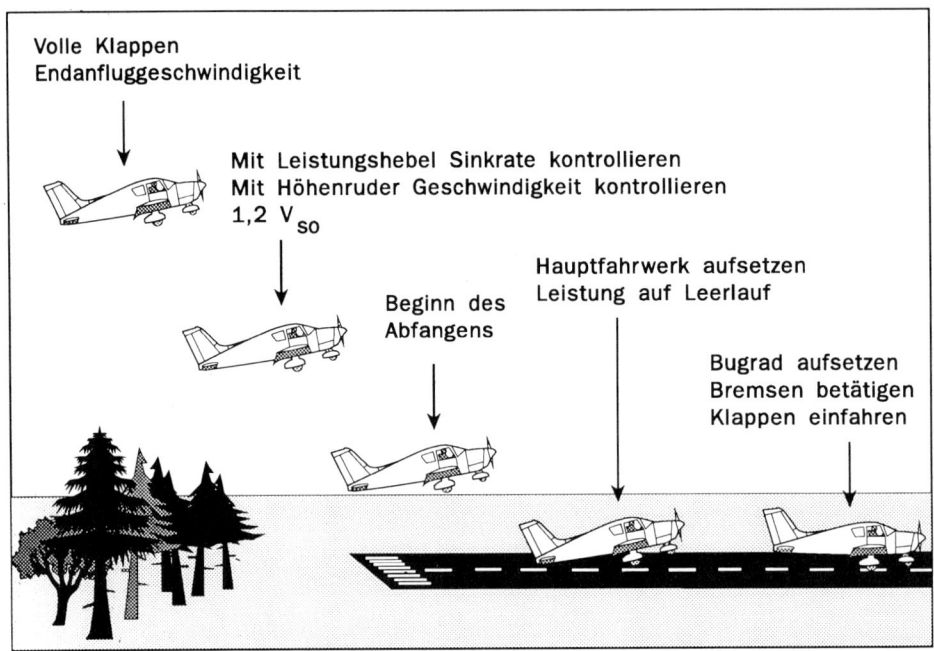

**Volle Klappen
Endanfluggeschwindigkeit**

**Mit Leistungshebel Sinkrate kontrollieren
Mit Höhenruder Geschwindigkeit kontrollieren
$1,2\ V_{SO}$**

**Hauptfahrwerk aufsetzen
Leistung auf Leerlauf**

**Beginn des
Abfangens**

**Bugrad aufsetzen
Bremsen betätigen
Klappen einfahren**

Abb. 2: Kurzlandung

aufsetzen und dann je nach Erfordernis die Radbremsen einsetzen.

Zusätzlich wird die Bremswirkung durch Einfahren der Klappen erhöht. Untersuchungen haben gezeigt, daß auf trockenen und befestigten Landebahnen eine größere Bremswirkung durch Einfahren der Klappen (Erhöhung des Rollwiderstandes) erzeugt wird. Das muß nicht für nasse Bahnen gelten.

Der Anflug auf eine kurze Bahn muß sehr exakt durchgeführt werden. Stellt man beim Überflug der Schwelle fest, daß die Fluggeschwindigkeit weit über der Geschwindigkeit für Kurzlandung liegt oder das Flugzeug viel zu hoch ist und ein Aufsetzen im ersten Drittel der Landebahn nicht sichergestellt ist, sollte man nicht zögern und durchstarten. Lieber noch einmal eine Platzrunde und einen erneuten Anflug machen, als zu erleben, wie man über die Landebahn hinausrollt ...

Noch ein Hinweis: Wenn Sie einen Flugplatz mit einer sehr kurzen Start- und Landebahn anfliegen, überlegen und berechnen Sie **vorher**, ob Sie von diesem Flugplatz auch wieder sicher starten können.

Zusammenfassung

Kurzlandung:
- Anflug mit voll ausgefahrenen Klappen.
- Geschwindigkeit gemäß Flughandbuch bzw. $1,3 \times V_{SO}$.
- Leistung auf Leerlauf.
- Kurz nach der Schwelle aufsetzen.
- Sofort danach Bugrad aufsetzen.
- Ggf. Klappen einfahren.
- Radbremsen betätigen.

Kurzstart

Der Start von einer kurzen Bahn beginnt damit, daß der Pilot sein Flugzeug genau an den Anfang der Startbahn rollt, um dadurch auch wirklich die volle Startbahnlänge für den Startlauf zur Verfügung zu haben. Die Klappen werden auf die im Flughandbuch für Kurzstart festgelegte Position gefahren (z.B. 10° für Cessna 172, 25° für Piper PA28). Diese Klappenstellung erzeugt einen größeren Auftrieb und führt somit zu einer Verkürzung der Startrollstrecke. Dieser Effekt tritt aber nur bei der im Flughandbuch festgelegten Klappenstellung auf. Setzt man die Klappen stärker als empfohlen, erzeugen sie einen so großen Widerstand, daß eine sehr viel größere Startrollstrecke benötigt wird, um die Abhebegeschwindigkeit zu erreichen.

Am Startpunkt wird das Flugzeug mit den Bremsen gehalten und der Leistungshebel nach vorne geschoben. Kurz vor Erreichen der vollen Leistung werden die Bremsen gelöst und das Flugzeug auf die festgelegte Abhebegeschwindigkeit für Kurzstart beschleunigt. Mit zunehmender Rollgeschwindigkeit wird leicht am Höhenruder gezogen und das Bugrad entlastet. Dadurch wird der Rollwiderstand des Bugrades verringert. Zieht man zu früh bzw. zu stark, dann wird zwar das Bugrad schneller vom Boden abgehoben, dabei aber der Anstellwinkel vergrößert. Das führt zu einer Zunahme des Widerstandes und damit zu einer Verlängerung der Startstrecke.

Bei Erreichen der für Kurzstart festgelegten Abhebegeschwindigkeit wird das Flugzeug durch leichtes Ziehen am Höhensteuer abgehoben. Da die Abhebegeschwindigkeit nur wenig oberhalb der Überziehgeschwindigkeit liegt (etwa 1,2 x V_S), muß starkes Ziehen am Höhensteuer und damit eine hohe Anstellwinkelvergrößerung vermieden werden. Nach dem Abheben wird man also nicht unmittelbar in den Steigflug übergehen können, sondern erst im bodennahen Horizontalflug Fahrt aufnehmen, bis die Steiggeschwindigkeit erreicht ist. Dieser Vorgang dauert nur wenige Sekunden, da das Flugzeug, nun bereits fliegend, keinen Rollwiderstand mehr überwinden muß und somit schneller beschleunigen kann. Die Steigfluggeschwin-

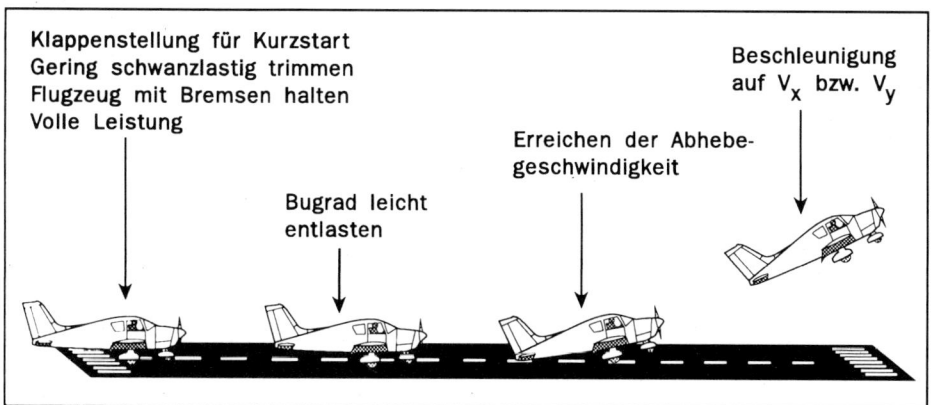

Klappenstellung für Kurzstart
Gering schwanzlastig trimmen
Flugzeug mit Bremsen halten
Volle Leistung

Bugrad leicht
entlasten

Erreichen der Abhebe-
geschwindigkeit

Beschleunigung
auf V_x bzw. V_y

Abb. 3: Kurzstart

digkeit ist im Flughandbuch je nach der Hindernissituation im Abflugbereich mit V_X = Geschwindigkeit für den größten Steigwinkel oder V_Y = Geschwindigkeit für die größte Steiggeschwindigkeit festgelegt. Nach Überflug aller Hindernisse fährt man die Klappen ein und steigt mit der im Flughandbuch angegebenen Geschwindigkeit.

Der hier beschriebene Kurzstart ist ein sicheres Verfahren, wenn man die vorgeschriebenen Fluggeschwindigkeiten einhält. Man sollte sich diese Geschwindigkeiten für "sein" Flugzeug genau einprägen und vor dem Start noch einmal in Erinnerung rufen. Stellt man beim Start eine zu geringe Leistung oder irgendwelche anormalen Reaktionen des Triebwerkes fest, muß die Entscheidung zum Startabbruch sofort getroffen werden, damit das Flugzeug auf der sehr kurzen Bahn noch zum Stehen kommt.

Zusammenfassung

Kurzstart:

- Gesamte Startbahnlänge ausnutzen.
- Klappen in Stellung für Kurzstart.
- Radbremsen betätigen und Vollgas.
- Radbremsen lösen und Flugzeug beschleunigen.
- Bugrad allmählich entlasten.
- Abheben bei der im Flughandbuch festgelegten Geschwindigkeit.
- Steigen mit V_X bzw. V_Y.
- Klappen nach Überflug aller Hindernisse einfahren.

Große Bahnneigung

Flugplätze werden im allgemeinen so angelegt, daß Start- und Landebahnen und Rollwege eben sind oder zumindest eine kaum merkliche Neigung aufweisen. Enthält die Start- und Landebahnbeschreibung im Luftfahrthandbuch keine besonderen Hinweise, so liegt die Längsneigung der Start- und Landebahn unter 1% (d.h. auf 100 m Bahnlänge max. 1 m Höhenunterschied). Nur wenige Start- und Landebahnen werden aufgrund der besonderen Geländegegebenheiten (z.B. Flugplatz am Hang) mit einer Längsneigung von über 1% gebaut. In diesen Fällen wird auf der Flugplatzkarte das Längsprofil der Start- und Landebahn mit Angaben der Schwellenhöhen dargestellt. Es ist also möglich, sich vorher über die Längsneigung der Start- und Landebahn zu informieren und diese in die Flugplanung miteinzubeziehen.

Eine große Bahnneigung beeinflußt die Start- und Landestrecke: Starten in Richtung der ansteigenden Bahn vergrößert die Startstrecke, Landen in diese Richtung verkleinert die Landestrecke. Starten in Richtung der abfallenden Bahn verkleinert die Startstrecke, Landen in diese Richtung verlängert die Landestrecke. Verlängerungen können je nach Bahnneigung erheblich sein und müssen bei der Berechnung der Start- und Landestrecken berücksichtigt werden.

Eine große Längsneigung der Start- und Landebahn hat aber noch einen anderen Effekt: Im Anflug sieht der Pilot die Landebahn in einer anderen Perspektive als gewohnt und kann sich in der Wahl des richtigen Anflugwinkels verschätzen.

Abb. 4 (rechts): Die meisten Start/Landebahnen haben eine Längsneigung unter 1%. Liegt die Längsneigung über 1%, wird das Längsprofil auf der Flugplatzkarte dargestellt. Die abgebildete Bahn 11/29 des Landeplatzes Bottenhorn hat eine Längsneigung von 3%.

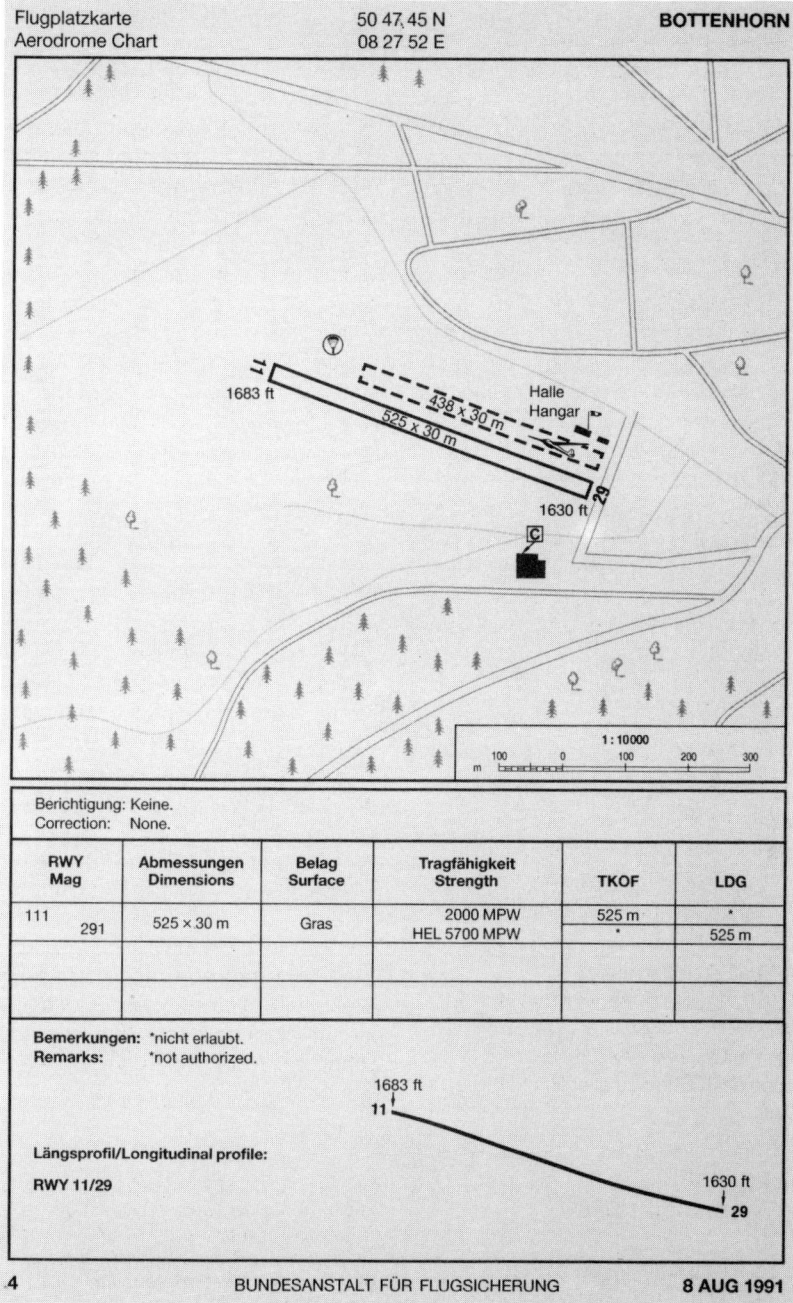

Berichtigung: Keine.
Correction: None.

RWY Mag	Abmessungen Dimensions	Belag Surface	Tragfähigkeit Strength	TKOF	LDG
111 291	525 × 30 m	Gras	2000 MPW HEL 5700 MPW	525 m *	* 525 m

Bemerkungen: *nicht erlaubt.
Remarks: *not authorized.

Längsprofil/Longitudinal profile:

RWY 11/29

1683 ft
11

1630 ft
29

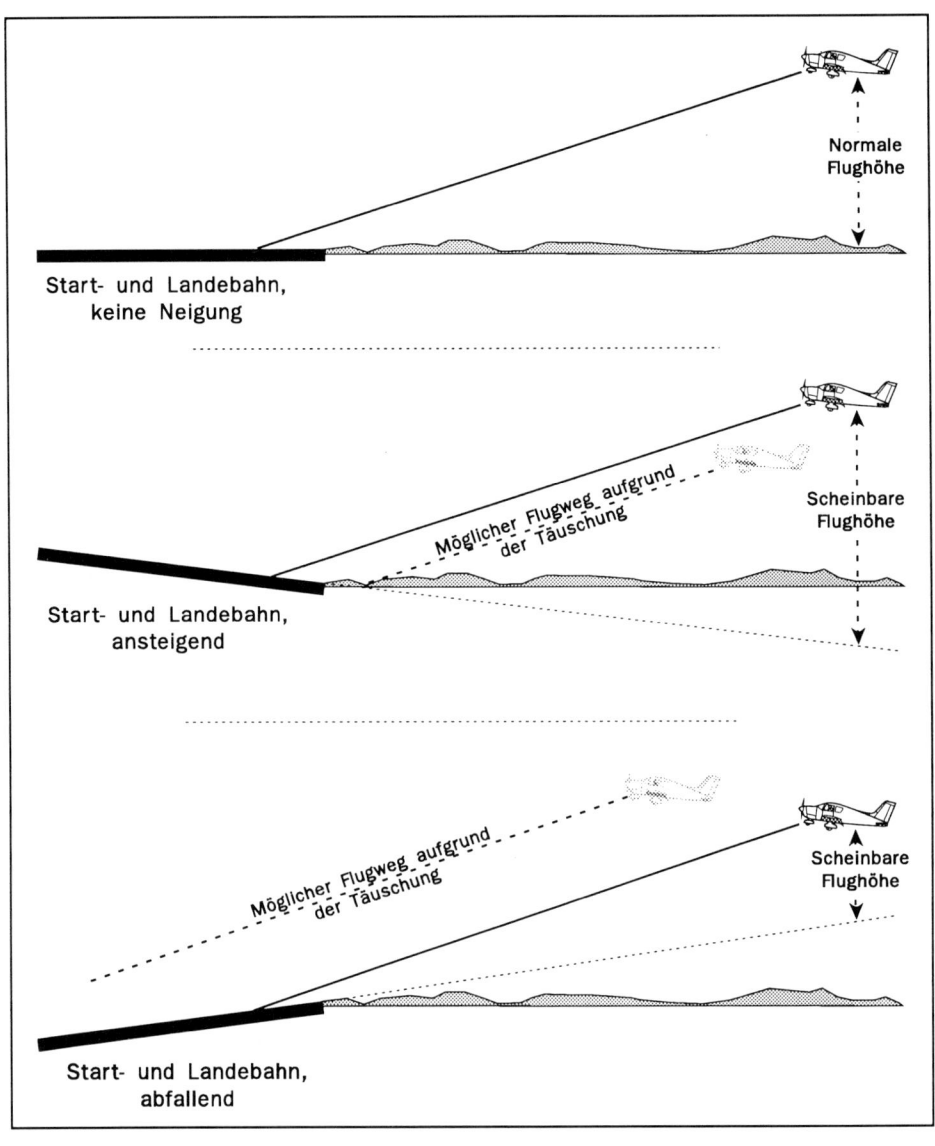

Abb. 5: Einfluß der Bahnneigung auf den Anflug.

Abb. 6 (rechts): Die Start/Landebahn von Bergneustadt/Auf dem Dümpel hat nicht nur eine Längsneigung von über 1%, sondern auch eine beträchtliche Querneigung.

Flugplatzkarte
Aerodrome Chart

51 03 11 N
07 42 26 E

BERGNEUSTADT/AUF DEM DÜMPEL
EDKF

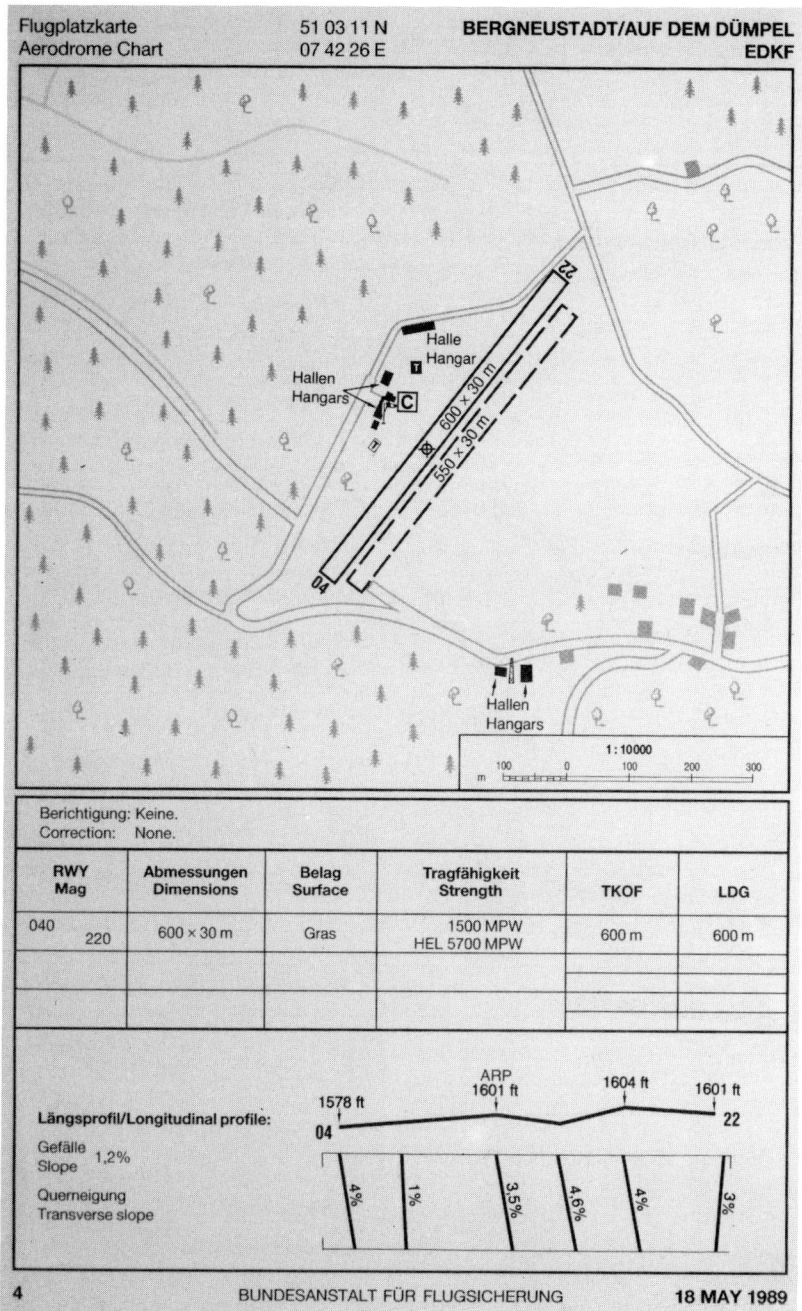

Halle
Hangar

Hallen
Hangars

C

600 × 30 m

550 × 30 m

22

04

Hallen
Hangars

1 : 10000

100   0   100   200   300
m

Berichtigung: Keine.
Correction: None.

RWY Mag	Abmessungen Dimensions	Belag Surface	Tragfähigkeit Strength	TKOF	LDG
040 220	600 × 30 m	Gras	1500 MPW HEL 5700 MPW	600 m	600 m

Längsprofil/Longitudinal profile:

Gefälle
Slope 1,2%

Querneigung
Transverse slope

ARP
1601 ft

1604 ft

1601 ft

1578 ft

04

22

4%   1%   3,5%   4,6%   4%   3%

25

Auch beim Landen kann es problematisch werden, da über der abfallenden oder ansteigenden Bahn die Höhe des Flugzeuges beim Ausschweben nicht genau zu bestimmen ist.

Eine ansteigende Landebahn vermittelt dem Piloten im Anflug die Illusion, daß das Flugzeug zu hoch und der Anflugwinkel zu groß ist.

Ist sich der Pilot dieser Täuschung nicht bewußt, wird er u.U. einen tieferen und flacheren Anflug durchführen. Dabei besteht die Gefahr, daß Hindernisse in sehr geringem Abstand überflogen werden und der Anflug zu kurz wird, also der Anflugweg auf einen Punkt vor der Landebahnschwelle zielt.

Eine abfallende Landebahn täuscht dem Piloten einen zu flachen Anflugwinkel vor. Dadurch wird er vielleicht einen höheren Anflug wählen, die Landebahnschwelle zu hoch überfliegen und erst weit nach ihr aufsetzen.

Wie kann sich der Pilot vor dieser Täuschung schützen? Indem er sich *vorher* über den Zustand der Start- und Landebahn informiert, also vorher die Flugplatzkarte studiert, und dann den Anflug (besonders den Endanflug) bewußt einteilt.

Aber auch beim Ausschweben über der geneigten Bahn muß der Pilot aufpassen. Läßt er das Flugzeug wie gewohnt ausschweben, wird er es bei abfallender Bahn zu hoch und bei ansteigender Bahn zu niedrig abfangen. Bei stark ansteigender Bahn besteht die Gefahr, daß das Flugzeug hart aufsetzt und dabei das Bugrad zuerst Bodenberührung bekommt.

Wenn der Pilot das Flugzeug im flachen Winkel an die Bahn heranführt (eventuelll

mit Unterstützung durch etwas Motorleistung), etwas früher mit dem Ausschweben als üblich beginnt und das Bugrad bewußt hoch hält, so wird diese Landung ebenso gelingen. Hier gilt genauso: Übung (und Erfahrung) macht den Meister.

Zusammenfassung

Landen in Richtung ansteigender Bahn:
- Verkleinerung der Landestrecke.
- Flugzeug über der Bahn etwas früher abfangen.

Starten in Richtung ansteigender Bahn:
- Vergrößerung der Startstrecke.

Landen in Richtung abfallender Bahn:
- Vergrößerung der Landestrecke.
- Flugzeug über der Bahn etwas später abfangen.

Starten in Richtung abfallender Bahn:
- Verkleinerung der Startstrecke.

Unterschiedliche Breiten der Start- und Landebahnen

Nicht nur die Längsneigung, sondern auch die Breite der Start- und Landebahn kann dem Piloten eine falsche Höhe vortäuschen und zu Problemen im Anflug und bei der Landung führen. Im allgemeinen ist man an das Bild der Start- und Landebahn seines Heimatflugplatzes gewöhnt und hat keine größeren Schwierigkeiten, dort zu landen und im Anflug die Höhe richtig einzuschätzen.

Fliegt man einen Flugplatz mit einer sehr viel schmaleren oder sehr viel breiteren Start- und Landebahn an, hat man also nicht das gewohnte Bild von "seiner" Landebahn vor sich, so kann man sich im

Anflug und vor allem bei der Landung sehr leicht in der Höhe verschätzen.

Bei einer sehr breiten Bahn (Verkehrsflughäfen haben 45 bis 60 m breite, Verkehrslandeplätze meist 20 bis 30 m breite Start- und Landebahnen) wird die Flughöhe vom ungeübten Piloten leicht unterschätzt und das Flugzeug bei der Landung zu hoch abgefangen.

Umgekehrt wird der Pilot bei einer schmaleren Bahn dazu neigen, die Flughöhe zu überschätzen, also zu tief anfliegen. Das muß allerdings nicht so sein. Die Flugplatzkarte gibt u.a. Auskunft über die Breite der Start- und Landebahn.

Ist man sich der besonderen Breite und der dadurch vielleicht auftretenden Täuschung bewußt, sollte man im Anflug und bei der Landung ganz gezielt auf die Höhe in bezug zur Start- und Landebahn achten. Die Landung wird dann ohne Probleme gelingen.

Zusammenfassung

- Sehr breite Bahnen täuschen im Anflug eine zu geringe Höhe vor.
- Sehr schmale Bahnen dagegen täuschen im Anflug eine zu große Höhe vor.

Oberflächenbeschaffenheit der Start- und Landebahn

Rauher und unebener Boden

Das Starten und Landen auf einem Grasflugplatz unterscheidet sich grundsätzlich nicht vom Starten und Landen auf einem Flugplatz mit Asphalt- oder Betonbahnen. Da der Grasboden weicher ist als Beton, ist das Starten und vor allem das Landen auf Gras sogar schonender für das Flugzeug, da auftretende Stöße beim Rollen besser aufgefangen werden. Das gilt allerdings nur für gut gepflegte Grasflugplätze. Abhängig von der Bodenbeschaffenheit, der Beanspruchung durch den Flugbetrieb und der Pflege durch den Flugplatzbetreiber weist manche Grasbahn Rillen, Unebenheiten und sogar Löcher auf, die das Flugzeug beim Starten und Landen schütteln und Fahrwerk und Zelle stark beanspruchen können.

Heftige Stöße und Springen beim Startlauf oder beim Ausrollen nach der Landung belasten vor allem das Bugfahrwerk und können Schäden bis hin zum Abknicken des Bugrades verursachen. Dabei besteht die Gefahr, daß der Propeller Bodenberührung bekommt. Bei Start und Landung auf einem rauhen und unebenen Grasboden empfiehlt es sich daher auch bei sehr langer Start- und Landebahn, die Kurzstart- und Kurzlandetechnik anzuwenden, um durch eine geringere Geschwindigkeit und eine kürzere Rollstrecke die Belastung des Flugzeuges zu reduzieren. Anders als bei der oben beschriebenen Kurzstarttechnik muß man hier das Höhenruder vom Beginn des Startlaufes an voll ziehen, um das Bugrad möglichst früh zu entlasten und vom Boden abzuheben.

Vorsicht: Hebt man mit voll gezogenem Höhenruder ab, so kommt das Flugzeug schnell in den überzogenen Flugzustand. Deshalb muß man sofort nach dem Abheben den Anstellwinkel durch leichtes Nachlassen des Höhensteuers verkleinern und in bodennahem Horizontalflug zunächst Fahrt aufbauen.

Entsprechend wird man beim Landen nicht sofort das Bugrad auf die Grasbahn aufsetzen, um volle Bremswirkung zu erzielen, sondern zur Schonung des Bugfahrwerkes (und des Propellers) nach dem Aufsetzen des Hauptfahrwerkes durch volles Ziehen des Höhensteuers das Bugrad möglichst lange oben halten. Mit abnehmender Fahrt wird sich dann das Bugrad von allein auf die Bahn senken. Auf einem Flugplatz mit unebenem Boden ist nicht nur besondere Umsicht beim Starten und Landen geboten: Auch das Rollen kann seine Tücken haben. Rollen Sie ganz langsam und achten Sie auf größere Löcher.

Hoher Bewuchs

Beim Starten und Landen auf einer Grasbahn wird der Pilot wohl selten bewußt auf die Länge der Grashalme achten. Er kann davon ausgehen, daß der Flugplatzbetreiber die Betriebsflächen in ordnungsgemäßem Zustand hält. Dazu gehört auch das regelmäßige Mähen der Grasflächen. Ist die Grasbahn seit längerer Zeit nicht gemäht, und verschwinden die Flugzeugräder bis über die Felgen im Gras, ist Vorsicht geboten. Hoher Grasbewuchs vergrößert den Rollwiderstand unter Umständen so stark, daß das Flugzeug beim Start nicht die erforderliche Abhebegeschwindigkeit erreicht. Es ist sehr schwer abzuschätzen, wie groß der Widerstand und damit die Startrollstrecke sein wird.

Deshalb sollte man in einem solchen Fall, auch wenn die Gras-Start- und Landebahn lang genug erscheint, die Kurzstarttechnik anwenden und hierbei das Bugrad möglichst früh abheben, um den Rollwiderstand zu verringern. Stellt man während des Startlaufes an der Bahnmitte fest, daß die bisher erreichte Geschwindigkeit noch merklich unterhalb der Abhebegeschwindigkeit liegt, dann gibt es nur eines: Sofort Leistung auf Leerlauf und bremsen.

Das Landen auf einer Grasbahn mit hohem Bewuchs ist weniger problematisch als das Starten. Aber denken Sie daran: Dort wo Sie landen, müssen Sie auch wieder starten.

Nasser und weicher Boden

Grasbahnen sind besonders den Unbilden der Witterung ausgesetzt. Obwohl Grasbahnen im allgemeinen durch ein Drainage-System entwässert werden, wird bei starkem bzw. länger anhaltendem Regen der Boden rutschig und weich. Man muß sich daher bei nassem Gras auf eine längere Start- und Landestrecke und auf eine schlechtere Bremswirkung einstellen.

Leider kann man im Anflug auf die Grasbahn nicht erkennen, ob diese nur naß oder auch aufgeweicht ist. Hat es in letzter Zeit ausgiebig geregnet, so muß man sich erst einmal auf einen weichen Grasboden einstellen. Unter Umständen erhält man über Funk von der Luftaufsicht einen Hinweis auf den Zustand der Bahn. Sinken die Räder des Flugzeuges bei der Landung ein wenig in den Boden ein, wird das Flugzeug mehr oder weniger stark abgebremst. Wird dabei das Bugrad bei noch hoher Geschwindigkeit aufgesetzt, kann es im Extremfall zur Beschädigung bzw. zum Abknicken des Bugrades kommen.

Deshalb muß auch hier die Kurzlande-technik angewandt werden, Sie müssen mit möglichst geringer Geschwindigkeit landen. Nach dem Aufsetzen des Haupt-fahrwerkes sollte man aber das Bugrad durch volles Ziehen des Höhensteuers lange oben halten.

Will man auf einer aufgeweichten Gras-bahn starten, muß vor dem Start die Grasbahn in Augenschein genommen und die Bodenbeschaffenheit geprüft werden: Gehen Sie im Zweifelsfall (nach Abspra-che mit der Luftaufsicht) persönlich auf die Grasbahn und bilden Sie sich ein Urteil. Stellen Sie beim Rollen zur Startbahn durch Blick aus dem Cockpit fest, daß die Räder mehrere Zentimeter in den Boden einsinken, müssen Sie auf den Start ver-zichten. Der weiche Boden bremst das Flugzeug nämlich so stark ab, daß es nicht schnell genug beschleunigen kann und die Startstrecke vielleicht nicht mehr ausreicht.

Ist der Boden nur ein bißchen aufgeweicht und die Startstrecke erscheint Ihnen aus-reichend, so führen Sie auf jeden Fall ei-nen Kurzstart durch. Ihr Ziel muß sein, möglichst schnell Auftrieb zu erhalten, das Flugzeug beim Startlauf "leicht" zu ma-chen, das Bugrad durch Ziehen des Hö-hensteuers zu entlasten und damit die Bremswirkung durch den weichen Boden zu verringern.

Weicher Boden hat noch eine weitere un-angenehme Eigenschaft: Beim Rollen wird feuchter Schmutz hochgeworfen, der sich in den Bremsen festsetzen, Druckentnah-meöffnungen verkleistern oder die Trag-flächen verschmutzen und damit die Flugeigenschaften des Flugzeuges beein-flussen kann. Nach der Landung auf auf-geweichtem Boden ist daher eine gründli-che Inspektion und Reinigung des Flug-zeuges erforderlich. Der nachfolgende Pi-lot darf erwarten, ein sauberes Flugzeug zu bekommen.

Wasser

Im allgemeinen werden Start- und Lande-bahnen mit Hartbelag so angelegt, daß sie eine geringe Querneigung haben und da-durch Wasser schnell abfließen kann. Bei sehr starken Regenfällen kann es aller-dings dazu kommen, daß Wasser vor-übergehend auf der Bahn steht und dann - wie beim Autofahren allgemein bekannt - die Gefahr von Aquaplaning (Wassergät-te) auftritt. Die Reifen schwimmen quasi auf dem Wasser, und der Pilot spürt trotz Betätigung der Bremsen keinerlei Brems-wirkung. Die Gefahr besteht, daß die Lan-debahn nicht mehr ausreicht oder das Flugzeug aus der Richtung ausbricht und seitlich von der Bahn abkommt.

Was kann man dagegen tun? Spürt man, daß das Flugzeug zu rutschen beginnt, muß man auf jeden Fall sofort die Brem-sen lösen bzw. je nach Situation vorsichtig betätigen. Am besten aber landet man erst gar nicht bei Aquaplaninggefahr. Denn Aquaplaning auf der Start- und Landebahn tritt sehr selten auf und ist dann nur kurzfristig vorhanden. Die Ursache ist ein sehr ergiebiger Regen, meist ein heftiger Schauer. Ist der Schauer vorbei, so fließt das Wasser relativ schnell von der Bahn ab, es sei denn, die Bahn ist uneben und es können sich Pfützen bilden. Die wirk-samste und einfachste Art, sich gegen Aquaplaning zu schützen, ist also, wäh-rend der meist kurzen Zeit der Gefahr nicht zu landen und einige Warteschleifen zu fliegen. Erkennt man erst kurz vor der Landung, daß extrem viel Wasser auf der Bahn steht, sollte man sich nicht scheuen durchzustarten. Entsprechendes gilt für den Start. Es gibt keinen Grund, bei Aquaplaning-Gefahr zu starten. Man sollte nicht vergessen, daß bei einem Startabbruch auch optimale Bremsbedingungen benötigt werden.

Eis, Schnee, Matsch

Eis, Schnee und Matsch auf der Start- und Landebahn und auf den Rollwegen können den Flugbetrieb erheblich beeinträchtigen und das Starten und Landen zu einer gefährlichen Rutschpartie werden lassen.

Der Bremsweg kann so lang werden, daß die oft kurzen Landebahnen der kleinen Flugplätze für eine sichere Landung nicht mehr ausreichen. Als Privatpilot steht man im allgemeinen nicht unter Termindruck und sollte daher das Starten und Landen auf mit Eis, Schnee oder Matsch bedeckten Bahnen auf jeden Fall vermeiden. Warten Sie ab, bis die Start- und Landebahn und die Rollwege von dem Flugplatzunternehmer geräumt (bzw. gestreut) worden sind. Das kann bei großen Flughäfen schon einige Zeit in Anspruch nehmen, bei kleineren Flugplätzen ist vielleicht kein Räumgerät vorhanden, so daß der Flugbetrieb unter Umständen eingestellt werden muß.

Kommt man doch einmal in die Verlegenheit, auf einer verschneiten, vereisten oder mit Matsch bedeckten Bahn landen zu müssen, ist das Flugzeug möglichst langsam zu rollen, die Bremsen sind vorsichtig zu betätigen. Die Landung sollte mit möglichst geringer Geschwindigkeit erfolgen. Es empfiehlt sich also, die Kurzlandetechnik anzuwenden. Nach dem Landen läßt man das Flugzeug ohne Bremsbetätigung ausrollen - vorausgesetzt, die Landebahn ist lang genug.

Ist die Landebahn mit Schnee vollständig bedeckt, so verschätzt man sich sehr leicht in der Höhe. In diesem Fall ist es möglicherweise besser, einen normalen Anflug durchzuführen, die Nase des Flugzeuges ein bißchen hochzunehmen und das Flugzeug mit einer geringen Sinkrate langsam auf die Bahn zu bringen. Schnee läßt auch die Konturen des Flugplatzes verschwinden; die Schwelle, die Mittellinie der Landebahn und die Begrenzungen der Rollwege sind nicht klar zu erkennen. Zusätzlich kann eine starke Blendung durch Soneneinstrahlung in erheblichen Maße die Orientierung behindern.

Besondere Vorsicht ist bei Matsch auf der Bahn geboten. Rollt man durch Matsch, spritzt er zur Seite und nach oben. Er kann beim Startrollvorgang einen so großen Widerstand erzeugen, daß der Start unmöglich wird bzw. die Startbahnlänge zum Erreichen der Abhebegeschwindigkeit zu gering ist.

Beim Rollen wird der Matsch vor allem durch die Reifen, aber auch durch den Propeller, hochgeworfen und kann sich an Reifen, Bremsen, Tragflächen und Klappen festsetzen, das Pitotrohr und die statischen Druckentnahmeöffnungen und den Fahrwerksschacht beim Einziehfahrwerk verstopfen. Nach dem Start und Steigflug in kältere Luftschichten kann der Matsch gefrieren und den Piloten in erhebliche Schwierigkeiten bringen: Klappen und Ruder können nicht mehr bewegt werden, zugefrorene Öffnungen für die Druckentnahme führen zu Instrumentenanzeigefehlern (siehe Kapitel 4), festgefrorene Bremsen sorgen beim Landen für unangenehme Überraschungen.

Und noch eines sollten Sie bedenken: Matsch bildet sich bei Temperaturen um 0° C. Sie starten zum Beispiel am Mittag auf einer mit Matsch bedeckten Bahn. Am späten Nachmittag kehren Sie zurück. Die Temperatur liegt nun einige Grade unter Null, der Matsch hat sich in hartes, rauhes Eis verwandelt. Die Landung wird zu einem großen Risiko. Deshalb: Starten und landen Sie nicht auf einer matschigen Bahn. Warten Sie ab, bis sie geräumt ist.

Nach der Landung auf Matsch oder Schnee muß das Flugzeug gründlich gereinigt oder in eine Halle mit Raumtemperatur von über 0° C gestellt werden. Mit dem Matsch können auch Schmutzpartikel hochgeworfen worden sein und sich in verschiedene Drucköffnungen festgesetzt haben. Vor dem nächsten Start ist daher ein besonders gründlicher Außencheck durchzuführen.

Zusammenfassung

Rauher und unebener Boden:
- Anwendung der Kurzstart- und Kurzlandetechnik.
- Bugrad möglichst lange vom Boden halten.

Hoher Bewuchs:
- Achtung: Hohes Gras kann das Flugzeug so stark bremsen, daß beim Start die Abhebegeschwindigkeit nicht erreicht wird.

Nasser und weicher Boden:
- Anwendung der Kurzstart- und Kurzlandetechnik.
- Bugrad möglichst lange vom Boden halten.
- Achtung: Stark aufgeweichter Boden kann das Flugzeug so stark bremsen, daß beim Start die Abhebegeschwindigkeit nicht erreicht wird.

Wasser:
- Bei Aquaplaninggefahr nicht starten und landen.

Eis, Schnee, Matsch:
- Auf mit Eis, Schnee oder Matsch bedeckten Bahnen möglichst nicht starten oder landen.
- Die Bremsweg-Länge ist unkalkulierbar.

Hindernissituation am Flugplatz

Im allgemeinen kann man davon ausgehen, daß die nähere Umgebung des Flugplatzes, vor allem aber der An- und Abflugbereich, frei von den Flugbetrieb störenden Hindernissen ist.

Für die großen internationalen Verkehrsflughäfen gibt es strenge, durch die ICAO festgelegte Hindernisvorschriften, für die kleineren Flugplätze hat der Bundesminister für Verkehr Richtlinien zur Hindernisfreiheit herausgegeben.

Diese Richtlinien beschreiben, welcher Bereich um den Flugplatz bzw. um die Start- und Landebahn hindernisfrei sein soll, oder anders ausgedrückt, bis zu welcher maximalen Höhe Hindernisse im Bereich des Flugplatzes erlaubt sind. Unmittelbar um die Start- und Landebahn herum ist der sogenannte Sicherheitsstreifen festgelegt. Dieser hat je nach Größe der Start- und Landebahn eine Breite von 60 bis 150 m (inkl. Bahnbreite) und soll möglichst eben und hindernisfrei sein. Im An- und Abflugbereich wird eine hindernisfreie Schräge von 1:40 (= 1,4°), bei kleineren Flugplätzen von 1:25 (= 2,3°) bzw. 1:20 (=2,9°) gefordert.

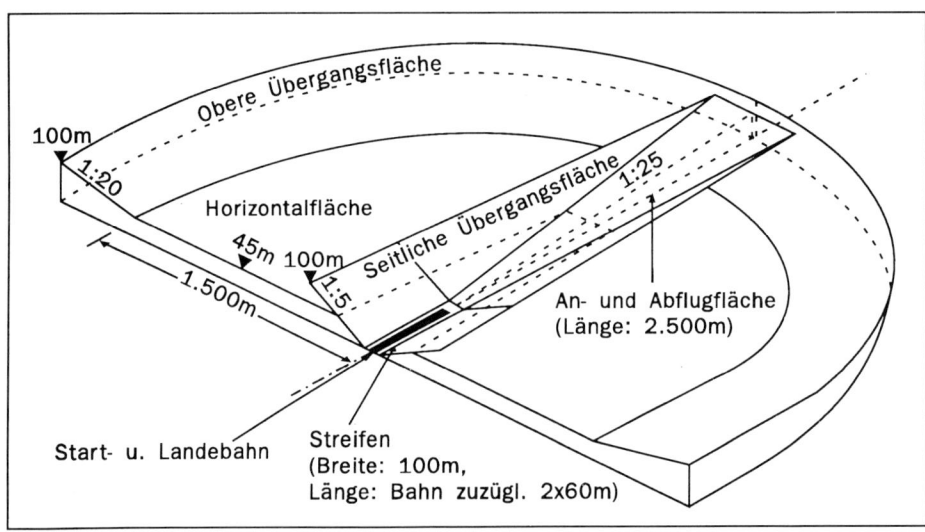

Abb. 7: Vom Bundesminister für Verkehr geforderte Hindernisfreiheit für Landeplätze, dargestellt am Beispiel eines Landeplatzes Klasse 2 (Start/Landebahn-Grundlänge mindestens 600 m). Ideal wäre es, wenn keine Hindernisse die Hindernisfreiflächen durchstoßen würden.

Abb. 8 (rechts): Hindernissituation am Verkehrslandeplatz Kempten-Durach.

Flugplatzkarte
Aerodrome Chart

47 41 37 N
10 20 22 E

KEMPTEN-DURACH
EDMK

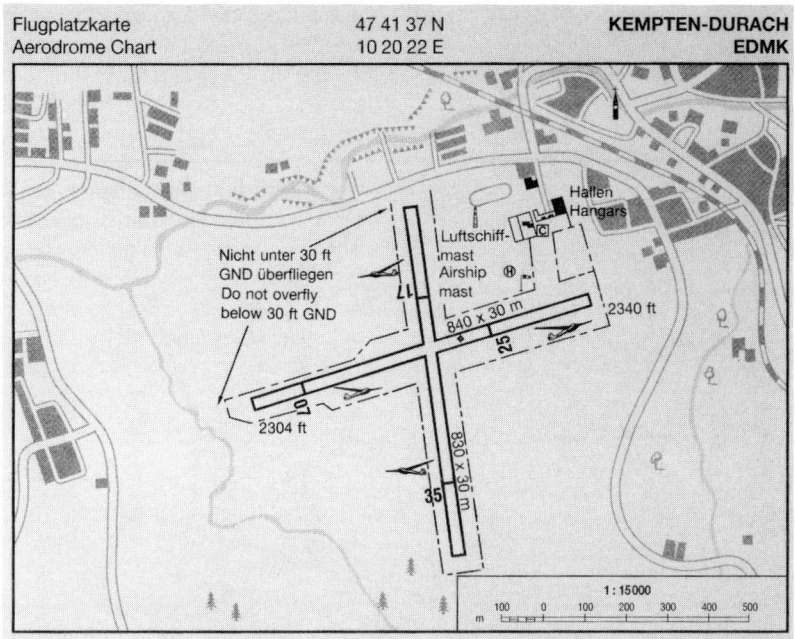

RWY Mag		Abmessungen Dimensions	Belag Surface	Tragfähigkeit Strength	TKOF	LDG
073	253	840 × 30 m	Gras	3000 MPW	*	700 m
					700 m	600 m
171	351	830 × 30 m	Gras	PPR 5700 MPW HEL 5700 MPW	660 m	610 m
					610 m	660 m

Bemerkungen/Remarks: *Nicht erlaubt.
RWY 07: N Sicherheitsstreifen auf 400 m Länge starke Querneigung, nicht berollbar.
S Sicherheitsstreifen auf 250 m uneben, nicht berollbar. **RWY 17/35:** Sicherheitsstreifen uneben.

*Not authorized.
RWY 07: 400 m of N safety strip steep slope, not usable for taxying. 250 m of S safety strip rough surface, not usable for taxying. **RWY 17/35:** safety strip rough surface.

Längsprofil/Longitudinal profile:
RWY 17/35
Längsneigung unter 1%.
Longitudinal slope below 1%.

33

"Durchstoßen" Hindernisse den Streifen oder die An- und Abflugflächen, so wird dies auf der Flugplatzkarte im Luftfahrthandbuch angegeben, wie es das Beispiel vom Verkehrslandeplatz Kempten-Durach zeigt (siehe Abbildung 8).

Einzelne Hindernisse oder Berge im Anflug lassen sich durch einen steileren Anflugwinkel überfliegen. Für den Abflug können sie ein großes Handicap sein, wenn die Steigleistung des Flugzeuges nicht ausreicht. Kommt noch eine große Flugplatzhöhe hinzu (z.B. Verkehrslandeplatz Kempten-Durach mit 2.340 ft MSL), muß der Abflug sehr sorgfältig geplant werden (am besten **bevor** man auf diesem Flugplatz landet).

Besondere Aufmerksamkeit muß der Pilot Hindernissen widmen, die unmittelbar vor oder hinter der Start- und Landebahn stehen, z.B. hohe Bäume oder Leitungen mit Masten. Ist die Start- und Landebahn sehr lang, so bleibt genug Raum, diese zu überfliegen.

Aber leider stehen diese Hindernisse meist dort, wo die Start- und Landebahn sehr kurz ist. Beim Steigflug über Hindernisse unmittelbar am Ende der Bahn sollte der Pilot auf jeden Fall die Kurzstarttechnik anwenden. Nach dem Abheben wird auf die Geschwindigkeit für den besten Steigwinkel (V_X) beschleunigt und dann mit dieser gestiegen.

Nach Überflug aller Hindernisse wird sie auf die Geschwindigkeit für die beste Steigrate (V_Y) erhöht. Erst danach werden die Klappen eingefahren.

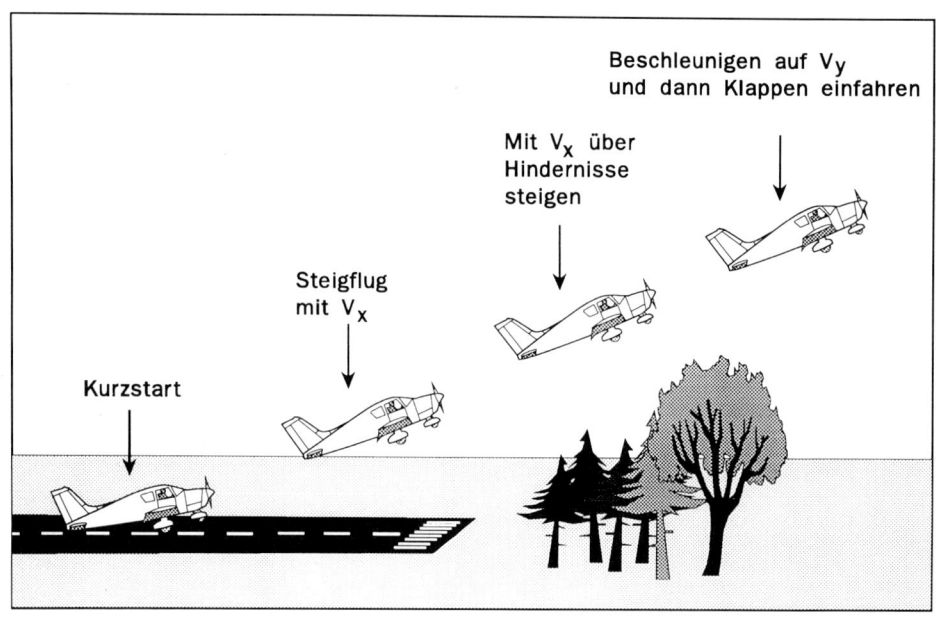

Abb. 9: Abflug über Hindernisse

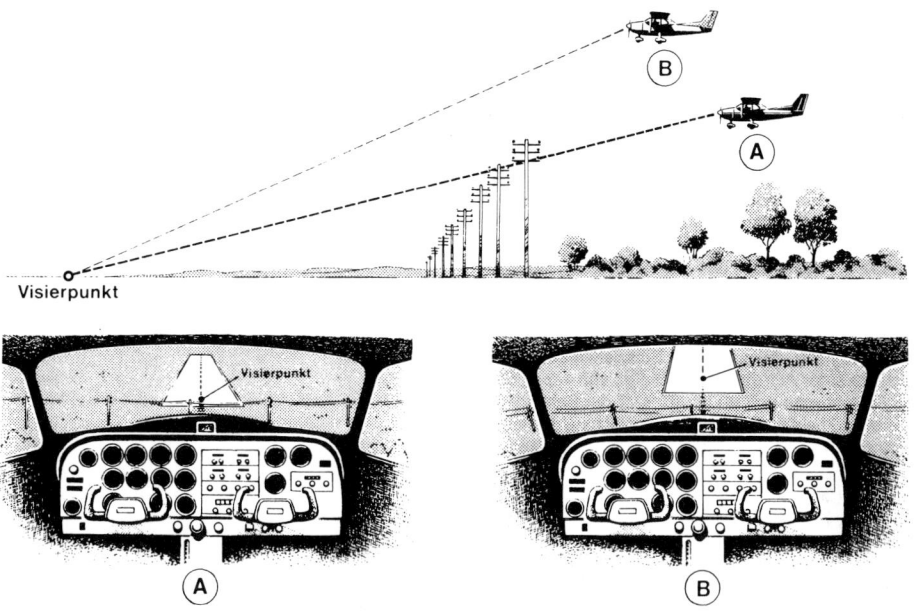

Visierpunkt

Abb. 10: Anflug über Hindernisse (aus fsm 6/83 "Der Anflug - die Ouvertüre zur Landung").
Leider weisen einige Landebahnen vor der Landeschwelle Hindernisse auf, die das Ab-
schätzvermögen auch des versiertesten Piloten sehr wohl auf die Probe stellen können. Hier
hilft der Visierpunkt, der immer über dem Hindernis zu sehen sein muß. Die Gefahr der Hin-
dernisberührung erkennen Sie frühzeitig, weil das Hindernis von unten her auf den Visier-
punkt zuwandert. Erhöhen Sie dann die Motorleistung. Versuchen Sie jedoch nicht, Hinder-
nisse durch Ziehen zu überwinden. Das kann nicht gelingen, weil die Geschwindigkeit 1,3 V_S
bei sehr vielen Flugzeugmustern in etwa der Geschwindigkeit der geringsten Bahnneigung
entspricht. Entschließen Sie sich notfalls rechtzeitig zum Durchstarten.

Für den Anflug über Hindernisse unmittelbar vor der Start- und Landebahn wird
man automatisch einen größeren Anflugwinkel wählen. Die Folge ist eine etwas
größere Sinkrate, die der Pilot beim Abfangen des Flugzeuges über der Bahn berücksichtigen muß. Der ungeübte Pilot
macht dabei leicht den Fehler, das schnelle Sinken des Flugzeuges auf die Bahn
durch starkes Ziehen am Höhenruder
stoppen zu wollen. Dabei wird das Flugzeug aber schnell überzogen. Durch kurze
Erhöhung der Motorleistung läßt sich die
Sinkrate verringern und damit eine weiche
Landung erzielen. Allerdings darf man die

Motorleistung nicht lange stehen lassen,
sonst wird die Landestrecke zu groß.

Ist das Hindernis vor der Bahn sehr hoch
und die Start- und Landebahn sehr kurz,
muß es in nur geringem Abstand überflogen werden. Das Abschätzen der richtigen
Höhe bedarf einiger Übung.

Bei Anfängern besteht die Tendenz, das
Hindernis in einem zu großen Abstand zu
überfliegen. Nach dem Passieren stellt der
Pilot erschreckt fest, daß die Schwelle vor
ihm liegt und das Flugzeug viel zu hoch
ist. Nun nimmt er die Motorleistung zurück

und drückt das Flugzeug nach unten. Dabei erhöht sich die Geschwindigkeit um einige Knoten. Am geplanten Aufsetzpunkt ist er aber jetzt schon vorbeigeflogen...

Der Anflug ist verpatzt. Spätestens in diesem Moment muß sich der Pilot zum Durchstarten entschließen. Am besten sollte man sich jedoch früher entscheiden: Bereits über der Schwelle muß klar sein, ob die Landung "hinhaut" oder nicht. Es bleibt auf jeden Fall genug Zeit für einen zweiten Anflug.

Zusammenfassung

Starten über Hindernisse:
- Ggf. Kurzstarttechnik anwenden.
- Steigen mit V_X.
- Nach Hindernis-Überflug mit V_Y steigen.
- Achtung: Immer Startstrecke berechnen!

Landen über Hindernisse:
- Größeren Anflugwinkel wählen.
- Ggf. Kurzlandetechnik anwenden.
- Hindernisse in geringer Höhe überfliegen.
- Achtung: Durchstarten, wenn über der Schwelle das Flugzeug zu hoch und die Geschwindigkeit zu groß ist.

Hinweise zur Berechnung der Start- und Landestrecke

Jeder verantwortungsbewußte Pilot führt vor dem Flug eine Berechnung der Start- und Landestrecke durch. Die erforderlichen Daten hierfür findet er im Flughandbuch seines Flugzeuges. Die meisten Flugleistungsdaten in diesem Handbuch beziehen sich auf die Standardbedingungen (Druckhöhe 0 ft MSL, Temperatur 15° C).

Liegt der Flugplatz höher als MSL, ist die aktuelle Druckhöhe oder die Temperatur höher als Standard, so bedeutet das eine geringere Motorleistung und eine geringere aerodynamische Leistung. Die Folge ist eine Vergrößerung der Startstrecke und in geringerem Maße auch der Landestrecke.

Die Flughandbücher enthalten im allgemeinen Tabellen oder Graphiken, aus denen für verschiedene Druckhöhen und Temperaturen sowie verschiedene Flugzeuggewichte die entsprechenden Start- und Landestrecken entnommen werden können. Nicht enthalten sind aber Hinweise, um welchen Betrag sich die Start- und Landestrecke bei besonders großer Bahnneigung, bei feuchter Grasbahn oder bei mit Schnee bedeckter Bahn ändert.

Es ist sehr schwer, hierzu genaue Angaben zu machen. Nicht jede feuchte Grasbahn ist gleich. Bei der einen ist nur das Gras feucht, aber der Boden fest, bei der anderen ist der Boden schon aufgeweicht.

Auch Schnee ist nicht gleich Schnee. Es gibt Pulverschnee, feuchten Schnee und Schneematsch. Jede Schneeart erzeugt einen anderen Reibungskoeffizienten. Ab-

gesehen davon spielt auch die Schnee-
höhe eine wichtige Rolle.

Obwohl es keine genauen Werte gibt, finden sich in der Luftfahrt-Literatur trotzdem
verschiedene Korrekturwerte, um die unterschiedliche Oberflächenbeschaffenheit
von Start- und Landebahnen berücksichtigen zu können. Das Luftfahrt-Bundesamt
empfiehlt in seiner Flugsicherheitsmitteilung *fsm 3/75*, die anhand des aktuellen
Fluggewichtes, der aktuellen Druckhöhe
und Temperatur aus dem Flughandbuch
ermittelte Startstrecke ggf. um folgende
Zuschläge zu erhöhen (Für die Landestreckenberechnung werden keine Zuschläge angegeben. Es kann aber davon
ausgegangen werden, daß dabei Zuschläge in der gleichen Größenordnung berücksichtigt werden müssen):

Neigungszuschlag
- Pro 1 % Steigung der Bahn   + 10 %

Grasbahnzuschlag
- Feste, trockene, ebene Grasbahn,
  kurzer Bewuchs (Wert wird bei Benutzung von Grasbahnen immer eingesetzt)   + 20 %

Zusätzliche Grasbahn-Zuschläge
- Feuchter Grasboden   + 10 %
- Aufgeweichter Untergrund   + 50 %
- Beschädigte Grasnarbe   + 10 %
- Hoher Grasbewuchs
  (max. Länge 8 cm.)   + 20 %

Zuschläge für Oberflächenfaktoren
- Stehendes Wasser, große Pfützen,
  Schneematsch (max. 1 cm)   + 30 %
- Normalfeuchter Schnee
  (max. 5 cm)   + 50 %
- Pulverschnee (max. 8 cm)   + 25 %

1. Beispiel

Flugzeug:
Piper Cadet (PA28), maximales Abfluggewicht,
Klappenstellung 25°.
Flugplatz:
Grasbahn, feucht, 0,8 cm Schneematsch, Nei-
gung unter 1 %.
Wetter:
Temperatur 0°C, Druckhöhe 500 ft, Wind 0.

Gemäß Flughandbuch ergibt sich für eine be-
festigte, trockene Bahn eine Startstrecke (bis
15 m Höhe) von 370 m.

Startstrecke	370 m
Grasbahnzuschlag + 20 %	+ 74 m
	= 444 m
Feuchter Grasboden + 10 %	+ 44 m
	= 488 m
Schneematsch + 30 %	+ 146 m
Startstrecke	**= 634 m**

Unter den o.a. Umständen ist also die effektive
Startstrecke um 264 m länger als die im Flughandbuch ausgewiesene Basisstrecke.

2. Beispiel

Flugzeug:
Piper Cadet (PA28), Abfluggewicht 990 kg,
Klappenstellung 25°.
Flugplatz:
Asphaltbahn, Neigung ca. 2 % (Steigung), nach
kräftigem Gewitterschauer große Pfützen auf
der Bahn.
Wetter:
Temperatur 27°C, Druckhöhe 1.500 ft, Wind 0.

Gemäß Flughandbuch ergibt sich für eine be-
festigte, trockene Bahn eine Startstrecke (bis
15 m Höhe) von 590 m.

Startstrecke	590 m
Neigungszuschlag + 20 %	+ 118 m
	= 708 m
Zuschlag für Pfützen + 30 %	+ 212 m
Startstrecke	**= 920 m**

Unter den o.a. Umständen ist also die effektive
Startstrecke um 330 m länger als die im Flughandbuch ausgewiesene Basisstrecke.

Zusammenfassung

- Vor jedem Flug ist eine Start- und Landestreckenberechnung durchzuführen. Die im Flughandbuch angegebenen Start- und Landestrecken berücksichtigen im allgemeinen nur das Flugzeuggewicht, die Druckhöhe und die Temperatur. Die Neigung der Bahn, Grasbewuchs sowie Wasser, Schnee und Matsch können die Start- und Landestrecke erheblich vergrößern, so daß ein sicheres Starten und Landen auf selbst relativ langen Bahnen nicht mehr möglich ist.

- Beachten Sie bei der Start- und Landestreckenberechnung die vom Luftfahrt-Bundesamt empfohlenen Zuschläge.

Kontroll- und Übungsaufgaben

1. Sie fliegen eine kurze Landebahn an, die Landeklappen sind voll ausgefahren. Die Überziehgeschwindigkeit für ausgefahrene Klappen beträgt 44 kt. Mit welcher Geschwindigkeit sollten Sie die Landebahnschwelle überfliegen?

2. Im Endanflug auf eine kurze Landebahn ist eine hohe Baumgruppe zu überfliegen. Was ist dabei zu beachten?

3. Sie führen einen Anflug auf eine kurze Landebahn durch. Das vorgelagerte Gelände steigt an. Was ist beim Anflug besonders zu beachten?

4. Im Anflug auf eine kurze Bahn stellen Sie beim Überflug über die Landebahnschwelle fest, daß die Geschwindigkeit entgegen der im Flughandbuch vorgeschriebenen 63 kt noch 70 kt beträgt. Wie ist Ihre Reaktion?

5. Wie erzielt man bei einer Kurzlandung nach dem Aufsetzen die beste Bremswirkung?

6. Für das Flugzeug Piper PA28 wird gemäß Flughandbuch für Kurzstart eine Klappenstellung von 25° empfohlen. Das ist eine für alle einmotorigen Flugzeuge übliche Klappenstellung. Ist diese Aussage richtig?

7. Worin besteht der Unterschied zwischen den beiden Steiggeschwindigkeiten V_X und V_Y?

8. Worauf muß bei einem Kurzstart und einer Kurzlandung besonders geachtet werden?

9. *Bei einem Start von einer sehr kurzen Startbahn wird, da das Bahnende schon naht, das Flugzeug kurz vor Erreichen der sicheren Abhebegeschwindigkeit von der Bahn abgehoben. Wie muß nach dem Abheben verfahren werden?*

10. *Wie ist ein Kurzstart auf einer Grasbahn durchzuführen?*

11. *Was ist im Anflug und bei der Landung auf eine abfallende Landebahn zu beachten?*

12. *Sie führen einen Anflug auf eine Landebahn durch, bei der das vorgelagerte Gelände steil abfällt. Worauf müssen Sie achten?*

13. *Sie landen auf einem internationalen Verkehrsflughafen. Worauf müssen Sie bei der Landung besonders achten?*

14. *Welche Längsneigung hat die dargestellte Start- und Landebahn (Abb. 11)?*

15. *Warum werden an den Start- und Landebahnen sogenannte Halbbahnmarkierungen aufgestellt?*

16. *Was ist an einem Flugplatz mit unebenen Grasboden besonders zu beachten?*

17. *Beim Rollen zur Startbahn bemerken Sie, wie die Räder des Flugzeuges erkennbar tief in den aufgeweichten Grasboden einsinken. Wie verhalten Sie sich?*

18. *Aquaplaning kann beim Autofahren zu einer großen Gefahr werden. Stellt Aquaplaning auf der Start- und Landebahn auch für Flugzeuge eine Gefahr dar?*

19. *Welche Gefahr besteht bei einem Start auf einer mit Schneematsch bedeckten Startbahn?*

20. *Was ist bei einer Landung auf einer mit Schnee bedeckten Landebahn zu beachten?*

Berichtigung: Topographie.
Correction: Topo.

RWY Mag	**Abmessungen Dimensions**	**Belag Surface**	**Tragfähigkeit Strength**	**TKOF**	**LDG**
138 318	570 × 30 m	Gras	2500 MPW HEL 5700 MPW	570 m	570 m

Bemerkungen:
Remarks:

Längsprofil/Longitudinal profile:
RWY 14/32

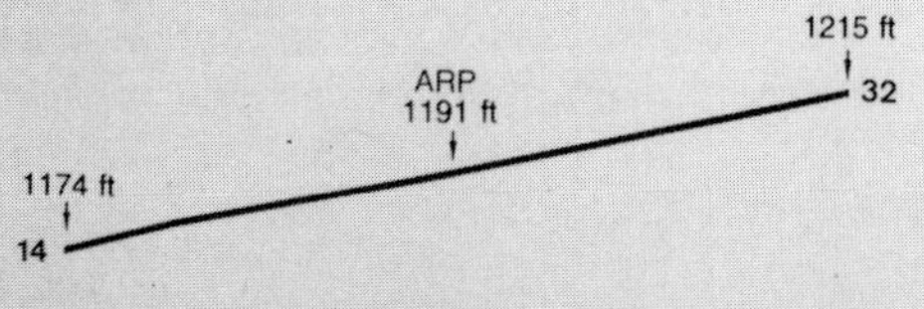

1174 ft
14
ARP
1191 ft
1215 ft
32

4 BUNDESANSTALT FÜR FLUGSICHERUNG **3 NOV 1988**

Abb. 11: Kartenausschnitt Nabern/Teck

21. Welche Bedeutung hat der Sicherheitsstreifen um die Start- und Landebahn?

22. Was sagt Ihnen die Hindernisdarstellung auf der Flugplatzkarte des Flugplatzes Albstadt-Degerfeld (Abb. 13)?

23. Welche Faktoren können die Landestrecke verlängern?

24. Welche Faktoren können die Startstrecke verkürzen?

25. Startstreckenberechnung

Flugzeug:
Cessna 172, Abfluggewicht 953 kg, Klappenstellung für Kurzstart.
Flugplatz:
Grasbahn, trocken, Neigung ca. 3% (Steigung).
Wetter:
Temperatur 20°C, Druckhöhe 1.000 ft, Wind 0.

Ermitteln Sie die Startstrecke anhand der Tabelle aus dem Flughandbuch (Abb. 12).

STARTSTRECKE

Fluggewicht 953 kp und 862 kp

KURZSTARTS

| Flug-gewicht | Startgeschw. kn IAS | | Druck-höhe | 0° C | | 10° C | | 20° C | | 30° C | | 40° C | |
| | beim Abheben | in 15 m Höhe | | Start-lauf | Strecke über 15 m Hind. | Start-lauf | Strecke über 15 m Hind. | Start-lauf | Strecke über 15 m Hind. | Start-lauf | Strecke über 15 m Hind. | Start-lauf | Strecke über 15 m Hind. |
kp			ft	m	m	m	m	m	m	m	m	m	m
953	50	56	NN	178	326	192	347	207	372	221	396	238	424
			1.000	195	355	210	379	226	405	242	433	259	463
			2.000	213	387	230	415	247	443	265	474	285	507
			3.000	235	424	253	454	271	486	291	521	312	558
			4.000	256	465	277	500	299	535	320	573	344	614
			5.000	283	512	305	550	328	590	352	632	378	680
			6.000	312	564	335	607	361	652	389	701	418	754
			7.000	344	625	370	674	399	725	430	780	462	840
			8.000	379	693	410	750	442	809	475	873	512	942
862	47	54	NN	143	264	154	280	165	300	177	319	189	340
			1.000	157	287	168	306	180	326	194	347	207	370
			2.000	171	312	184	334	197	357	212	379	227	405
			3.000	187	340	201	364	216	389	232	416	248	443
			4.000	204	372	221	398	238	427	255	456	273	486
			5.000	226	408	242	437	261	468	280	500	300	535
			6.000	247	448	267	480	287	515	308	552	330	591
			7.000	273	494	294	530	315	568	340	610	364	654
			8.000	300	546	325	587	349	629	375	677	402	727

Abb. 12: Auszug aus dem Flughandbuch der Cessna 172

Abb. 13 (rechts): Flugplatzkarte von Albstadt-Degerfeld mit Hindernisdarstellung

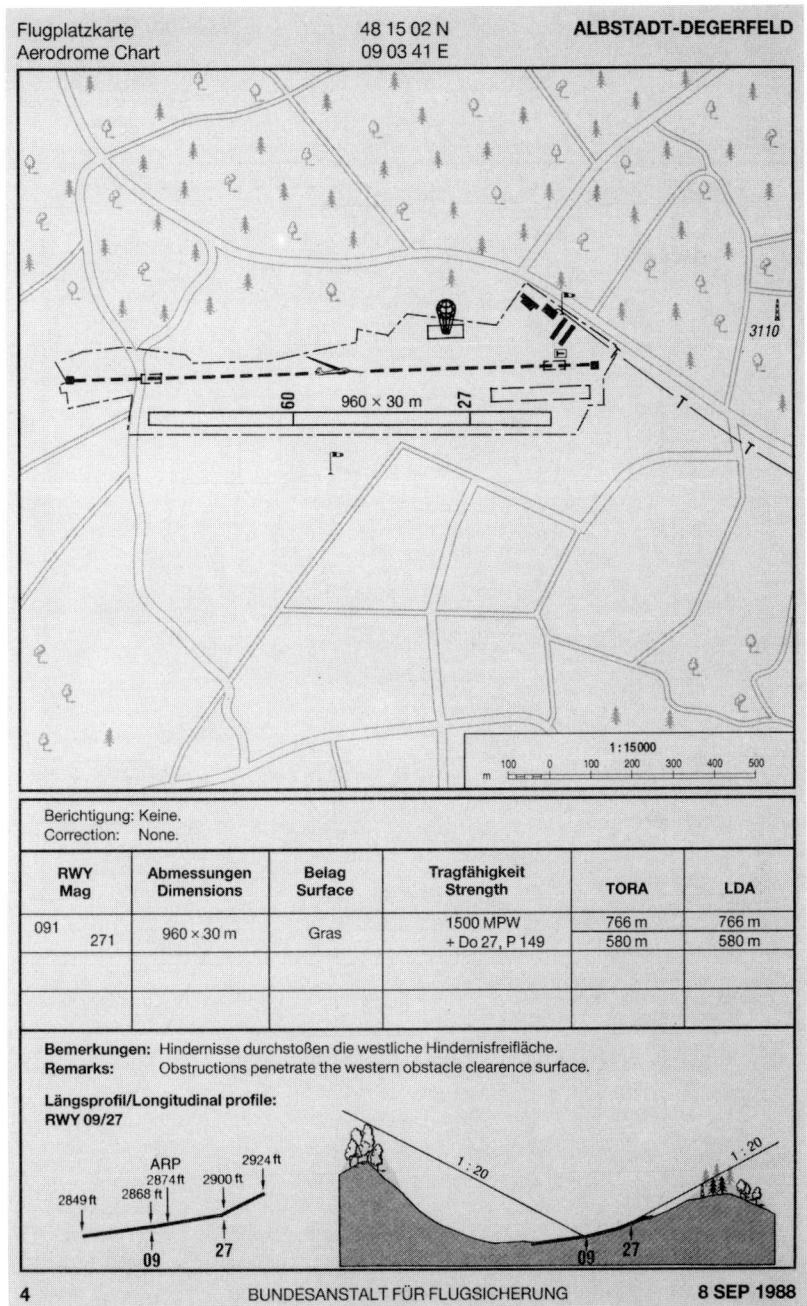

Flugplatzkarte
Aerodrome Chart

48 15 02 N
09 03 41 E

ALBSTADT-DEGERFELD

3110

60 960 × 30 m 27

1 : 15000

100 0 100 200 300 400 500
m

Berichtigung: Keine.
Correction: None.

RWY Mag	Abmessungen Dimensions	Belag Surface	Tragfähigkeit Strength	TORA	LDA
091 271	960 × 30 m	Gras	1500 MPW + Do 27, P 149	766 m 580 m	766 m 580 m

Bemerkungen: Hindernisse durchstoßen die westliche Hindernisfreifläche.
Remarks: Obstructions penetrate the western obstacle clearance surface.

Längsprofil/Longitudinal profile:
RWY 09/27

ARP
2924 ft
2874 ft 2900 ft
2868 ft
2849 ft

1 : 20   1 : 20

09   27

09   27

4

BUNDESANSTALT FÜR FLUGSICHERUNG

8 SEP 1988

41

Kapitel 3
Flugbetrieb

*Einmotorige Cessna 172 Skyhawk II: Aus dem Flughandbuch dieses weit verbreiteten Schul-
und Reiseflugzeugs stammen einige in diesem Handbuch veröffentlichte Daten und Dia-
gramme.*

Besondere Flugzustände

Langsamflug

Langsamflug ist an sich kein besonderer Flugzustand. Bei jedem Start und bei jeder Landung kommt man zwangsläufig in den Langsamflug-Bereich. Das Flugzeug fliegt dann sehr nahe an der Überziehgeschwindigkeit V_S (engl. Stall Speed), der Anstellwinkel ist groß, und die Nase des Flugzeuges zeigt mehr oder weniger stark nach oben, der Zeiger des Fahrtmessers befindet sich im weißen Bereich, und die Steuerung ist weich, d.h., die Ruderwirkung läßt nach, und das Flugzeug reagiert träge auf Steuerausschläge.

Beachtet man in dieser Situation die im Flughandbuch genannten und am Fahrtmesser markierten Mindestfluggeschwin-

digkeiten und denkt daran, daß in Kurven die Überziehgeschwindigkeit zunimmt, so ist Langsamflug eigentlich eine ganz normale Sache.

Aber wie leicht kann die Aufmerksamkeit des Piloten abgelenkt werden, die Geschwindigkeit wird zu gering, das Flugzeug gerät in den überzogenen Flugzustand (engl. Stall), verliert an Höhe und kommt vielleicht ins Trudeln. Die folgenden Beispiele zeigen typische Situationen, in denen diese Gefahr besonders groß ist:

- Das Flugzeug befindet sich im Queranflug. Die Geschwindigkeit ist schon reduziert. Der Pilot sieht gebannt nach draußen, um im richtigen Moment zum Endanflug einzudrehen. Dabei fährt er die Klappen weiter aus und bemerkt nicht, wie die Geschwindigkeit schnell abnimmt. Fliegt er jetzt eine Kurve, ist

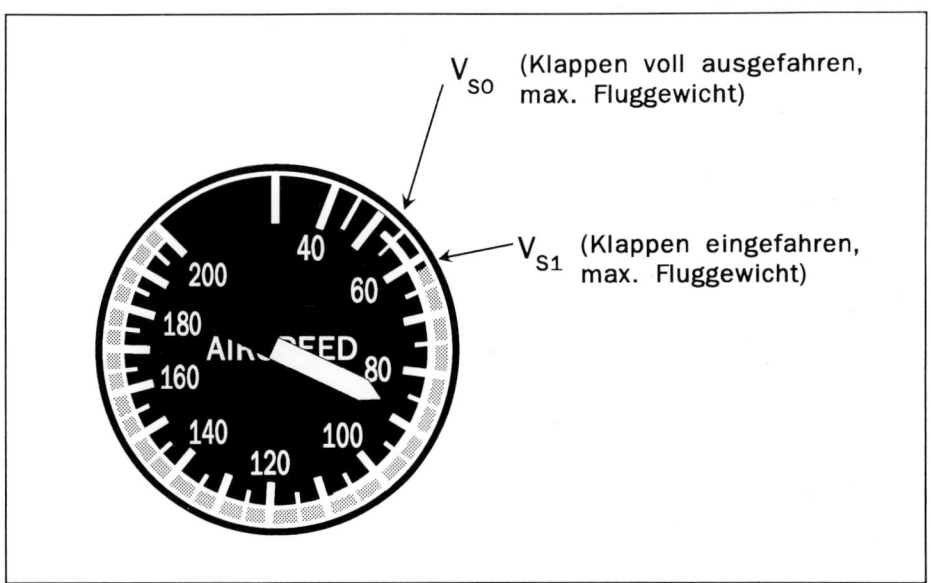

V_{SO} (Klappen voll ausgefahren, max. Fluggewicht)

V_{S1} (Klappen eingefahren, max. Fluggewicht)

Abb. 14: Auf dem Fahrtmesser werden die Überziehgeschwindigkeiten als angezeigte Geschwindigkeit (engl. Indicated Air Speed, IAS) für das maximal zulässige Fluggewicht angegeben. Mit abnehmendem Fluggewicht wird auch die Überziehgeschwindigkeit geringer.

die Geschwindigkeit bereits zu gering. Die Strömung reißt ab, das Flugzeug kippt in der Kurve ab.

- Das Flugzeug befindet sich im Endanflug auf eine sehr kurze Landebahn. Die Geschwindigkeit ist deshalb sehr gering. Eine leichte Turbulenz verursacht eine kleine Rollbewegung des Flugzeuges. Der Pilot erschreckt und steuert mit kräftigem Querruderausschlag dagegen. Das nach unten ausgeschlagene Querruder erhöht den effektiven Anstellwinkel der nach unten gehenden Tragfläche so weit, daß die Strömung abreißt. Die Rollbewegung wird dadurch sehr verstärkt, eine leichte Drehbewegung um die Hochachse folgt automatisch - das Flugzeug beginnt zu trudeln.

- Ein Pilot möchte einen bestimmten Punkt am Boden im Auge behalten, vielleicht eine Sehenswürdigkeit, die er seinen Fluggästen genau zeigen will, oder Bekannte am Boden, die er auf diese Weise aus der Luft "grüßen" möchte. Er fliegt deswegen langsam, kurvt eng um diesen Punkt und sieht

nach draußen. Er bemerkt nicht, wie die Geschwindigkeit weiter abnimmt und die Situation immer kritischer wird. Plötzlich kippt das Flugzeug ab und gerät ins Trudeln.

- Der Start erfolgt von einer kurzen Bahn mit anschließenden Hindernissen. Das Flugzeug benötigt etwas mehr Startrollstrecke als geplant. Da die Hindernisse bedrohlich nahe kommen, hebt der Pilot das Flugzeug schon vor der sicheren Abhebegeschwindigkeit ab. Das Flugzeug will kaum steigen. Der Pilot kurvt von den Hindernissen weg. Dabei reißt die Strömung ab, und das Flugzeug sackt durch.

Die hier beschriebenen kritischen Situationen kann man alle vermeiden, wenn man die volle Aufmerksamkeit der Führung des Flugzeuges und damit auch der richtigen Fluggeschwindigkeit widmet. Sagen Sie Ihren Fluggästen, daß Sie sich auf das Flugzeug konzentrieren müssen und im An- und Abflug keine Zeit für lange Gespräche haben. Lassen Sie sich nicht zu riskanten "Besucherkurven" verleiten.

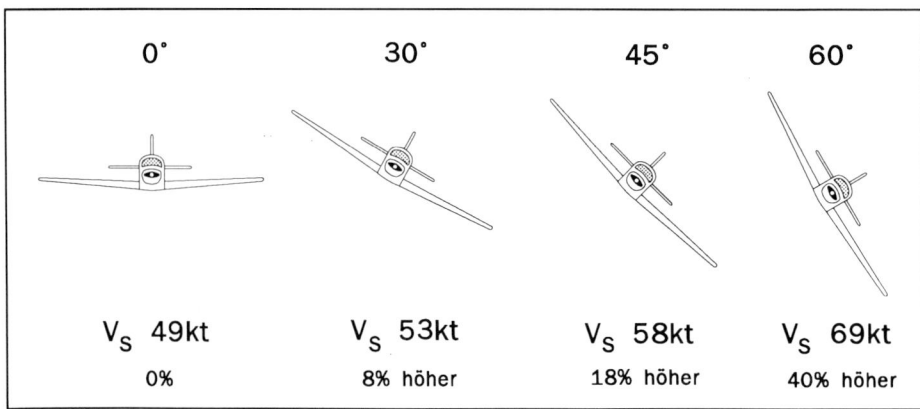

0°	30°	45°	60°
V_S 49kt	V_S 53kt	V_S 58kt	V_S 69kt
0%	8% höher	18% höher	40% höher

Abb. 15: In der Kurve nimmt die Überziehgeschwindigkeit zu.

Natürlich muß man die Überziehgeschwindigkeiten für das Flugzeug im Kopf haben. Sie sind übrigens auch auf dem Fahrtmesser markiert. Bei einer Kurzlandung oder einem Kurzstart darf man ebenfalls die im Flughandbuch angegebenen Mindestfluggeschwindigkeiten nicht unterschreiten.

Im Langsamflug reagiert das Flugzeug auf Steuerausschläge sehr träge. Der Pilot neigt daher zu großen Steuerausschlägen. Die Gefahr, dabei in den überzogenen Flugzustand zu geraten, ist sehr groß. Das Steuer darf also nur sehr behutsam bewegt werden. Kurven sind mit nur geringer Querlage zu fliegen.

Auch Änderungen der Triebwerksleistung sollten "mit Gefühl" erfolgen. Eine abrupte Leistungsänderung kann zu einer plötzlichen Lageänderung des Flugzeuges und damit zu einer kritischen Situation beim Langsamflug führen.

Jedes Flugzeug hat sein eigenes typisches Langsamflugverhalten, das man als Pilot kennen muß. Deshalb gehört zur Einweisung in einen neuen Flugzeugtyp auch die Demonstration der Langsamflugeigenschaften bis hin zum überzogenen Flugzustand.

Kommt man doch einmal unversehens in den überzogenen Flugzustand, so muß man sofort reagieren: Flugzeugnase absenken, also Höhensteuer nachlassen bzw. nach vorn bewegen, und gleichzeitig die Triebwerksleistung erhöhen; dabei Querruder in Neutralstellung bringen und mit dem Seitenruder das Flugzeug geradeaus halten. Es gibt nur diese eine Möglichkeit, aus einem "Stall" herauszukommen. Wer jetzt vor Schreck am Höhensteuer zieht, um die Flughöhe zu halten, gerät erst recht in den überzogenen Flugzustand und verliert viel Höhe.

Das Herausnehmen des Flugzeuges aus dem überzogenen Flugzustand muß immer wieder geübt werden. Die erforderlichen Handgriffe muß jeder Pilot beherrschen. Der überzogene Flugzustand wird durch das Überziehwarnhorn angekündigt. Die Warnanlage ist so eingestellt, daß sie 5 bis 10 kt über der Überziehgeschwindigkeit ausgelöst wird. Wenn man beim ersten Warnton schnell und richtig reagiert, wird das Flugzeug kaum Höhe verlieren.

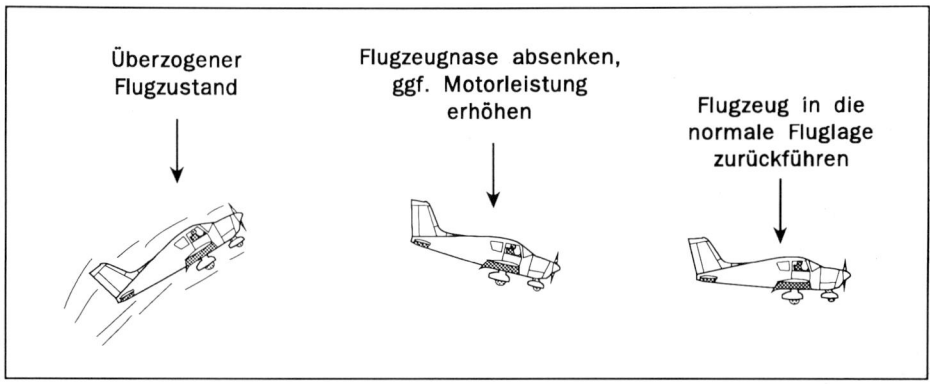

Abb. 16: Herausnehmen aus dem überzogenen Flugzustand.

Zusammenfassung

- Im Langsamflug fliegt das Flugzeug nahe der Überziehgeschwindigkeit. Deshalb muß der Pilot die Fluggeschwindigkeit besonders im Auge behalten und darf nur kleine Steuerausschläge ausführen, um nicht in den überzogenen Flugzustand zu geraten.
- Kommt das Flugzeug doch in den überzogenen Flugzustand, dann gibt es nur eine Möglichkeit, diesen Zustand zu beenden: Sofort das Höhensteuer nach vorn bewegen (um den Anstellwinkel zu verkleinern) und die Triebwerksleistung erhöhen.

Trudeln

Unter Trudeln versteht man einen stabilen Autorotationsflugzustand (Autorotation = Selbstdrehung) mit hoher Sinkrate, bei dem die Drehachse nur etwa eine halbe Spannweite vom Schwerpunkt des Flugzeuges entfernt ist. Dabei ist die Strömung über den Tragflügeln weitgehend abgelöst. Die Drehung des Flugzeuges ist stabil, d.h. ohne ein gezieltes Eingreifen des Piloten würde sich die Trudelbewegung bis zum Aufschlag am Boden fortsetzen.

Bewußt durchgeführtes Trudeln ist Kunstflug. Unbeabsichtigtes Trudeln dagegen ist ein gefährlicher Flugzustand. Jeder Pilot muß wissen, wie er ein trudelndes Flugzeug wieder in die normale Fluglage zurückbringt.

Das Trudeln ist durch eine schnelle Drehbewegung und durch Strömungsabriß an den Tragflächen gekennzeichnet. Der Ablauf ist im Prinzip immer der gleiche: Vergrößerung des Anstellwinkels, Abnahme der Geschwindigkeit, Langsamflug, Strömungsabriß, Abkippen über eine Tragfläche, Drehung des Flugzeuges und dann

Trudeln. Wer jetzt versucht, die fallende Tragfläche mit dem Querruder wieder anzuheben, bewirkt genau das Gegenteil: Eine zusätzliche Anstellwinkelvergrößerung des abkippenden Flügels im Querruderbereich und damit erst recht den völligen Strömungsabriß.

Der unerfahrene Pilot wird auf das Trudeln überrascht reagieren. Auf ihn stürzen ungewöhnliche Eindrücke ein: Das Flugzeug bewegt sich merkwürdig, ungewohnte Beschleunigungen und hohe Drehgeschwindigkeiten treten auf, die Instrumente zeigen offenbar widersinnige Werte an.

Dies alles kann zu räumlicher Desorientierung führen: Der Pilot hat kein Gefühl mehr für die Lage des Flugzeuges im Raum. Wer sich jetzt nicht zu überlegtem Handeln zwingt, kann leicht in Panik geraten - aber gerade das muß unbedingt verhindert werden. Das Flugzeug trudelt mit ca. einer vollen Umdrehung pro Sekunde und verliert hierbei oft mehr als 300 ft Höhe.

Deshalb muß schnell gehandelt werden. Und richtig handeln heißt: Leistung zurücknehmen und *Seitenruder dagegen, Querruder normal.* Das Seitenruder wird dabei voll entgegen der Drehrichtung ausgeschlagen und das Querruder in Neutralstellung gebracht. Das Höhensteuer wird so weit nach vorne bewegt, daß der überzogene Flugzustand beendet wird. So werden die Ruder gehalten, bis die Drehung aufhört. Das kann noch bis zu 1,5 Umdrehungen dauern.

Sobald die Drehung beendet ist, wird das Seitenruder in Neutralstellung gebracht und das Flugzeug aus dem Sturzflug weich abgefangen: Höhensteuer leicht ziehen und die Leistung erhöhen. Beim Abfangen muß man behutsam vorgehen und darf nicht zu stark ziehen. Es besteht sonst die Gefahr, daß das Flugzeug wieder in den überzogenen Flugzustand gerät und seine Struktur überbeansprucht wird.

Ein besonderes Problem beim Trudeln kann das Erkennen der Drehrichtung sein.

Trudelt das Flugzeug im Nebel oder gar in Wolken, fehlt also der Bezug nach draußen, hilft der Wendezeiger weiter. Dieses Instrument zeigt eindeutig die Drehrichtung an (nicht jedoch die Kugel in der Libelle).

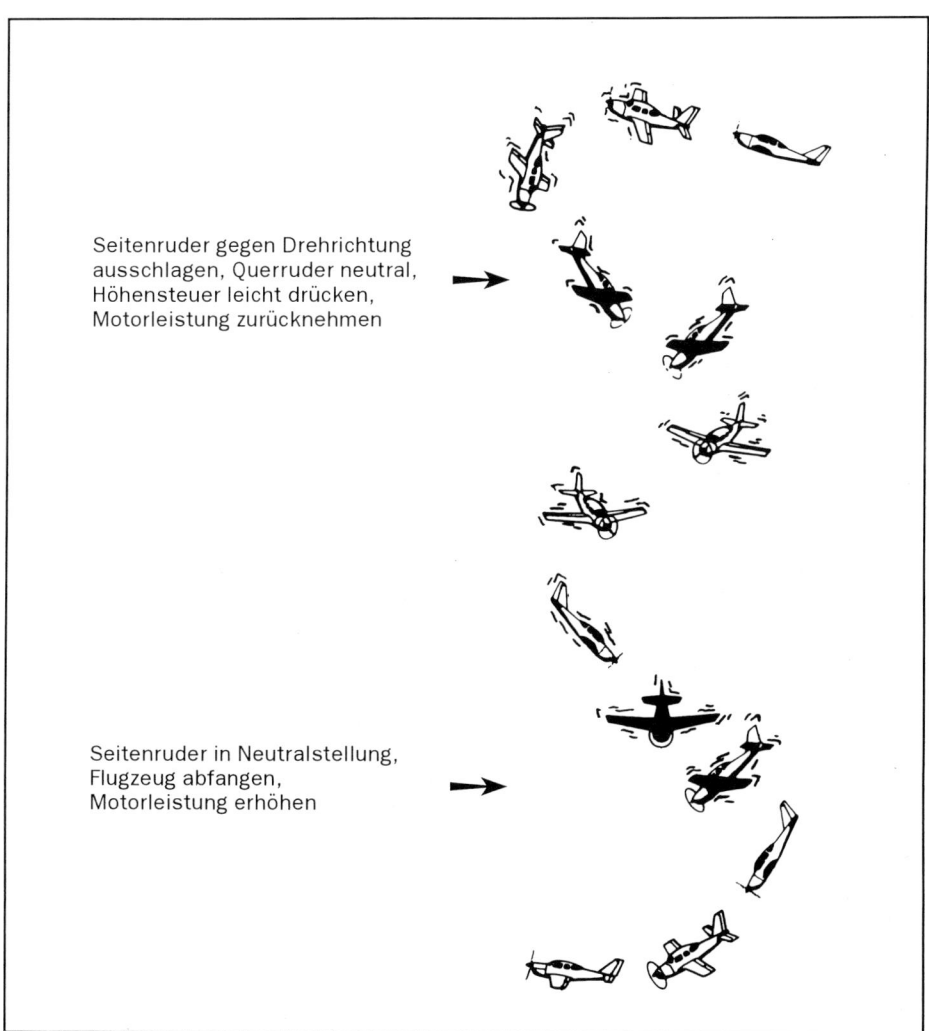

Seitenruder gegen Drehrichtung ausschlagen, Querruder neutral, Höhensteuer leicht drücken, Motorleistung zurücknehmen

Seitenruder in Neutralstellung, Flugzeug abfangen, Motorleistung erhöhen

Abb. 17: Ausleiten aus dem Trudeln (nach "Flight Training Handbook", FAA)

Man muß nicht ins Trudeln geraten. Hält man immer die richtige Fluggeschwindigkeit ein, kann eigentlich nichts schiefgehen. Passiert es doch einmal, so muß sofort reagiert werden, um das Trudeln bereits im Ansatz zu verhindern. Das Flugzeug wird dann nicht einmal eine Umdrehung machen.

Zusammenfassung

So bringen Sie das Flugzeug aus dem Trudeln:

- Ruhe bewahren.
- Kopf gerade halten und nur die Augen bewegen, nicht gebannt nach draußen sehen, man kann die Drehrichtung durch die vorbeihuschende Landschaft kaum feststellen.
- Nur der Wendezeiger zeigt eindeutig die Drehrichtung an.
- Sofort *Seitenruder voll gegen die Drehrichtung, Querruder in Neutralstellung* und Höhensteuer leicht nach vorn, Leistung auf Leerlauf.
- Auf keinen Fall Gegenquerruder geben.
- Abwarten. Es ist bewiesen, daß mit den angegebenen Manövern das Trudeln beendet wird.
- Nach Beenden der Drehung sofort alle Ruder in Neutralstellung. Flugzeug bestimmt, aber nicht zu grob, abfangen und dabei wieder Motorleistung steigern.
- Sichere Höhe aufsuchen. Beruhigen.

Besser aber ist: Verhindern Sie das Trudeln schon im Ansatz. Lassen Sie es erst gar nicht zum Trudeln kommen, und fliegen Sie immer mit der richtigen Fluggeschwindigkeit.

Durchstarten

Landeanflüge klappen nicht immer. Auch dem besten Piloten kann ein Fehler unterlaufen: Die Landebahn wird zu hoch und

zu schnell angeflogen, und die Landung kann nicht erfolgreich beendet werden. Es muß nicht einmal ein Pilotenfehler sein. Ein Flugzeug rollt z.B. unversehens auf die Landebahn und macht damit die Landung unmöglich. Dann muß die Entscheidung zum Durchstarten rechtzeitig gefaßt werden. Kommt sie zu spät, kann es kritisch werden.

Durchstarten ist eigentlich nicht besonders schwierig, nur müssen die richtigen Maßnahmen konsequent und in der richtigen Reihenfolge getroffen werden. Das Flugzeug befindet sich im Endanflug in geringer Höhe, die Klappen sind ausgefahren, die Triebwerksleistung ist gering, die Fluggeschwindigkeit liegt nahe der Überziehgeschwindigkeit und die Steuerbarkeit des Flugzeuges ist eingeschränkt (s.a. "Langsamflug"). Es bleibt also nur wenig Zeit für die richtige Entscheidung.

Wer sich zum Durchstarten entschließt, darf keine halben Sachen machen. Am wichtigsten ist die Erhöhung der Triebwerksleistung. Geben Sie Vollgas. Schalten Sie die Vergaservorwärmung (falls vorhanden) aus, um die maximale Leistung zu erreichen. Erst danach werden das Fahrwerk (beim Flugzeug mit Einziehfahrwerk) und die Landeklappen eingefahren. Ihr Ziel ist es, wieder Fahrt aufzubauen und Höhe zu gewinnen.

Die Leistung sollte ruhig und gleichmäßig erhöht werden. Abruptes Vorwärtsstoßen des Leistungshebels kann das Triebwerk zum Stottern bringen und so den Durchstartvorgang gefährlich verzögern.

Das Flugzeug ist eine "träge Masse", und es braucht Zeit, bis es Fahrt aufbaut und wieder steigt. Der Pilot muß das Flugzeug beim Durchstarten mit dem Höhensteuer in einer Fluglage halten, die den Aufbau der Fahrt zuläßt, bevor Höhe gewonnen oder eine Kurve geflogen werden kann. Da das Flugzeug für den Anflug ausgetrimmt ist, tendiert es bei Erhöhung der Triebwerksleistung auf Vollast dazu, die Nase sehr stark anzuheben und nach links zu drehen. Dabei besteht die Gefahr, in einen überzogenen Flugzustand zu geraten. Man muß schon kräftig Druck auf das Höhensteuer und auch auf das Seitenruder geben, um das Flugzeug im geraden Horizontalflug zu halten.

Auch wenn die Flughöhe gering und die Landebahn sehr kurz ist, darf man sich nicht dazu verleiten lassen, das Flugzeug hochzuziehen. Ein zu frühes Hochziehen kann zum Strömungsabriß führen. In geringer Höhe ist das danach folgende Durchsacken des Flugzeuges besonders gefährlich. Also: Erst Fahrt aufbauen, bis das Flugzeug richtig fliegt. Unterhalb der Überziehgeschwindigkeit fliegt es nämlich nicht. In einigen Fällen kann es sogar erforderlich sein, bei Beginn des Durchstartens nachhaltig aber vorsichtig anzudrücken, um zunächst etwas Fahrt aufzubauen.

Nach Erhöhung der Triebwerksleistung müssen die Landeklappen eingefahren werden. Waren die Klappen im Anflug voll ausgefahren, z.B. auf 40°, dann wirken sie beim Durchstarten wie Bremsen und verzögern den Geschwindigkeitsaufbau und das Steigen. Wurde mit der im Flughandbuch angegebenen Geschwindigkeit angeflogen (höher als die Überziehgeschwindigkeit mit eingefahrenen Klappen), können die Landeklappen im Prinzip ohne Angst vor einem Strömungsabriß wieder eingefahren werden.

Durch das Einfahren der Landeklappen wird allerdings der Auftrieb geringer und das Flugzeug verliert an Höhe. Deshalb sollte man die Landeklappen stufenweise bis zur Startstellung einfahren. Ist die Steigfluggeschwindigkeit erreicht und sind die Klappen in Startstellung, geht man in den Steigflug über.

Die erforderliche Klappenstellung und die dabei einzuhaltenden Geschwindigkeiten können von Flugzeugtyp zu Flugzeugtyp verschieden sein. Der Pilot muß sich daher die Angaben zum Durchstarten im Flughandbuch genau anschauen.

Zusammenfassung

Durchstarten:
- Vollgas geben.
- Vergaservorwärmung ausschalten.
- Falls Einziehfahrwerk vorhanden: Einfahren.
- Geschwindigkeit erhöhen.
- Landeklappen stufenweise einfahren.
- In den Steigflug gehen.

Entschließen Sie sich rechtzeitig zum Durchstarten.

Startabbruch

Welcher Pilot denkt beim Start schon an einen Startabbruch? Da ein Startabbruch nur selten vorkommt, wird man sich auch selten mit diesem Thema beschäftigen.

Sollte es doch einmal so weit kommen, ist schnelles und konsequentes Handeln erforderlich. Dabei ist es von Vorteil, wenn man sich vorher theoretisch mit dem Ablauf eines Startabbruchs beschäftigt und im Flughandbuch unter "Notverfahren" die einzelnen Schritte eines Startabbruchs studiert hat.

Für einen Startabbruch kann es verschiedene Gründe geben: Geringe Beschleunigung beim Startlauf, Triebwerksstörung oder gar Triebwerksausfall, unerklärliche Vibrationen am Flugzeug, Feuer, eine aufspringende Flugzeugtür, ein platter Reifen, Ausbrechen des Flugzeuges aus der Startbahnrichtung oder ein plötzliches Hindernis auf der Startbahn.

Es ist gewiß nicht einfach, einen Start abzubrechen, außer bei einem Triebwerksausfall. Ist aber die Entscheidung getroffen, dann muß sofort der Leistungshebel auf Leerlauf zurückgezogen werden.

Jede Verzögerung kostet wichtige Meter an noch verfügbarer Rollstrecke. Bei einer Rollgeschwindigkeit von z.B. 50 kt bedeutet jede Sekunde Verzögerung eine weitere Rollstrecke von 25 m (!). Nicht nur deshalb gehört beim Start die Hand immer an den Leistungshebel: In einer kritischen Phase muß man sofort reagieren können.

Parallel zum Zurücknehmen der Leistung auf Leerlauf werden die Bremsen betätigt. Wie stark gebremst werden muß, hängt u.a. von der Länge der noch zur Verfügung stehenden Bahn ab. Ist die verbleibende Strecke kurz, rollt das Flugzeug auf ein Hindernis zu oder muß das Flugzeug wegen eines ausgebrochenen Feuers schnell verlassen werden, ist natürlich sehr starkes Abbremsen nötig. Die volle Bremswirkung erzielt man allerdings nicht, wenn man sich mit beiden Beinen auf die Bremspedale stemmt, sondern durch Stotterbremsen (wie beim PKW ohne ABS), damit die Bremsen nicht blockieren.

Sind die Klappen auf Startposition ausgefahren, so empfehlen die meisten Flughandbücher, zur Verstärkung der Bremswirkung die Klappen einzufahren.

Der weitere Ablauf des Startabbruchs hängt u.a. von der Länge der Bahn und der Art der Notlage ab. Ist die verbleibende Bahn zu kurz, so wird entscheidend sein, wie das Gelände nach dem Ende der Bahn beschaffen ist. Gefährlich wird es, wenn massive Hindernisse, z.B. Bäume, hinter der Bahn stehen. In einem solchen Fall sollte man versuchen, das Flugzeug bewußt von der Bahn zu lenken, selbst wenn man dabei eine scharfe Kurve durchführen muß und die Gefahr besteht, daß das Fahrwerk beschädigt wird. Ist die Kollision mit einem Hindernis unvermeidlich, darf nicht vergessen werden, vorher den Gemischknopf herauszuziehen und die Zündung sowie den Hauptschalter auf AUS zu stellen, um dadurch die Gefahr eines Brandes nach der Kollision zu vermindern.

Natürlich ist ein Startabbruch bei kurzen Bahnen problematischer als bei langen. Es lohnt sich also zur eigenen Sicherheit, bei einem Start von einer kurzen Bahn zu überlegen, wieviel Bahnlänge das Flugzeug bei einem Startabbruch mindestens benötigt. Leider enthalten die Flughandbücher für einmotorige Flugzeuge keine Angaben über die Bremsstrecke bei einem Startabbruch. Ganz grob kann man aber die gleiche Bremsstrecke wie für die Landung annehmen.

Eine vollbeladene Cessna 172 z.B. benötigt in MSL (ISA, kein Wind) eine Startrollstrecke von 245 m. Eine Landung unter etwa gleichen Bedingungen erfordert ca. 160 m Landerollstrecke. Die Strecke für die Beschleunigung bis zur Abhebegeschwindigkeit mit danach folgendem Startabbruch bis zum Stillstand des Flugzeuges beträgt also mindestens 405 m - die Schrecksekunden beim Startabbruch (die schließlich auch einige Meter kosten) nicht eingerechnet. Wer diese Rechnung sorgfältig durchführt, wird feststellen, daß er auf einigen Flugplätzen eigentlich gar nicht sicher starten kann, bzw. daß er beim Startabbruch über die Bahn hinausrollen wird.

Auf jeden Fall sollte man gerade vor dem Start auf kurzen Bahnen einen eventuellen Startabbruch in Gedanken durchgehen und beim Startlauf die Markierung der Bahnmitte besonders beachten.

Ganz anders liegt der Fall, wenn der Start kurz nach dem Abheben abgebrochen werden muß. Ist das Flugzeug noch flugfähig, liegt also kein Schaden am Triebwerk oder der Steuerung vor, dann wird man weiter steigen und nach einer Platzrunde wieder (not)landen. Ist aber das Triebwerk am Stottern oder ganz ausgefallen, dann hilft nichts: Man muß runter. Ist die Startbahn sehr lang, dann mag eine Notlandung auf der verbleibenden Bahn noch gelingen. Derart lange Bahnen aber sind auf Flugplätzen für die Allgemeine Luftfahrt nicht die Regel. Man muß sich folglich auf eine Außenlandung vorbe-

reiten. Das Wichtigste ist jetzt, die Kontrolle über das Flugzeug zu behalten: Also "Nase runter", damit das Flugzeug nicht in einen überzogenen Flugzustand gerät. Auf keinen Fall sollte man in dieser Situation versuchen, zum Flugplatz zurückzukehren, denn das kann nur schiefgehen. Besser ist, wenn man die Richtung beibehält und eine kontrollierte Notlandung außerhalb des Flugplatzes durchführt (siehe hierzu Kapitel 7).

Zusammenfassung

Startabbruch während des Startlaufs:

- Leistungshebel auf Leerlauf stellen.
- Bremsen.
- Klappen einfahren (sofern ausgefahren).
- Ggf. Gemischbedienknopf herausziehen und Zünd- und Haupschalter aus.

Schauen Sie in dem Flughandbuch Ihres Flugzeuges unter dem Stichwort "Startabbruch" nach, und gehen Sie in Gedanken die dort aufgeführten Schritte für einen Startabbruch durch.

Einflug in schlechtes Wetter

Als VFR-Pilot fliegt man nach Sichtflugregeln, d.h. man braucht eine bestimmte Flugsicht und einen festgelegten Mindestabstand zu Wolken. Sicht benötigt der Pilot für die Navigation, denn er orientiert sich an terrestrischen Merkmalen. Sicht braucht er aber auch, um Hindernisse und andere Luftfahrzeuge zu erkennen und diesen auszuweichen. Schließlich muß der Pilot den Horizont sehen, um danach seine Fluglage bestimmen zu können. Zurückgehende Sicht und oftmals zusätzlich absinkende Wolken erschweren die Orientierung und können zu einer ernsthaften Gefahr werden.

Vor jedem Flug muß eine Wetterberatung eingeholt werden. Diese kann man sehr unkompliziert über die automatische Flugwetteransage erhalten. Ist die Wettereinstufung kritisch, sollte man auf jeden Fall bei der zuständigen Flugwetterwarte eine individuelle Beratung einholen. Eine typische Schlechtwettersituation stellt z.B. eine Warmfront dar. Mit Heranziehen der Front nehmen die Wolken zu, die Wolkenuntergrenze sinkt ab, Niederschlag setzt ein und die Sicht geht zurück.

Natürlich wird man als verantwortungsbewußter Pilot bei Schlechtwetterlagen nicht fliegen. Oder man plant seinen Flug so, daß man das Schlechtwettergebiet umfliegt (was allerdings bei Frontwetterlagen kaum möglich ist). Trotzdem kann es vorkommen, daß schlechtes Wetter schneller als vorhergesagt aufzieht und man im Fluge davon überrascht wird. Die Wolkenuntergrenze sinkt immer mehr ab, und man muß seine Reiseflughöhe verlassen, wenn man nicht den vorgeschriebenen Abstand zu den Wolken unterschreiten will. Je tiefer man sinkt, umso eher wird man auf die Luftraumstruktur (z.B. Kontrollzonen oder Flugbeschränkungsgebiete) achten müssen. Sinkt die Wolkenuntergrenze weiter ab, so kommt man irgendwann in den Bereich der Sicherheitsmindesthöhe. Spätestens hier muß es heißen: Nicht mehr weiter sinken, sondern umkehren. Es kann nämlich nur noch gefährlicher werden. Nun macht sich bezahlt, wenn man seinen Flug gut geplant, die Sicherheitshöhen bestimmt und im Flugdurchführungsplan eingetragen hat.

Abb. 18: Das kann passieren, wenn man bei absinkenden Wolken nicht rechtzeitig umkehrt (aus fsm 3/81).

Schlechte Sicht erschwert einerseits die Orientierung und Navigation, andererseits die Bestimmung der Fluglage. Prasselt darüberhinaus Regen auf die Frontscheibe und wird das Flugzeug von Turbulenzen geschüttelt, kann dies zu einer weiteren Verschärfung der Situation führen. Der Pilot wird nervös und unsicher. Auch hier kann die Regel nur lauten: Umkehren. Da, wo man herkommt, ist die Wettersituation im allgemeinen besser. Auf keinen Fall sollte man den fatalen Fehler machen und durch das schlechte Wettergebiet in der Hoffnung "durchstoßen", das Wetter würde sich bald wieder ändern. Das kann ins Auge gehen.

Trotz größter Vorsicht kann man doch plötzlich in Wolken geraten. Die Sicht ist Null, der optische Bezug nach außen fehlt schlagartig. Auch hier gibt es nur ein Rezept: Eine Umkehrkurve durchführen, um wieder aus den Wolken herauszukommen. Man könnte nun einwenden, daß die Wolkenschicht nicht so dick sei und man im Steig- oder Sinkflug geradeaus schnell aus den Wolken herauskäme. Das mag in der Theorie stimmen, in der Praxis aber kann man sich beim Bestimmen der Wolkenunter- bzw. -obergrenze schnell verschätzen. Schließlich fliegt man immer tiefer in Wolken ein, bis der Weiterflug zu einem gefährlichen Abenteuer wird.

Die Umkehrkurve unterscheidet sich von einer "normalen" 180°-Kurve dadurch, daß sie im schlimmsten Fall ohne jegliche Sicht nach außen durchgeführt werden muß, also nur mit Hilfe der Instrumente. Zentrales Instrument ist dabei der künstliche Horizont, der die Lage des Flugzeuges zum Horizont und so auch die Schräglage anzeigt. Die Umkehrkurve sollte flach ausgeführt werden: 10° bis 15° Schräglage genügen. Damit wird der Gefahr vorgebeugt, unversehens in eine Steilkurve hin-

einzugeraten. Höhe und Geschwindigkeit bleiben in der Kurve unangetastet. Das erleichtert die Arbeit. Bevor man aber die Umkehrkurve beginnt, muß man sich noch einmal vergewissern, wie der augenblickliche Kurs ist. Allzuleicht vergißt man in der Aufregung, den Kurs abzulesen, und weiß dann nicht genau, in welcher Richtung man wieder aus den Wolken herausfindet. Üben Sie eine solche Umkehrkurve ab und zu mit Ihrem Fluglehrer, auch später, nach Erhalt Ihrer Privatpilotenlizenz.

Verschlechtert sich die Wettersituation zusehends, und ist auch der Rückflug nicht mehr möglich, so muß man schnell handeln und auf dem nächsten Flugplatz landen. Ist kein Flugplatz in Sicht, sollte man sich nicht scheuen, eine Sicherheitslandung auf einer Wiese, einem Feldweg oder einem anderen geeigneten Gelände durchzuführen. Aber lassen Sie es nicht so weit kommen. Auch während des Fluges können Sie sich über die aktuelle Wettersituation durch ATIS, VOLMET und FIS informieren und so die richtige Entscheidung treffen. Kehren Sie rechtzeitig um oder landen Sie auf dem nächstgelegenen Flugplatz. Warten Sie dort in Ruhe besseres Wetter ab.

Zusammenfassung

- Holen Sie vor jedem Flug eine Wetterberatung ein. Ist die Wettersituation kritisch, so lassen Sie sich von der Flugwetterwarte ausführlich über die Wetterlage und -entwicklung informieren.
- Kehren Sie bei schlechtem Wetter rechtzeitig um.
- Sinken Sie nie unter die Sicherheitsmindesthöhe.
- Vermeiden Sie auf jeden Fall den Einflug in Wolken.

Einbruch der Dunkelheit

Wer die Privatpilotenlizenz erwirbt, ist erst einmal für das Fliegen am Tage ausgebildet. Fliegen und insbesondere Landen in der Nacht ist in vielerlei Hinsicht anders als am Tage und muß geübt werden. Nicht umsonst benötigt man für den Nachtflug eine spezielle Berechtigung. Ist man dafür nicht ausgebildet, muß man auf jeden Fall einen Nachtflug vermeiden.

Die Nacht beginnt in der Luftfahrt um 30 Minuten nach Sonnenuntergang (engl. SunSet - SS). Die meisten unkontrollierten Flugplätze schließen um SS, einige um SS + 30 min. Neben den internationalen Verkehrsflughäfen sind nur wenige Landeplätze für Nachtflugbetrieb ausgerüstet und nachts geöffnet. Der Flug muß also so geplant sein, daß man spätestens um SS bzw. um SS + 30 min am Zielflugplatz gelandet ist. Stellt man nun während des Fluges fest, daß der Zielflugplatz nicht vor Einbruch der Nacht erreicht werden kann, so gibt es nur eine Entscheidung: Auf einem anderen Flugplatz landen (selbst wenn dieser bereits geschlossen ist). Nach Sonnenuntergang beginnt die Dämmerung, d.h. es wird allmählich dunkel. Etwa 30 bis 40 Minuten nach Sonnenuntergang ist es dann wirklich dunkel. Innerhalb dieser Zeit muß spätestens gelandet werden. Findet man keinen Flugplatz, ist auf einer Wiese oder auf einem anderen geeigneten Gelände zu landen.

Anflug und Landung während der Dämmerung und erst recht während der Nacht erfordern einiges Können. Man erkennt Hindernisse schlecht, und das Bild der Landebahn erscheint in einer scheinbar anderen Perspektive. Der ungeübte Pilot neigt dazu, das Flugzeug etwas zu hoch abzufangen. Deshalb sollte man nach Überfliegen der Landebahnschwelle mit einer sehr kleinen Sinkrate und etwas Motorleistung das Flugzeug behutsam auf die Landebahn herunterführen. Schaltet man dabei die Landescheinwerfer ein, so kann man die Höhe des Flugzeuges über der Landebahn besser abschätzen. Ist die Landebahn mit einer optischen Gleitwinkelanzeige (VASIS oder PAPI) ausgerüstet, so führt man das Flugzeug auf jeden Fall entlang des optischen Gleitweges und damit hindernisfrei zur Landung. Aber lassen Sie es so weit erst gar nicht kommen - landen Sie rechtzeitig.

Zusammenfassung

- Ohne Nachtflug-Berechtigung (und ohne ein für Nachtflug ausgerüstetes Flugzeug) muß man Fliegen in die Nacht hinein auf jeden Fall vermeiden. Erreicht man vor Einbruch der Dunkelheit keinen Flugplatz, sollte man eine Sicherheitslandung durchführen.

Orientierungsverlust

Trotz bester Flugvorbereitung und genauer Einhaltung des Flugdurchführungsplanes kann es vorkommen, daß der Pilot die Orientierung verliert. Das, was man durch die Cockpitfenster sieht, stimmt nicht mehr mit dem überein, was auf der Karte zu sehen ist. Der markante Kontrollpunkt, der nach dem Flugplan auftauchen müßte, ist nicht zu finden. Das kann jedem Piloten passieren und ist kein Grund, in Panik zu geraten. Der Wind hat das Flugzeug weit mehr als erwartet versetzt, oder der Pilot hat einfach einen falschen Kurs gesteuert.

Es hilft nun nicht, noch lange in der Hoffnung weiterzufliegen, der Kontrollpunkt wäre nicht mehr weit. So kann man sich möglicherweise noch mehr "verfranzen". Besser ist es, mit dem Flugzeug zu kreisen und nach einem geographischen Anhaltspunkt zu suchen, z.B. nach einem Fluß, einem See, einer Autobahn oder einem Flugplatz. Hat man einen solchen Bezugspunkt gefunden, muß dieser auch auf der Luftfahrtkarte gesucht werden - er müßte eigentlich in der Nähe des Kontrollpunktes liegen.

Weiß man aus der Karte, daß nicht weit hinter dem unauffindbaren Kontrollpunkt eine große Auffanglinie liegt, z.B. ein Fluß oder eine Autobahn quer zur Kurslinie, so kann man natürlich bis dorthin weiterfliegen. Aber auch an einer solchen Auffanglinie muß man sich zunächst erst orientieren und einen geographischen Punkt suchen. Liegt der letzte Kontrollpunkt, der sicher überflogen wurde, an einer markanten Auffanglinie, empfiehlt es sich, dorthin zurückzufliegen. Ist dieser Kontrollpunkt gefunden, wird von dort aus die Navigation neu aufgenommen.

Natürlich kann man bei der Suche nach Orientierungspunkten auch die Funknavigation zu Hilfe nehmen. Das Netz der Funknavigationsanlagen ist so dicht, daß man in der weiteren Umgebung immer eine VOR- oder NDB-Anlage finden wird. VOR- und NDB-Anlagen sind mit Standort, Frequenz und Kennung auf der ICAO-Luftfahrtkarte 1:500.000 und auf den Sichtanflugkarten eingezeichnet. Stellen Sie die Frequenz einer in der Nähe vermuteten NDB- oder VOR-Anlage ein, hören Sie die Kennung ab, und fliegen Sie, wie Sie es im Fach "Flugnavigation" gelernt haben, zur Station hin. Sind Sie über der NDB-Station, schlägt die Anzeigenadel am Radiokompaß um.

Bei der VOR-Station wandert am VOR-Anzeigegerät die CDI-Nadel aus und die TO/FROM-Flagge springt um. Sie wissen wieder, wo Sie sind, und können von dort aus die Navigation neu aufnehmen. Ist man funknavigatorisch geübt, oder fliegt man zu zweit und kann sich die Arbeit teilen, muß zur Neuorientierung nicht unbedingt bis zur Funknavigationsanlage geflogen werden. Sie können zuvor eine Kreuzpeilung mit zwei Funknavigationsanlagen durchführen (siehe Abbildung 19).

Ein besonderes Orientierungsproblem ergibt sich machmal in der unmittelbaren Nähe des Zielflugplatzes. Man fliegt diesen Flugplatz zum ersten Mal an. Bei Info hat man sich schon über Funk gemeldet. Man weiß, der Flugplatz muß unmittelbar vor einem liegen, aber die Sicht ist schlecht und vom Flugplatz ist nichts zu sehen. Viele Flugplätze verfügen über einen Peiler (Flugplätze mit Peiler sind auf der Luftfahrtkarte durch die unterstrichene Frequenz gekennzeichnet), und man sollte in dieser Situation von Info ein QDM anfordern.

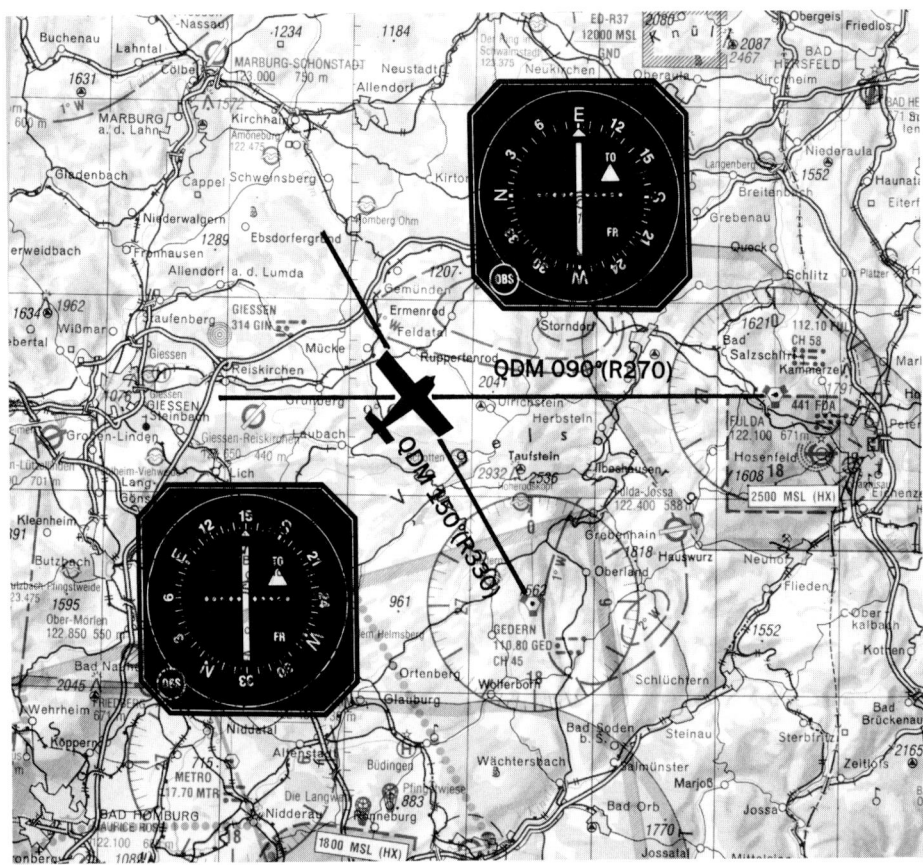

Abb. 19: Kreuzpeilung mit zwei VORs

Steuert der Pilot das QDM, so findet er direkt zum Flugplatz. Aber auch schon das Einschalten des Flugplatzleuchtfeuers (engl. Aerodrome Beacon, ABN) kann helfen und dem Piloten anzeigen, wo der Flugplatz liegt. Flugplätze mit einem Flugplatzleuchtfeuer sind auf der Luftfahrtkarte mit einem Stern markiert.

Die Gefahr von Orientierungsverlust ist umso größer, je geringer die Sicht ist. Gerade bei schlechter Wetterlage muß sehr sorgfältig navigiert werden. Hier kann es

eventuell sinnvoller sein, entlang markanter terrestrischer Linien (Fluß, Autobahn, Eisenbahnlinie) zu fliegen, anstatt einer in der Karte eingezeichneten Kurslinie zu folgen - auch wenn dies einen Umweg bedeutet. Wird das Wetter so schlecht, daß eine VFR-Navigation zweifelhaft wird, gibt es nur zwei Möglichkeiten: Umkehren oder auf dem nächsten geeigneten Flugplatz landen.

Bei Orientierungsverlust braucht man nicht gleich die Nerven zu verlieren.

Sichtanflugkarte Visual Approach Chart	Höhe ü. NN ELEV 397	**REICHELSHEIM** **EDFB**
FIS FRANKFURT RADAR	VDF (QDM) 122.450	REICHELSHEIM INFO 122.450 En/Ge (15 NM 3000 ft)

Abb. 20: Die Abkürzung VDF oder QDM auf der Sichtanflugkarte zeigt an, daß der Flugplatz über einen Peiler verfügt.

Stimmen Flughöhe, Fluglage und Fluggeschwindigkeit und ist genügend Kraftstoff im Tank, so kann in Ruhe das Problem gelöst werden. Weiß man einmal überhaupt nicht mehr weiter, sollte man zum Mikrofon greifen und Kontakt mit der Flugsicherung oder mit einem in der Nähe liegenden Flugplatz aufnehmen. Dort gibt es Fachleute, die einem weiterhelfen. Die Frequenzen der Fluginformationsdienste der Flugsicherung findet man am unteren Rand der Luftfahrtkarte.

Zusammenfassung

Bei Orientierungsverlust gibt es mehrere Möglichkeiten, sich neu zu orientieren:

- Weiterflug bis zur nächsten Auffanglinie quer zum Kurs.
- Zurückfliegen zum letzten Kontrollpunkt.
- Nach geographischen Orientierungspunkten suchen.
- Flug bis zur nächsten Funknavigationsanlage, wie NDB oder VOR.
- Kreuzpeilung mit NDB oder VOR.
- QDM anfordern.

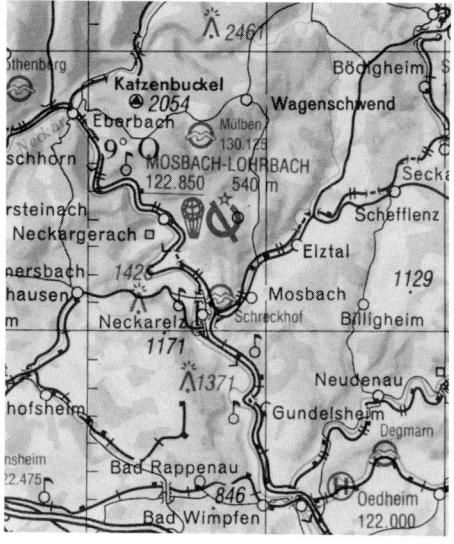

Abb. 21: Beispiel Mosbach-Lohrbach (Ausschnitt aus der Luftfahrtkarte). Die unterstrichene Frequenz zeigt an, daß der Flugplatz über einen Peiler verfügt. Das Stern-Zeichen in 12-Uhr-Position des Flugplatz-Symbols gibt an, daß der Flugplatz ein Flugplatzleuchtfeuer (engl. Aerodrome Beacon) hat.

Fliegen über Wolken

Ein Sichtflug über Wolken kann sehr reizvoll sein und stellt im allgemeinen keine besonderen Anforderungen an den Piloten, vorausgesetzt, er kann bis zur Landung auf dem Zielflugplatz die Sichtflugregeln einhalten. Liegt eine nicht sehr ausgedehnte Wolkendecke mit erkennbaren Grenzen in geringer Höhe, dann wird man sie ohne besondere navigatorische und meteorologische Vorbereitungen überfliegen können.

Es gibt durchaus Wetterlagen, in denen der Startflugplatz und auch das Gebiet um den Zielflugplatz wolkenfrei sind, dazwischen aber, vielleicht aufgrund geographischer Gegebenheiten, ausgedehnte Wolkenschichten in z.B. 2.000 bis 3.000 ft liegen. Dann kann es sogar besser und sicherer sein, darüber hinwegzufliegen, anstatt zu versuchen, diese Wolken in geringer Höhe zu unterfliegen.

Schon bei der Wetterberatung vor dem Flug wird man auf ausgedehnte Wolkenfelder hingewiesen. Plant man den Flug über den Wolken, muß man sich sehr ausführlich über Ober- und Untergrenzen von Wolken, das Wetter am Ziel- und ggf. am Ausweichflugplatz sowie über die Wetterentwicklung informieren, um später keine Überraschungen zu erleben.

Bei einem Flug mit einem einmotorigen Leichtflugzeug darf man allerdings nicht dessen Leistung überschätzen und Wolkenschichten mit einer Obergrenze von z.B. 10.000 oder 11.000 ft überfliegen wollen. Das kann schiefgehen.

Den Flug über eine ausgedehnte Wolkendecke wird man wohl in den meisten Fällen mit Hilfe der Funknavigation durchführen. Das ist im Prinzip eine einfache Angelegenheit, wenn man weiß, wie man mit den Funknavigationsgeräten im Flugzeug umzugehen hat. Über den Zustand der Funknavigationsanlagen am Boden informiert man sich natürlich vorher anhand des VFR-Bulletins und der NOTAMs (bzw. beim Flugberatungsdienst, AIS).

Verlassen Sie sich als VFR-Pilot allerdings nie allein auf die Funknavigation, sondern legen Sie wie gewohnt vorher den Flugweg unter Berücksichtigung des Windes mit Kurs, Entfernung und Zeit genau fest. Im Fluge werden dann die Daten immer wieder überprüft und gegebenenfalls korrigiert, damit Sie immer wissen, wo Sie sich gerade befinden.

Gerade bei langen Flügen über ausgehnten Wolkendecken empfiehlt es sich, während des Fluges über den Fluginformationsdienst (FIS) das aktuelle Wetter am Zielflugplatz abzufragen. Manchmal kann sich das Wetter nämlich sehr schnell ändern. Überhaupt muß man bei Flügen über Wolken das Wetter ständig beobachten, um keine bösen Überraschungen zu erleben. Aus einzelnen kleinen Wolkenfeldern kann sich rasch eine geschlossene Wolkendecke bilden.

Unangenehm und sogar gefährlich wird es, wenn inzwischen eine Wolkendecke den Zielflugplatz vollständig überzogen hat oder sie an Dicke zunimmt, so daß man immer höher steigen muß. Entschließen Sie sich lieber zu früh als zu spät zum Umkehren.

Zusammenfassung

- Denken Sie daran, daß auch ein Flug über Wolken ein Flug nach Sichtflugregeln ist und der Anflug und die Landung am Zielflugplatz nach Sichtflugregeln garantiert sein müssen. Eine eingehende Wetterberatung und eine genaue Flugplanung sind Voraussetzungen für einen Flug über Wolken.
- Informieren Sie sich während des Fluges über die weitere Wetterentwicklung (vor allem am Zielflugplatz). Bei einer Wetterverschlechterung kehren Sie um, besser zu früh als zu spät.

Fliegen in großen Höhen

Der größte Teil der VFR-Flüge findet in den unteren Flughöhen statt. Das ist verständlich, da im Bereich der VFR-Luftfahrt überwiegend Kurzstreckenflüge durchgeführt werden und deshalb das Bedürfnis, auf große Höhe zu steigen, nur selten besteht. Andererseits können Wetter (z.B. beim Überfliegen von niedrigen Wolkenschichten), Luftraumstruktur (z.B. beim Überfliegen eines Flugbeschränkungsgebietes), vor allem aber Gebirge den Piloten zwingen, hoch zu fliegen. Bei einem solchen "Höhenflug" in 10.000 ft oder höher wird man gegenüber einem Flug in etwa 1.000 ft einige Unterschiede feststellen. Kleine Ortschaften, zweispurige Straßen oder eingleisige Eisenbahnlinien sind beispielsweise schwerer zu erkennen und eignen sich zur Sichtnavigation aus großer Höhe nicht. Man muß in einem solchen Fall schon große und markante navigatorische Punkte und Linien aussuchen.

Unmittelbar spürbar ist die große Flughöhe daran, daß die Motorleistung des Flugzeuges merklich nachläßt. Obwohl der Leistungshebel bis zum Anschlag nach vorn geschoben ist, steigt das Flugzeug nur mühsam. Der Kolbenmotor benötigt zum Arbeiten Luft und Kraftstoff. Mit zunehmender Höhe nimmt die Luftdichte ab, die Zylinder im Motor werden mit weniger Kraftstoff/Luft-Gemisch gefüllt - die Motorleistung läßt nach. In 10.000 ft Höhe erreicht ein Kolbenmotor nur noch etwa 70% seiner in Meeresspiegel gemessenen Leistung. Zusätzlich verringert sich der Wirkungsgrad des Propellers in größerer Höhe, denn auch er arbeitet mit Luft.

Ein Blick in das Flughandbuch gibt Auskunft über die Leistungsabnahme mit steigender Höhe, dargestellt durch die Steigrate. Eine Piper Cadet z.B. steigt in MSL mit ca. 670 ft/min, in 10.000 ft dagegen nur noch mit 180 ft/min. Die Dienstgipfelhöhe der Cadet (Höhe, in der das Flugzeug nur noch mit 100 ft/min steigt) wird mit knapp 12.000 ft angegeben. Bei einer Steigrate von 100 ft/min benötigt man für einen Höhengewinn von 1.000 ft 10 Minuten (!). Wer über die Alpen fliegt, muß sich dieser Tatsache bewußt sein.

Die meisten einmotorigen Flugzeuge erreichen eine Dienstgipfelhöhe von 12.000 bis 15.000 ft. Diese Werte beziehen sich auf ISA (International Standard Atmosphere). Ist der aktuelle Luftdruck geringer und die Temperatur höher als ISA, so kann die maximal erreichbare Flughöhe um mehr als 1.000 ft tiefer liegen.

Mit zunehmender Flughöhe wird der Pilot das Kraftstoff/Luft-Gemisch mit Hilfe des Gemischreglers immer mehr verarmen, um auch in großer Höhe einen optimalen Betrieb des Motors sicherzustellen. Das Flughandbuch enthält genaue Angaben, wie das Gemisch zu regulieren ist. Beim Sinkflug aus großer Höhe muß man daran denken, den Gemischregler wieder Stück für Stück nach vorn zu ziehen. Vergißt man dies, wird der Motor irgendwann im Sinkflug durch rauhen Lauf und erhöhte Zylinderkopftemperatur bzw. Abgastemperatur auf sich aufmerksam machen.

Die "dünne" Luft in großen Flughöhen reduziert nicht nur die Motorleistung, sondern auch die Leistung des Menschen. Kapitel 6 dieses Buches befaßt sich ausführlich mit den Auswirkungen des Sauerstoffmangels auf den Menschen in großen Höhen.

Bei der Planung eines Fluges in großer Höhe ist zu berücksichtigen, daß der Steigflug sehr lange dauern kann (bei einer Cadet z.B. von MSL auf 10.000 ft etwa 14 min) und die in dieser Zeit zurückgelegte Entfernung aufgrund der geringeren Geschwindigkeit im Steigflug kürzer sein wird. In großen Flughöhen herrschen sehr viel stärkere Winde als in Bodennähe - auch ein wichtiger Punkt für die Zeit- und Kraftstoffberechnung.

Nicht nur der Steigflug auf große Höhe braucht Zeit, sondern auch der Sinkflug aus großer Höhe. Der Beginn des Sinkfluges muß also rechtzeitig überlegt werden. Vermeiden Sie einen rasanten Sinkflug mit einer großen Sinkrate. Das tut weder dem Motor noch den Passagieren gut.

In großen Flughöhen wird man nur noch wenige VFR-Flieger antreffen, dafür aber umso mehr (vor allem in der Umgebung der großen Verkehrsflughäfen) nach IFR operierende Flugzeuge. Es empfiehlt sich daher, mit dem Fluginformationsdienst (FIS) der Flugsicherung Kontakt aufzunehmen und die eigene Position und Flughöhe mitzuteilen. Das dient der eigenen Sicherheit und der des Instrumentenflugverkehrs.

Zusammenfassung

- Mit zunehmender Flughöhe nimmt die Motorleistung und die aerodynamische Leistung des Flugzeuges ab.
- Die Dienstgipfelhöhe eines Flugzeuges ist die Höhe (Dichtehöhe), in der das Flugzeug nur noch mit 100 ft/min steigt. Sie ist im Flughandbuch angegeben.

Fliegen im Gebirge

Fliegen im Gebirge, insbesondere im Hochgebirge wie z.B. den Alpen, unterscheidet sich in mancherlei Hinsicht vom Fliegen im Flachland. Es gibt besondere Wetterphänomene im Gebirge. Der Wind über den Bergkämmen und in den Tälern kann das Vielfache der Geschwindigkeit des Windes im Flachland erreichen, Turbulenzen und starke Abwinde können dem Flugzeug schwer zu schaffen machen. Der Pilot muß sich über die geringe Motorleistung in großen Höhen im klaren sein und deshalb beim Flug über Bergkämmen besonders vorsichtig sein.

Die meisten Piloten in Deutschland lernen das Fliegen im Flachland, allenfalls im Mittelgebirge. Eine praktische Einweisung in die Alpenfliegerei erfolgt im allgemeinen nicht. Es sei daher allen in dieser speziellen Art der Fliegerei unerfahrenen Piloten dringend angeraten, sich vor dem ersten Gebirgsflug über die dabei auftretenden Schwierigkeiten und Gefahren (und über die für Gebirgsflüge in den einzelnen Staaten veröffentlichten Vorschriften) eingehend zu informieren. Viele Alpen-Flugschulen bieten Einweisungsprogramme in die Alpenfliegerei an. Jeder Pilot sollte vor dem ersten Alpenflug diese Möglichkeit nutzen oder zumindest die ersten Flüge ins Gebirge mit einem erfahrenen Fluglehrer durchführen.

Wetter

Das Besondere am Wettergeschehen im Gebirge ergibt sich dadurch, daß die Luft die Berge über- und umströmen muß. Die Luft wird auf der windzugewandten Seite des Berges (Luvseite) angehoben und über den Bergkämmen stark beschleunigt. Auf der windabgewandten Seite (Leeseite) bilden sich Abwinde (Fallwinde) mit mehr oder weniger starken Turbulenzen.

Vor allem die Abwinde stellen eine große Gefahr für die Luftfahrt dar, da das Flugzeug oft unerwartet rasch an Höhe verliert und die Sinkgeschwindigkeit der Fallwinde (gerade in großen Höhen) die Steigfähigkeit des Flugzeuges überschreitet.

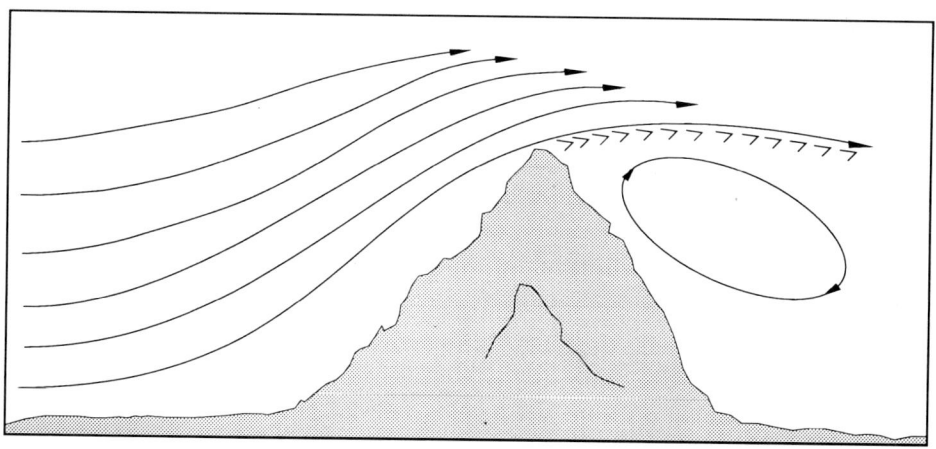

Abb. 22: Strömung am Bergkamm. Unter der Turbulenzschicht entwickeln sich Wirbel.

Das Flugzeug kann dann trotz voller Triebwerksleistung keine Höhe halten und sinkt mit dem Abwind.

Aufwinde helfen beim Steigen, und aus diesem Grund ist es möglich, daß man im Gebirge oft Höhen erreicht, welche die Dienstgipfelhöhe des Flugzeuges übersteigen. Bei starken Aufwinden auf der einen Seite des Berges muß aber immer mit ebenso starken Abwinden auf der anderen gerechnet werden.

Unter bestimmten Voraussetzungen, z.B. Föhn, kann sich auf der Leeseite des Gebirges die Luftströmung in großen Höhen zu Wellen (engl. Mountain Waves) ausbilden, die sich in den unteren Schichten zu Rotoren formen. Diese müssen unbedingt gemieden werden, da die dort auftretenden Turbulenzen extrem heftig sein können. Erkennbar sind die Wellenbildungen meist an den linsenförmigen Wolken (altocumulus lenticularis) in großen Höhen.

Wenn feuchte Luftmassen über ein Gebirge strömen, kühlen sie sich beim Steigen ab. Es bilden sich Wolken, und es kommt u.U. zu ergiebigen Regen- oder Schneefällen. Über dem Kamm angelangt, haben die Luftmassen einen großen Teil ihrer Feuchtigkeit verloren. Während sie am Hang absinken, nimmt ihre Temperatur wieder zu und ihre Feuchtigkeit ab. Es entsteht so auf der Leeseite des Gebirges ein warmer, trockener und böiger Wind, der Föhn.

Bei Föhnwetterlagen sind die Abwinde und Turbulenzen oft so stark, daß sie für Leichtflugzeuge unüberwindbar sind. Wolken und Niederschläge an der windzugewandten Seite des Gebirges machen den Sichtflug unmöglich. In den Alpen ist oft der Südföhn zu beobachten. Bei Südwind entstehen auf der italienischen Alpenseite Wolkenschichten großer Dicke mit Niederschlägen, während an der Nordseite der Alpen weitgehend heiteres Wetter vorherrscht, verbunden mit extrem starken Winden und Turbulenzen, die bis in die Täler und ins Alpenvorland reichen. Die bei Föhn auftretenden Turbulenzen und Böen können eine solche Stärke errei-

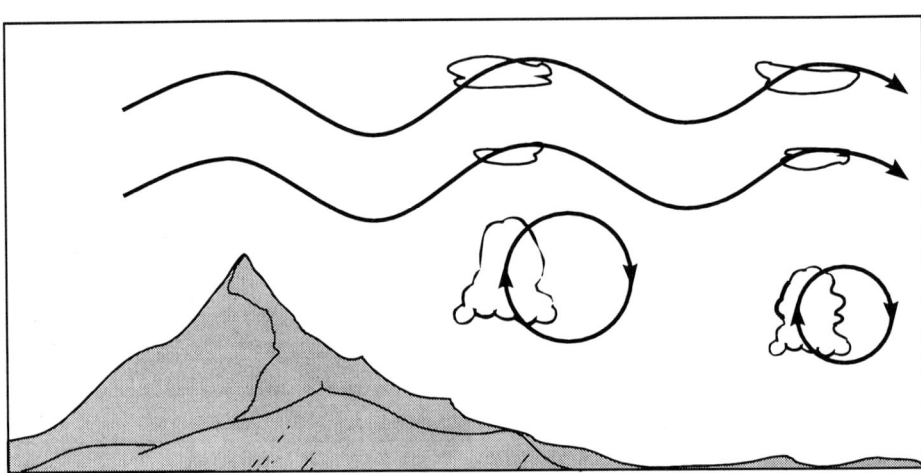

Abb. 23: Wellen- und Rotorbildung am Bergkamm.

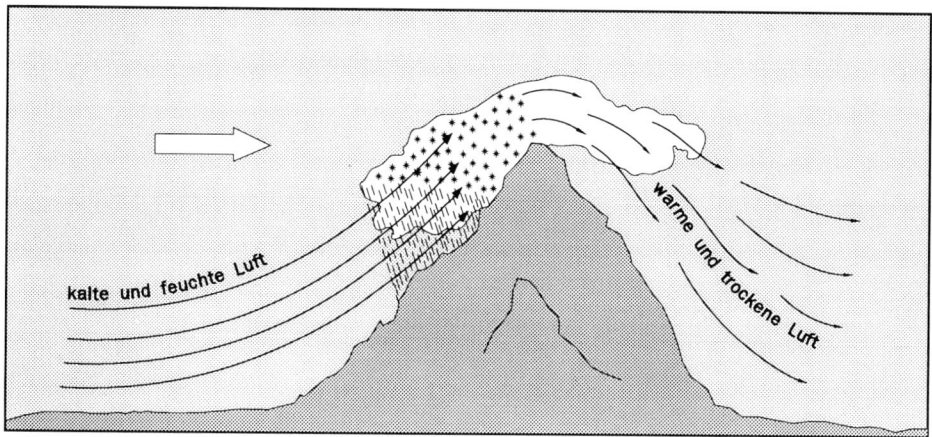

kalte und feuchte Luft

warme und trockene Luft

Abb. 24: Föhnlage.

chen, daß es zur Überbeanspruchung des Flugzeuges kommen und der Pilot die Herrschaft über das Flugzeug verlieren kann. Eine Alpenüberquerung mit einem Leichtflugzeug ist deshalb bei Föhnwetterlage nicht möglich.

In den Gebirgstälern ist mit Wind entlang der Tallinie und Auf- und Abwinden an den Hängen zu rechnen. Die Entstehung dieser Winde ist kompliziert und kann in jedem Tal anders sein, da sich die Sonneneinstrahlung und die Geländeformen zum Teil erheblich unterscheiden. Deshalb besitzt jedes Tal sein eigenes Windsystem.

Das Wettergeschehen im Gebirge kann aufgrund der besonderen geographischen Gegebenheiten örtlich sehr stark von der allgemeinen Großwetterlage abweichen. Die Bewölkung wechselt manchmal sehr schnell, besonders im Sommer. Die Sonnen-Einstrahlung bei exponierten Hängen kann in wenigen Stunden zu heftiger Wolkenbildung führen. Ein Flugweg, der ein paar Stunden zuvor noch offen war, wird plötzlich unpassierbar.

Im Gebirge sollte man nie mit einem einmotorigen Flugzeug über Wolken fliegen, vor allem nicht im Tal, selbst wenn man die Berge gut sehen kann.

Flugplanung

Es versteht sich von selbst, daß ein Flug über oder durch das Gebirge einer besonders gründlichen Flugplanung bedarf, angefangen von der Auswahl der Flugroute über die Wetterberatung bis hin zu Überlegungen, ob die Leistung des verwendeten Flugzeuges ausreicht.

Nur selten läßt sich wie bei einem Flug im Flachland ein gerader Strich vom Startflugplatz bis zum Zielflugplatz ziehen. Aufgrund der geringen Leistung der meisten einmotorigen Flugzeuge in großer Höhe wird man wohl kaum eine Direktüberquerung eines Hochgebirges wie z.B. der Alpen planen können. Auch wenn die Dienstgipfelhöhe vielleicht mit 12.000 oder 13.000 ft im Flughandbuch angegeben ist, kann sie wegen der aktuellen Druck- und Temperaturwerte am Flugtag durchaus

65

1.000 bis 2.000 ft tiefer (oder auch höher) liegen. Damit wird man vielleicht gerade über die höchsten Bergspitzen kommen - in Anbetracht der geringen Motorleistung und der eventuell auftretenden starken Abwinde eine heikle Angelegenheit.

Da ist es dann schon besser, von vornherein den Flugweg entlang breiter Täler und über Pässe, also mit sehr viel größerem (Sicherheits-)Abstand zu den Bergen, zu planen. Man muß sich diese Täler und Pässe auf der Luftfahrtkarte sehr genau anschauen, markante terrestrische Merkmale notieren und am besten auch die Richtungen der Täler mit dem Kursdreieck messen, um nicht später z.B. in ein falsches Tal einzufliegen. Auf jeden Fall sollte man die Flugroute so festlegen, daß sie nicht über unwirtlichen Gegenden, sondern über bekannte Pässe und Ortschaften verläuft. Dies vor allem in Hinblick auf eine mögliche Notlandung und schnelle Rettung. Im schweizerischen Luftfahrthandbuch werden für die Alpenüberquerung in Nord-Süd-Richtung Flugwege über Pässe wie z.B. Gotthard- und Simplonpass empfohlen. Diese Flugwege sind auf der Schweizer Luftfahrtkarte zusammen mit Angaben über die empfohlenen Mindestflughöhen besonders markiert.

Auf die Hilfe der Funknavigation wird man beim Flug durchs Hochgebirge wohl weitgehend verzichten müssen. Auch wenn vereinzelt Funknavigationsanlagen zu finden sind, so sind sie für die Streckennavigation in den unteren Höhen kaum nutzbar.

Entscheidend für die Durchführung eines Fluges im Gebirge ist das Wetter. Bei der Wetterberatung muß man neben der allgemeinen Wetterlage und Wetterentwicklung vor allem die Wolkenuntergrenze, den Wind in der Höhe und gemeldete Abwinde und Turbulenzen erfragen. Vor einem Alpenflug empfiehlt es sich, unmittelbar die Flugwetterwarte vor Ort, also z.B. direkt in der Schweiz oder in Österreich, anzurufen. Im Luftfahrthandbuch der Schweiz wird Piloten mit geringer Gebirgsflug-Erfahrung geraten, auf eine Alpenüberquerung zu verzichten bzw. diese unter folgenden Umständen rechtzeitig abzubrechen:

- Bei Föhnlagen,
- bei Vorliegen der Wettermeldung "Alpen in Wolken",
- bei beobachteter Gewitterbildung,
- bei Schauertätigkeit (auch im Sommer) und
- bei zu tiefer Wolkenbasis über den Pässen.

Auch wenn für einen Gebirgsflug kein Flugplan vorgeschrieben ist, sollte man auf jeden Fall einen aufgeben. Im Notfall kann davon die rechtzeitige Rettung durch den Such- und Rettungsdienst abhängen. Zusätzlich ist empfehlenswert, während des Fluges mit dem Fluginformationsdienst (FIS) Sprechfunkkontakt aufzunehmen.

Einige Vorfälle in der Vergangenheit haben gezeigt, daß das Suchen notgelandeter oder abgestürzter Flugzeuge im Gebirge mitunter Tage dauern kann. Die Luftfahrtbehörden der Alpenländer raten deshalb dringend, bei einem Gebirgsflug einen Notsender im Flugzeug mitzuführen (s.a. Kapitel 8). Einige Staaten haben das Mitführen eines Notsenders sogar vorgeschrieben. Auskunft hierzu gibt die Luftfahrtbehörde des jeweiligen Staates und das entsprechende Luftfahrthandbuch. Es wird weiterhin empfohlen, warme Kleider, Decken, Signallampen oder Signalraketen sowie Notverpflegung mitzunehmen.

Flugdurchführung

Bei einem Gebirgsflug muß sich der Pilot jederzeit im klaren darüber sein, daß sein Flugzeug in großer Höhe über sehr wenig Leistungsreserven verfügt und deshalb in seiner Manövrierfähigkeit stark eingeschränkt ist. Man kann nicht, wie bei einem Flug in 2.000 ft Höhe, mal eben Vollgas geben und 1.000 ft zum Überflug eines Berges steigen. Ein solcher Steigflug in eine Höhe von vielleicht 10.000 ft kann 10 Minuten und mehr dauern.

Gerät das Flugzeug in eine Abwindzone mit Fallwindgeschwindigkeiten von z.B. 600 ft/min, wird es rasch an Höhe verlieren, ohne eine Chance zu haben, mit der geringen Motorleistung dagegen anzukommen. Deshalb ist der Flugweg durch das Gebirge stets so einzurichten, daß ein sicheres Umkehren jederzeit möglich ist und dabei die Umkehrkurve vom Berg wegführt.

Der Steigflug auf die Höhe zum Überfliegen eines Bergkammes muß weit vor Erreichen des Kammes abgeschlossen sein;

u.U. muß man in Kreisen auf diese Höhe steigen, wenn der Startflugplatz unmittelbar vor dem Gebirgsmassiv liegt oder von einem Tal-Flugplatz gestartet wurde. Auf keinen Fall darf man seinen Steigflug so einteilen, daß man der Steigungstopographie des Berges folgt.

Die Überflughöhen sollten mindestens 1.000 ft, bei starken Winden mindestens 2.000 ft betragen. Aber selbst das kann bei kräftigen Abwinden zu wenig sein. Deshalb fliegt man auf einen Bergkamm nie direkt zu, sondern schräg von der Seite in einem Winkel von etwa 45°. Das gleiche gilt bei einer Passüberquerung. Dadurch ist man in der Lage, mit einer kleinen Richtungsänderung schnell und ohne Gefahr von der Bergkette wegzukommen, falls man in eine Abwindzone gerät und die Höhe nicht mehr halten kann.

Vielleicht stellt man aber mit Erstaunen fest, daß das Flugzeug trotz der großen Höhe weiterhin sehr gut steigt - offenbar befindet man sich in einer Aufwindzone.

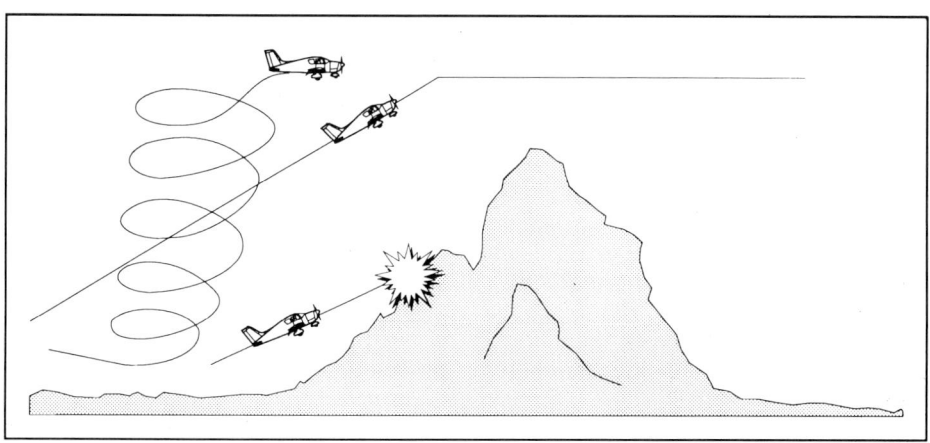

Abb. 25: Die Überflughöhe muß weit vor dem Berg erreicht werden!

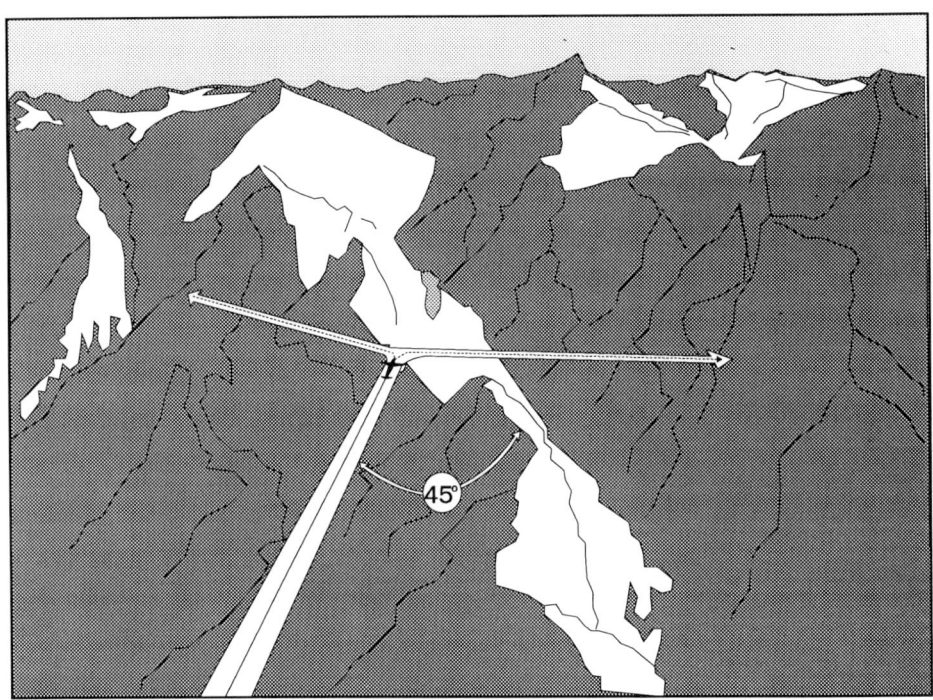

Abb. 26: Einen Bergkamm fliegt man in einem Winkel von höchstens 45° an. So kann man bei Gefahr schnell vom Berg wegdrehen.

Achtung: Starke Aufwinde auf der einen Seite des Berges haben wahrscheinlich starke Abwinde auf der anderen zur Folge. Um die bergabgewandte (leeseitige) Abwindzone möglichst schnell zu durchfliegen, kann man die durch die Aufwinde erreichte große Flughöhe nach Passieren des Bergkammes ausnutzen: Man drückt das Flugzeug leicht an und fliegt mit erhöhter Fahrt vom Berg weg. Dieser "Trick" ist allerdings nur dann erlaubt, wenn die Luftströmung relativ ruhig ist. Bei starker Turbulenz darf die Fluggeschwindigkeit bekanntlich die festgelegte Manövergeschwindigkeit V_A nicht überschreiten.

Mit Annäherung an den Bergkamm wird man immer mehr von dem dahinterliegenden Gelände sehen können.

Ist das Terrain hinter dem Bergkamm wolkenverhangen und nicht einsehbar, sollte man umkehren oder einen anderen Flugweg wählen. Ein Gebirgsflug über Wolken birgt viele Gefahren und muß auf jeden Fall vermieden werden.

Auch beim Fliegen durch ein Gebirgstal sind einige grundlegende Regeln zu beachten. Es muß so breit sein, daß man mit einer normalen 180°-Kurve jederzeit umkehren kann. Ist das nicht der Fall, fliegt man nicht ein. Das gilt um so mehr bei einem Tal, das sich verengt oder am Ende geschlossen ist.

Um die Talbreite für eine Umkehrkurve voll ausnutzen zu können, fliegt man entlang einer Seite. Fliegt man in der Talmitte und muß umkehren, dann steht für die Umkehrkurve nur der halbe Platz zur Verfügung und man kurvt dabei gegen ansteigendes Gelände.

Auf welcher Seite des Tales sollte man am besten fliegen? Da der Pilot im Flugzeug links sitzt, ist es vorteilhaft, entlang der rechten Talseite zu fliegen. So kann er alles überblicken und sich im Ernstfall besser auf eine Umkehrkurve oder gar eine Notlandung einrichten. Auch in einem Tal muß man auf Ab- und Aufwinde achten. Im Einzelfall kann es sicherer sein, auf der Talseite mit dem Abwind zu fliegen, damit man bei einer Umkehrkurve von der Abwindseite zur Aufwindseite kurven kann (siehe Abbildung 28).

Bei schlechter Sicht oder tiefhängenden Wolken darf man auf keinen Fall in ein Tal einfliegen, es könnte zur Falle werden. Das Tal überspannende Leitungen oder zum Berg führende Seilbahnen sind dann sehr schlecht zu erkennen und stellen eine große Gefahr dar.

Wenn man im Gebirge unterhalb der Berggipfel fliegt, fehlt der natürliche Horizont als Referenz für die Fluglage. Mehr noch: Berghänge, ausgedehnte geneigte Flächen wie z.B. Gletscher und Almen verleiten den Piloten dazu, das Flugzeug nach dieser Schräge auszurichten. Dadurch kann es unbewußt in eine sehr gefährliche Fluglage gebracht werden.

Der Pilot muß sich dieser Täuschung bewußt sein und die Lage des Flugzeuges nach dem künstlichen Horizont und dem Wendezeiger ausrichten.

Abb. 27: Mit eindringlichen Informationsbroschüren macht die schweizerische Luftfahrtbehörde auf die Gefahren im Gebirgsflug aufmerksam.

69

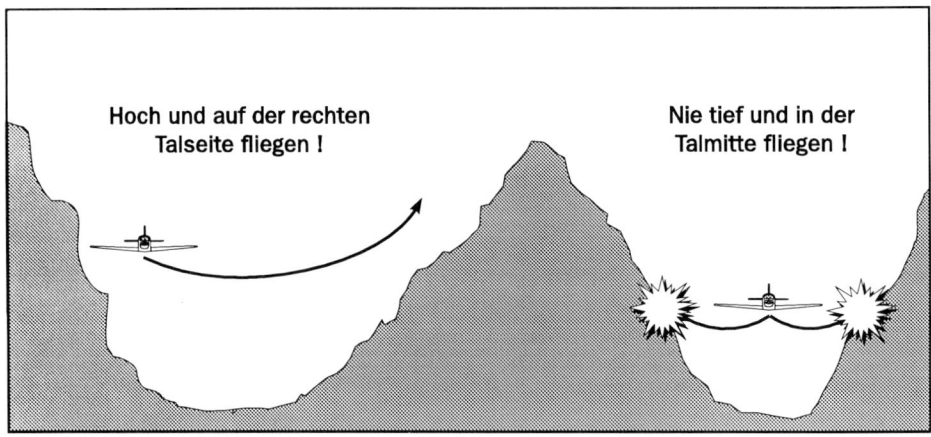

Hoch und auf der rechten Talseite fliegen !

Nie tief und in der Talmitte fliegen !

Abb. 28: Fliegen im Tal.

Fliegen im Gebirge ist ausgesprochen reizvoll. Wer eine sorgfältige Flugplanung durchführt, die Leistungsgrenzen seines Flugzeuges beachtet und nur bei bestem "VFR-Wetter" fliegt, für den wird der Gebirgsflug zu einem wunderschönem Flugerlebnis.

Zusammenfassung

Tips für das Fliegen im Gebirge:

- Lassen Sie sich von einem im Gebirgsflug erfahrenen Fluglehrer in die Besonderheiten der Gebirgsfliegerei einweisen.
- Machen Sie sich anhand des Flughandbuches mit den Flugleistungen in großen Höhen vertraut. Am besten "probieren" Sie die Leistung Ihres Flugzeuges in großen Höhen erst einmal aus, bevor Sie den ersten Gebirgsflug unternehmen.
- Üben Sie mal wieder das Berechnen der Dichtehöhe.
- Studieren Sie den Flugweg auf der Luftfahrtkarte: Prägen Sie sich markante Punkte entlang der Route ein. Markieren Sie die Höhen der Berge, die Richtungen der Täler und legen Sie Ausweichflugplätze fest.

- Lesen Sie die Vorschriften bzw. Hinweise zum Gebirgsflug in den entsprechenden Luftfahrthandbüchern. Hinweise zum Fliegen in den Alpen finden Sie in den Luftfahrthandbüchern der Schweiz, von Österreich und Frankreich.
- Denken Sie über eine Notlandung im Gebirge nach, und nehmen Sie eine entsprechende Notausrüstung mit.
- Führen Sie eine eingehende Wetterberatung durch (allgemeine Wetterlage, Wetterentwicklung, Wind in verschiedenen Höhen, gemeldete Turbulenzen, Wetter am Zielflugplatz und an den Ausweichflugplätzen, Gefahrenhinweise).
- Fliegen Sie nicht ins Gebirge bei Föhnlage, Gefahr von Gewitter, Schauertätigkeit und Bergen in Wolken.
- Fliegen Sie nicht mit einem vollbeladenen Flugzeug bzw. mit maximalem Abfluggewicht ins Gebirge.
- Machen Sie Ihre Fluggäste auf die Besonderheiten eines Gebirgsfluges aufmerksam.
- Geben Sie auf jeden Fall einen Flugplan auf, und halten Sie Kontakt mit FIS.
- Fliegen Sie einen Berg nie im Steigflug an. Die Überflughöhe muß weit vor dem Bergkamm erreicht sein.

70

- Richten Sie den Flugweg immer so ein, daß Sie jederzeit umkehren können. Deshalb fliegen Sie einen Berg oder einen Pass immer im Winkel von 45° an.
- Seien Sie auf der Hut vor Fallwinden und Turbulenzen. Dort, wo Sie auf der einen Seite des Berges starke Aufwinde vorfinden, werden Sie auf der anderen Seite ebenso starke Abwinde erwarten müssen.
- Nie in der Nähe von Gipfeln oder Kämmen, auf denen der Schnee aufgewirbelt wird, fliegen, denn dort herrschen ganz gewiß sehr starke Turbulenzen.
- Bei böiger Luft Geschwindigkeit reduzieren (Manövergeschwindigkeit beachten).
- Fliegen Sie nur in solche Täler ein, in denen Sie mit dem Flugzeug ohne Probleme umkehren können.
- Bei schlechtem Wetter ist das Fliegen im Gebirge äußerst gefährlich. Fliegen Sie nie in Wolken oder Dunst ein, Sie können sehr schnell die Orientierung verlieren.

Achtung: Das Wetter im Gebirge kann sich sehr schnell ändern. Beobachten Sie daher während des Fluges die Wetterentwicklung und kehren Sie im Zweifelsfall um bzw. landen Sie.

Fliegen an Gebirgsflugplätzen

Bedarf schon das Fliegen im Gebirge einer besonderen Planung und Umsicht, so gilt dies umso mehr für das Starten und Landen auf Gebirgsflugplätzen. Nicht nur, weil Gebirgsflugplätze im allgemeinen in einigen tausend Fuß Höhe liegen und deshalb ein besonderes Augenmerk auf die Start- und Landestreckenberechnung sowie auf die Motorbedienung gelegt werden muß. Erschwerend hinzu kommen oftmals die besondere Geländestruktur in der unmittelbaren Umgebung der Flugplätze und damit verbunden nicht kalkulierbare Winde. Einige Flugplätze sind so schwierig, daß sie nur von Piloten mit einer speziellen Einweisung angeflogen werden dürfen (siehe Abbildung 29).

Die geringe Luftdichte in großen Höhen macht sich vor allem in einer größeren Startstrecke und einer geringeren Steigrate bemerkbar. Das Flughandbuch zeigt, wie die erforderliche Startstrecke mit der Höhe zunimmt. Herrscht am Flugplatz eine hohe Temperatur, ist der Luftdruck gering und hat die Luft darüber hinaus eine hohe Luftfeuchtigkeit, kann schon in einigen tausend Fuß Höhe die Startstrecke doppelt so lang wie in Meereshöhe werden (siehe Abbildung 30). > Seite 74

Abb. 29 (nächste Seite): Der Flugplatz Courchevel liegt in den französischen Alpen in einer Höhe von ca. 6.500 Fuß und darf nur von besonders eingewiesenen Piloten angeflogen werden.

Abb. 30 (übernächste Seite): Erforderliche Start- und Landestrecke der Piper PA 28 Cadet (Daten aus Flughandbuch).

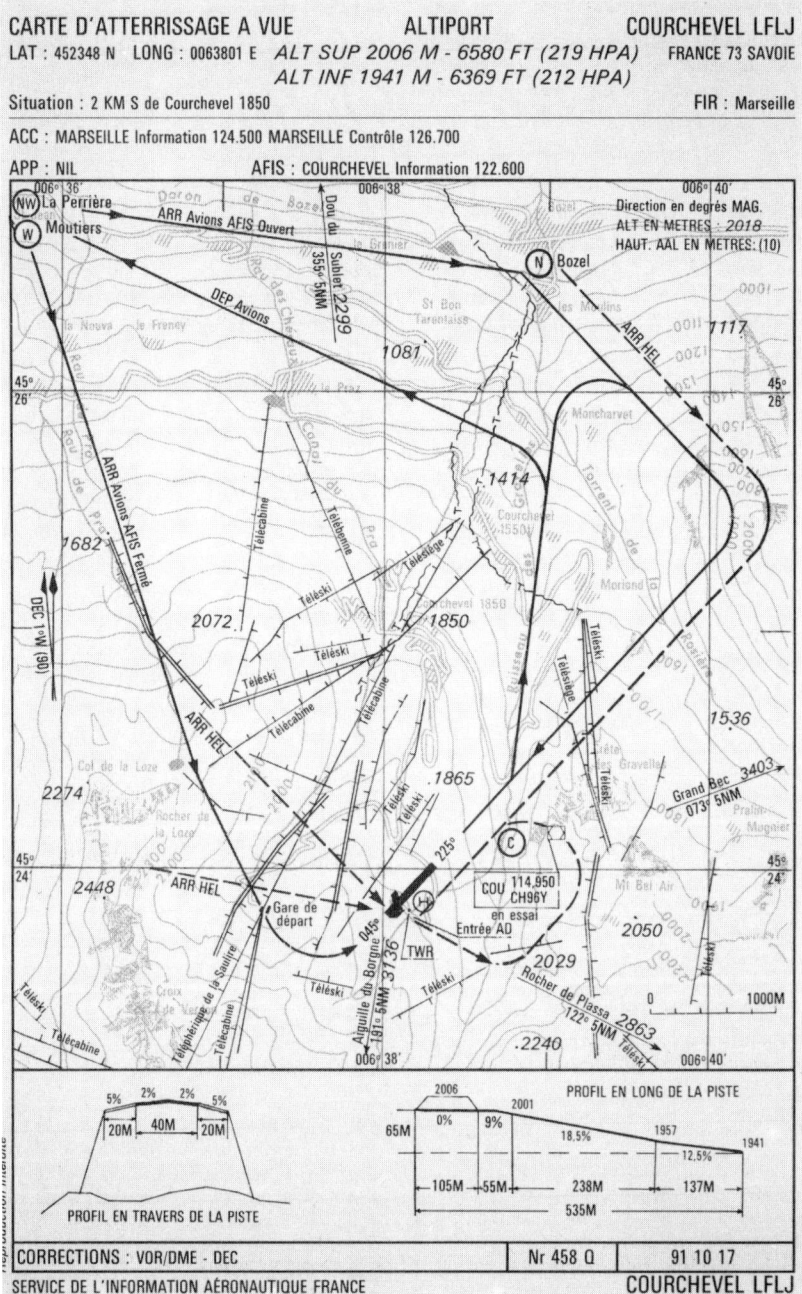

CARTE D'ATTERRISSAGE A VUE — ALTIPORT — COURCHEVEL LFLJ

CARTE D'ATTERRISSAGE A VUE   **ALTIPORT**   **COURCHEVEL LFLJ**

LAT : 452348 N   LONG : 0063801 E   *ALT SUP 2006 M - 6580 FT (219 HPA)*   FRANCE 73 SAVOIE

ALT INF 1941 M - 6369 FT (212 HPA)

Situation : 2 KM S de Courchevel 1850   FIR : Marseille

ACC : MARSEILLE Information 124.500 MARSEILLE Contrôle 126.700

APP : NIL   AFIS : COURCHEVEL Information 122.600

Direction en degrés MAG.
ALT EN METRES : 2018
HAUT. AAL EN METRES : (10)

PROFIL EN TRAVERS DE LA PISTE

5% — 2% — 2% — 5%
20M — 40M — 20M

PROFIL EN LONG DE LA PISTE

2006 — 2001 — 1957 — 1941
65M — 0% — 9% — 18,5% — 12,5%
105M — 55M — 238M — 137M
535M

CORRECTIONS : VOR/DME - DEC   Nr 458 Q   91 10 17

SERVICE DE L'INFORMATION AÉRONAUTIQUE FRANCE   **COURCHEVEL LFLJ**

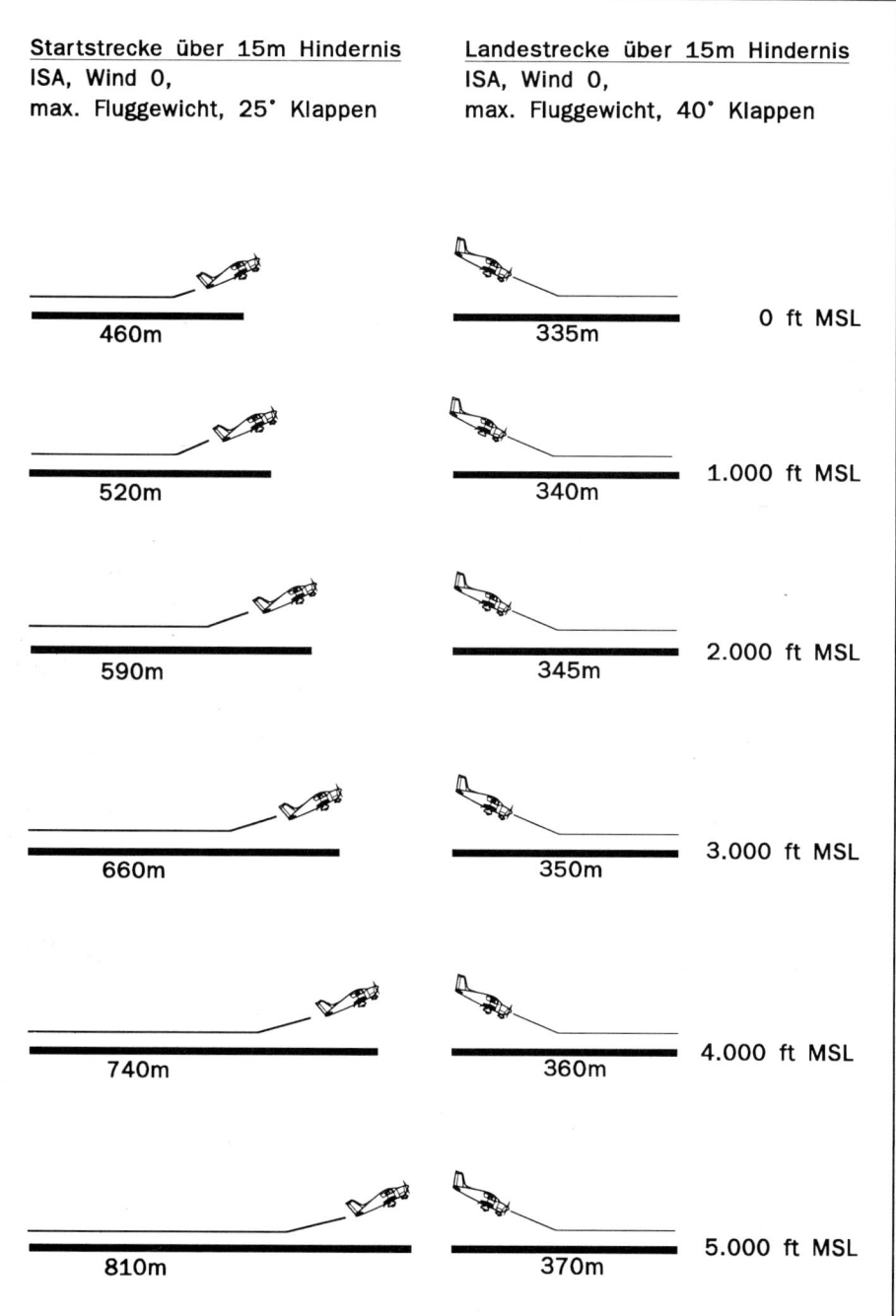

Startstrecke über 15m Hindernis
ISA, Wind 0,
max. Fluggewicht, 25° Klappen

Landestrecke über 15m Hindernis
ISA, Wind 0,
max. Fluggewicht, 40° Klappen

Startstrecke	Landestrecke	Höhe
460m	335m	0 ft MSL
520m	340m	1.000 ft MSL
590m	345m	2.000 ft MSL
660m	350m	3.000 ft MSL
740m	360m	4.000 ft MSL
810m	370m	5.000 ft MSL

Eine entscheidende Rolle spielt dabei die Temperatur, denn die Dichtehöhe nimmt pro 1° C über der ICAO-Standardtemperatur um 120 ft zu. Je größer die Dichtehöhe, desto schlechter die Leistung des Flugzeuges.

Vor dem Anflug auf einen hochgelegenen Flugplatz muß man sich also erst in aller Ruhe das Flughandbuch vornehmen und eine genaue Start- und Landestreckenberechnung durchführen. Zur eigenen Sicherheit sollte der Berechnung eine höhere Temperatur als die vorhergesagte zugrunde gelegt werden. Planen Sie, vor allem im Sommer, den Start nicht gerade für die Mittagszeit, sondern für den Morgen oder den Abend, also dann, wenn die Tagestemperatur geringer ist.

Ganz gewiß wird man von einem hochgelegenen Flugplatz nicht mit einem vollbeladenen Flugzeug starten. Selbst wenn gemäß Startstreckenberechnung die verfügbare Startstrecke ausreichen sollte, darf man den Steigflug nach dem Start nicht vergessen. Und der kann mit einem vollbeladenen Flugzeug in großer Höhe zu einem wahren "Geduldsspiel" werden ...

Zur Vorbereitung auf einen Flug zu einem Gebirgsflugplatz gehört ein genaues Studium der Sichtanflug- und Flugplatzkarte. Aufgrund der besonderen Geländestruktur sind oftmals bestimmte An- und Abflugstrecken vorgeschrieben, die man aus Sicherheitsgründen peinlich genau einhalten muß. Unter Umständen ist wegen der speziellen Geländesituation das Starten und Landen in nur eine Richtung erlaubt.

Prägen Sie sich die Höhen der umliegenden Berge genau ein, und gehen Sie in Gedanken den Sinkflug, Anflug und Abflug durch. Ist der Flugplatz ausgesprochen schwierig anzufliegen, sollten Sie den er-

sten Flug dorthin ohne Passagiere bzw. in Begleitung eines erfahrenen Fluglehrers durchführen.

Vor dem Start von einem hochgelegenen Flugplatz darf man nicht vergessen, das Kraftstoff/Luft-Gemisch des Kolbenmotors zu verarmen. Nur so ist gewährleistet, daß der Motor beim Start die maximal mögliche Leistung abgibt, und auf diese kommt es gerade bei einem Start von einem hochgelegenen Flugplatz an. Im Flughandbuch findet man die entsprechenden Hinweise zur Gemischverarmung.

Wenn man zum erstenmal einen hochgelegenen Flugplatz anfliegt, wird man sich vielleicht über die ungewohnt hohe Anfluggeschwindigkeit über Grund wundern, obwohl man die im Flughandbuch festgelegte Anfluggeschwindigkeit genau einhält.

Der Grund dafür ist darin zu finden, daß sich mit der Höhe die Differenz zwischen der angezeigten Geschwindigkeit (engl. Indicated Air Speed, IAS) und der wahren Geschwindigkeit (engl. True Air Speed, TAS) immer stärker bemerkbar macht.

Die im Flughandbuch angegebenen Fluggeschwindigkeiten sind generell als angezeigte Geschwindigkeiten (IAS) ausgewiesen. Diese Geschwindigkeiten gelten für alle Flughöhen und sind in diesen auch gleichermaßen einzuhalten.

Ist die Anfluggeschwindigkeit mit z.B. 70 kt IAS festgelegt, so gilt diese Geschwindigkeit auch für einen Anflug zu einem Flugplatz in 5.000 ft Höhe. Die wahre Geschwindigkeit ist allerdings in dieser Höhe um etwa 10% größer als die angezeigte, d.h., die TAS beträgt ca. 77 kt. Ohne Wind fliegt das Flugzeug also mit einer Geschwindigkeit über Grund von 77 kt an. Das gilt auch für die Abhebegeschwindigkeit und alle anderen Geschwindigkeiten, die Überziehgeschwindigkeit eingeschlossen.

Zusammenfassung

Fliegen an Gebirgsflugplätzen verlangt besondere Umsicht des Piloten. Folgende Punkte sind zu beachten:
- Besondere Flugplatzsituation (Ausrichtung der Bahn, Bahnneigung, umliegende Berge, Hindernisse, Wind),
- spezielle An- und Abflugstrecken,
- geringere Leistung des Flugzeuges (längere Startstrecke, geringere Steigrate, Gewichtsbeschränkung) und
- spezielle Windsituation (große Windgeschwindigkeit, Turbulenzen, Windsprünge).

Im Zusammenhang mit dem Fliegen in Gebirgen und an hoch gelegenen Flugplätzen spielt besonders die Dichtehöhe eine wichtige Rolle. Zur Erinnerung und Vertiefung wollen wir uns mit der Dichtehöhe im folgenden nochmals eingehend befassen.

Dichtehöhe

Die Dichtehöhe (engl. Density Altitude,) ist die Höhe in der Standardatmosphäre (engl. International Standard Atmosphere, ISA), die der in Flughöhe des Flugzeuges herrschenden Luftdichte entspricht. Sie ist maßgebend für die Leistung des Flugzeuges, denn die Luftdichte beeinflußt sowohl seine Aerodynamik als auch die Leistung des Triebwerks. Generell gilt:

Größere Flughöhe
= Geringere Luftdichte
= Geringere Leistung

Höhere Temperatur
= Geringere Luftdichte
= Geringere Leistung

Es kann also durchaus vorkommen, daß das Flugzeug in einer wahren Höhe von z.B. 8.000 ft fliegt, in dieser Höhe aber eine Luftdichte entsprechend einer Höhe von 10.000 ft der Standardatmosphäre herrscht. Die Dichtehöhe beträgt in diesem Fall 10.000 ft. Eine große Dichtehöhe bedeutet:

- Längere Startstrecke,
- längere Landestrecke,
- geringere Steigrate und
- geringere Dienstgipfelhöhe.

Wie wird die Dichtehöhe berechnet?
Die Dichtehöhe erhält man, indem man die Druckhöhe (engl. Pressure Altitude) um die Abweichung der aktuellen Temperatur von der Temperatur in ISA korrigiert. Die Druckhöhe wiederum ist die Höhe, die auf dem Höhenmesser angezeigt wird, wenn dieser auf 1013 hPa eingestellt ist (Anzeige der Flugfläche). Hierzu ein Beispiel:

Flugplatz Egelsbach
- Flugplatzhöhe 384 ft MSL
- Tiefdruckwetterlage, QNH 1002 hPa
- Temperatur über der Start- und Landebahn 30°C.

Hat der Pilot am Höhenmesser 1002 hPa eingestellt, so liest er in Egelsbach die Flugplatzhöhe mit 384 ft ab. Dreht er nun den Höhenmesser auf 1013 hPa, so wird ihm die aktuelle Druckhöhe von ca. 714 ft angezeigt werden.

Der Pilot hätte sich die Druckhöhe aber auch ausrechnen können, denn 1 hPa Druckdifferenz entspricht ca. 30 ft. Der aktuelle Luftdruck ist um 11 hPa tiefer als der Standardluftdruck, d.h. die Druckhöhe ist um 11 x 30 = 330 ft höher als die Flugplatzhöhe.

Um nun die Dichtehöhe zu ermitteln, wird die Druckhöhe von 714 ft um die Abweichung der aktuellen Temperatur von der Temperatur in ISA korrigiert. Nach ISA würde in 714 ft eine Temperatur von etwa 14° C herrschen (in MSL 15° C; 2°C Temperaturabnahme pro 1.000 ft), die aktuelle Temperatur von 30° liegt also um 16° C über ISA-Temperatur. Die Dichtehöhe ändert sich um ca. 120 ft pro 1° C Temperaturabweichung. Ist die Temperatur höher als der Standardwert, so ist die Dichtehöhe größer als die Druckhöhe. Ist die Temperatur geringer als Standardwert, so ist die Dichtehöhe geringer als die Druckhöhe. In diesem Beispiel liegt die Dichtehöhe um 16 x 120 = 1.920 ft über der Druckhöhe und beträgt somit ca. 2.634 ft (!).

Aus dem Flughandbuch müssen also die Leistungsdaten für die Dichtehöhe von 2.634 ft und nicht etwa für die Flugplatzhöhe von 384 ft entnommen werden. Bei Flugplätzen im Gebirge können die Verhältnisse weitaus ungünstiger liegen, da allein schon die Flugplatzhöhe einige tausend Fuß betragen kann.

Die Dienstgipfelhöhe der Piper Cadet (maximales Abfluggewicht) wird mit 11.600 ft angegeben, vorausgesetzt, es herrschen Standardbedingungen (ISA). Ein Pilot möchte nun ein Gebirge von 9.000 ft Höhe mit 2.000 ft Überhöhung, also in 11.000 ft, überfliegen. Offenbar ist das kein Problem bei der angegebenen Dienstgipfelhöhe. Am Tage des Fluges herrschen aber nicht Standardbedingungen, sondern ein QNH von 995 hPa und eine Temperatur in Flughöhe von 2° C. Daraus ergibt sich, daß der wahren Höhe von 11.000 ft eine aktuelle Dichtehöhe von 12.260 ft entspricht:

Das Flugzeug wird also die geplante Überflughöhe nicht erreichen können.

Natürlich können die Verhältnisse auch anders liegen: Es herrscht z.B. ein hoher Luftdruck, und die Temperatur ist sehr viel niedriger. Dann wird man die Überflughöhe ohne weiteres erreichen können. Ganz abgesehen davon wird sich die maximal erreichbare Flughöhe noch vergrößern, wenn man den Flug nicht mit maximalem Abfluggewicht durchführt.

Fliegen über Wasser

Als Privatpilot wird man meistens Flüge über Land durchführen, Flüge über ausgedehnte Wasserflächen wie z.B. Nordsee, Ostsee oder Mittelmeer kommen sehr selten vor. Umso mehr gilt, daß man sich vor dem ersten Überwasserflug mit den Besonderheiten eines solchen Fluges vertraut machen muß. Diese betreffen vor allem die Navigation und die Durchführung einer eventuellen Notwasserung. Am besten läßt man sich von einem erfahrenen Fluglehrer auf das Fliegen über Wasser vorbereiten bzw. führt den ersten Flug zusammen mit einem Fluglehrer durch.

Von einem Überwasserflug spricht man im allgemeinen dann, wenn bei Motorausfall im Gleitflug kein Land mehr erreicht werden kann. Ein Flug mit einer Cessna 172 über der Nordsee von Sylt nach Helgoland in 5.000 ft ist ohne Zweifel ein Überwasserflug. Aber auch ein Flug über den Bodensee von Friedrichshafen nach Altenrhein in 2.000 ft ist teilweise schon ein Überwasserflug.

Bei der Vorbereitung auf einen Überwasserflug mit einem einmotorigen Flugzeug muß sich der Pilot intensiv mit dem Problem eines Triebwerksausfalls und der dann folgenden Notlandung auf dem Wasser beschäftigen (siehe hierzu Kapitel 7). Vor dem Flug, aber auch während des Fluges, muß alles menschenmögliche getan werden, damit es zu einer Notwasserung erst gar nicht kommt. Die Risiken für die Flugzeuginsassen sind bei einer Notwasserung sehr groß.

Deshalb gilt mehr noch als für einen "normalen" Überlandflug, daß der Flug optimal, d.h. umfassend vorbereitet sein muß. Dazu zählen die navigatorische Flugvorbereitung einschließlich der Kraftstoffbedarfsrechnung, aber auch die technische Überprüfung des Flugzeuges. Das Flugzeug muß in einem technisch einwandfreien Zustand sein. Die Vorflugkontrolle sollte peinlich genau durchgeführt werden. Insbesondere sind die Sprechfunk- und Navigationsausrüstung zu überprüfen. Stellen sich technische Mängel heraus, sollte man den Flug nicht durchführen.

Nicht nur das Flugzeug, sondern auch der Pilot muß "topfit" sein. Müdigkeit, Kopfschmerzen oder andere leichte Unpäßlichkeiten sollten den Piloten veranlassen, den Flug nicht anzutreten. Bei einer eventuellen Notwasserung wird die volle Leistungsfähigkeit des Piloten verlangt. Er ist verantwortlich für Leib und Leben seiner Fluggäste.

Für nichtgewerbliche Flüge über Wasser muß das Flugzeug gemäß den Vorschriften der "Betriebsordnung für Luftfahrtgerät (LuftBO)" entsprechend den zu erwartenden Verhältnissen mit den erforderlichen Rettungs- und Signalmitteln ausgerüstet sein. D.h., daß zumindest jeder Flugzeuginsasse über eine Schwimmweste verfügen muß. Ob auch ein Rettungsfloß, Proviant, Signalpistole und mobiler Notsender mitgeführt werden, hängt u.a. von der Dauer des Fluges über Wasser und auch von der persönlichen Entscheidung des Piloten ab. Ein Flug von der Nordseeküste nach Helgoland erfordert ganz gewiß andere Rettungsmittel als ein Flug über den Atlantik von Europa nach Amerika. Was immer man an Rettungsmitteln mitführt, wichtig ist, daß man sich selbst und auch die Passagiere mit dem Gebrauch der Rettungseinrichtungen *vor* dem Flug vertraut macht. Was nützen Schwimmwesten, wenn man im entscheidenden Augenblick nicht weiß, wie man sie anzulegen hat, oder noch schlimmer, wenn man sie in Panik vor dem Verlassen des Flugzeuges aufbläst und damit sich und andere beim Verlassen des Flugzeuges behindert. Schwimmwesten sollte man grundsätzlich *vor* dem Flug über Wasser anlegen. Nachher kann es zu spät sein.

Auch die Navigation über Wasser bedarf einer ganz sorgfältigen Vorbereitung. Soweit wie möglich wird man wohl versuchen, mit Hilfe von Funknavigationsanlagen zu navigieren. Aber die Reichweiten der Funknavigationsanlagen sind begrenzt und dann bleibt nur noch die Koppelnavigation. Über die Reichweiten der einzelnen Anlagen informiert das Luftfahrthandbuch. Wichtig ist auch, ab welcher Höhe die Anlagen zu empfangen sind. Zusätzlich sollte man sich vorher beim Flugberatungsdienst (AIS) über den Zustand der Funknavigationsanlagen informieren. Vielleicht ist eine Anlage ausgefallen, oder die Frequenz hat sich geändert.

Wer den Flug über Wasser mit Funknavigationsanlagen plant, muß sicher sein, damit umgehen zu können. Dazu gehört auch die Kenntnis möglicher Peilfehler wie z.B. das Auftreten des sogenannten Küsteneffektes (engl. Shoreline Effect) bei der NDB-Navigation.

Ob mit oder ohne Funknavigation, die Flugroute muß vorher genau festgelegt und Luvwinkel, Kurs, Entfernung und Zeit bestimmt werden. Während des Fluges müssen die Daten dann immer wieder überprüft und berichtigt werden. Es gibt nichts Schlimmeres, als ohne Landsicht über Wasser zu fliegen und nicht zu wissen, wo man sich gerade befindet.

Im Flugplan, den man auf jeden Fall aufgeben sollte (in den meisten Fällen ist ein Flugplan vorgeschrieben), ist die Flug-

route genau anzugeben. Im Notfall nimmt der Such- und Rettungsdienst diesen Flugplan als Grundlage für die Suchaktion. Aber Achtung: Weicht man von der im Flugplan angegebenen Flugroute ab, so muß man das der Flugsicherung über den Fluginformationsdienst (FIS) mitteilen. Überhaupt sollte man bei einem Überwasserflug mit der Flugsicherung Funkkontakt halten.

Aber nicht nur die Navigation muß stimmen, sondern auch das Wetter. Bei einem Flug über Waser sollte man kein Risiko eingehen.

Zusammenfassung

Bei einem Flug über Wasser darf man kein Risiko eingehen:

- Es muß eine außerordentlich genaue Flugplanung durchgeführt werden.
- Das Flugzeug muß in einem einwandfreien technischen Zustand sein.
- Auf jeden Fall sollte man einen Flugplan aufgeben.
- Es müssen geeignete Rettungseinrichtungen (mindestens Schwimmwesten) mitgeführt werden und alle Flugzeuginsassen in den Gebrauch dieser Einrichtungen eingewiesen sein.
- Der Flug darf nur bei bestem Sichtflugwetter angetreten werden.
- Man muß während des Fluges immer wissen, wo man sich befindet.
- Man sollte Funkkontakt mit der Flugsicherung halten.
- Man sollte sich der Verantwortung bewußt sein, die man im Fall einer Notwasserung für die Fluggäste trägt.

Ausfall der Sprechfunk-verbindung

Fällt die Sprechfunkverbindung einmal aus (was bei dem heutigen Stand der Technik sehr selten vorkommt), so ist das bei einem VFR-Flug keine schlimme Sache. Es gibt vorgeschriebene Verfahrensweisen für den Sprechfunkausfall, und jeder Pilot hat sich bereits bei dem Erwerb des Sprechfunkzeugnisses damit beschäftigt. Bevor er aber diese Verfahren anwendet, sollte sich der Pilot im Cockpit noch einmal umschauen, ob nicht die Ursache für den Funkausfall zu finden ist. Vielleicht ist nur das Mikrofon oder das Mikrofonkabel defekt. Ist ein zweites Mikrophon an Bord, z.B. beim Copilotenplatz, kann das Problem leicht gelöst werden. Vielleicht hat man auch versehentlich den Lautstärkeregler (engl. Volume, VOL) zurückgestellt... Oder man ist außer Reichweite des Bodensenders.

Konnte man ebenso auf anderen Frequenzen keine Sprechfunkverbindung herstellen, so muß man wohl davon ausgehen, daß das Sprechfunkgerät ausgefallen ist. Ist man zur Zeit des Funkausfalls nicht in Kontakt mit der Flugsicherung gewesen und erfordert auch der weitere Flugverlauf keine Funkkontaktaufnahme mit der Flugsicherung, kann man seinen Flug fortsetzen und auf einem Flugplatz außerhalb einer Kontrollzone landen. Es ist empfehlenswert, erst einmal über den Flugplatz zu fliegen und die im Signalfeld ausgelegten Zeichen zu prüfen. Natürlich muß man auf die vom Turm aus gegebenen Lichtsignale achten und den weiteren Anflug entsprechend einrichten.

Ist man auf dem Flug zu einem kontrollierten Flugplatz, so hat man diesen bei Funkausfall natürlich zu meiden und einen Flugplatz außerhalb der Kontrollzone anzufliegen, es sei denn, aus flugbetrieblichen Gründen muß man dort landen (z.B. Treibstoffmangel). Hat der Pilot die Flugverkehrsfreigabe zum Einflug in die Kontrollzone bereits erhalten, kann er in die Kontrollzone einfliegen. Alle weiteren Anweisungen erhält der Pilot vom Kontrollturm durch Lichtsignale.

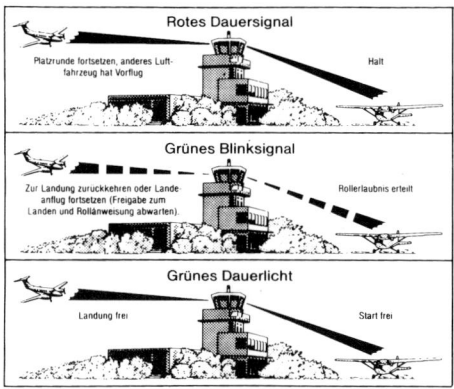

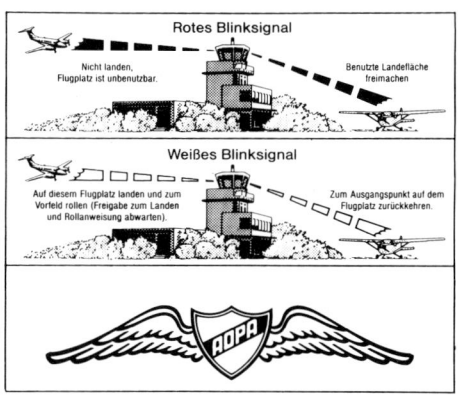

Abb. 31: Lichtsignale für den Flugplatzverkehr bei Ausfall der Sprechfunkverbindung (Quelle: AOPA Germany).

Fällt die Sprechfunkverbindung während eines Fluges, für den Funkverbindung zur Flugsicherung vorgeschrieben ist, aus, hat der Pilot, unabhängig von den veröffentlichten Funkausfallverfahren, den Transponder auf Code 7600 einzustellen. Auf dem Radarschirm bei der Flugsicherungskontrollstelle wird dies entsprechend angezeigt, und der Fluglotse weiß sofort Bescheid.

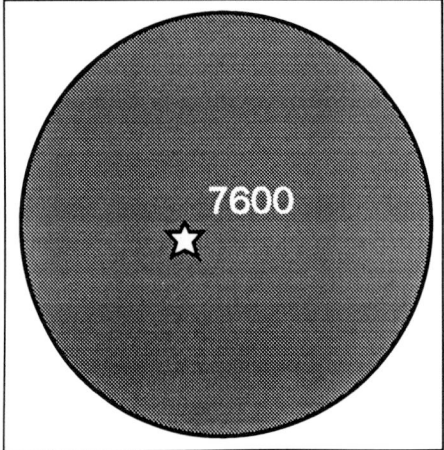

Abb. 32: Sendet der Transponder den Code 7600 (Funkausfall), wird die Position des Luftfahrzeuges auf dem Radarschirm besonders markiert dargestellt.

Zusammenfassung

Bei Funkausfall:

- Die im Luftfahrthandbuch veröffentlichten Funkausfallverfahren sind zu befolgen.
- Die vom Turm ausgegebenen Lichtsignale sind zu beachten.
- Der Transponder ist auf Code 7600 zu schalten, wenn für den Flug Sprechfunkverbindung mit der Flugsicherung vorgeschrieben ist.

Störungen oder Ausfälle von Funknavigationsanlagen

In der VFR-Navigation wird der Flug im allgemeinen entlang von terrestrischen Gegebenheiten geplant und durchgeführt. Die Funknavigation, meist mit Hilfe von NDB und VOR, wird nur zur Unterstützung der Sichtnavigation eingesetzt. Störungen oder gar Ausfälle von Funknavigationsanlagen am Boden bzw. der entsprechenden Empfangsgeräte an Bord des Flugzeuges haben daher für die VFR-Navigation nicht die gravierende Auswirkung wie etwa bei der IFR-Navigation. Andererseits kann bei einem VFR-Flug über Wolken der Ausfall einer Navigationsanlage auch den VFR-Piloten vor größere Probleme stellen.

Vor einem VFR-Flug, der mit Hilfe von Funknavigationsanlagen geplant ist, muß man sich daher vorher informieren, ob die auf den Navigationskarten dargestellten Anlagen auch in Betrieb sind. Natürlich ist das im allgemeinen der Fall. Aber es kann auch sein, daß eine Anlage für längere Zeit aus technischen Gründen außer Betrieb ist (engl. Unserviceable, US), sich die Frequenz geändert hat, die Reichweite eingeschränkt wurde oder die Anlage vorübergehend im Testbetrieb (engl. On Test) arbeitet. Auch im Testbetrieb strahlt eine Funknavigationsanlage Signale ab. Diese sind aber für die Navigation nicht freigegeben.

Das VFR-Bulletin informiert regelmäßig über Einschränkungen bzw. Änderungen von Funknavigationsanlagen, soweit sie für die VFR-Navigation von Wichtigkeit sind. Ist wegen der Wetterlage von vornherein klar, daß eine längere Flugstrecke über Wolken zurückgelegt werden muß, empfiehlt es sich, zur eigenen Sicherheit vorher bei der zuständigen Flugberatungsstelle (AIS) der Flugsicherung anzurufen und nachzufragen, ob über die Angaben im VFR-Bulletin hinaus Informationen über den Zustand von Navigationsanlagen vorliegen. Bei einem Flug ins Ausland sollte der Pilot bei der Flugberatung immer auch die Frage nach dem Betriebszustand der Funknavigationsanlagen stellen.

Reichweite oder unmittelbar über der Funknavigationsanlage, oder die Anlage am Boden oder das Bordgerät ist ausgefallen. Bei der VOR ist zu beachten, daß sich die UKW-Signale quasi-optisch, also geradlinig, ausbreiten. Fliegt man sehr tief oder liegt zwischen VOR-Bodenstation und Flugzeug ein Hindernis, z.B. ein Berg, kann man die Signale der VOR nicht empfangen.

⑦ A2945/92 Cola DVORTAC COL 108.8/CH25X in Betrieb Position: 504705N 073542E. Betriebsüberdeckung: Sector 315 DEG - 225 DEG 40NM/FL250, Sector 225 DEG - 315 DEG 60NM/FL250.

⑧ B0043/93 Zeitweiliges Beschränkungsgebiet: 5213N 1359E 5211N 1359E 5211N 1356E 5213N 1356E 5213N 1359E. Bis 2300ft MSL. 25.-29.01. tägl. 0700-1400. Durchflug PPR: Luftraumkoordinierungsstelle der DFS Nebenstelle Wünsdorf, Postfach 59, O-1630 Zossen. Tel.: (3377) 2411.

⑨ B1751/89 Oberpfaffenhofen CTR aktiviert Mo-Fr 0600-1900 (0500-1800 Sommerzeit), Feiertage ausgenommen.

⑪ A2969/92 Nunsdorf VOR 'NUF' 113.8 zeitweilig ersetzt durch: Nunsdorf Container-VOR 'NUF' 117.8 Position 521442N 131907E, Reichweite 60NM/FL250. Einschränkung: im Sektor 250-280° Kursschwankungen in allen Höhen, teilweise außerhalb der Toleranzen.

⑫ B3628/92 Kiel-Holtenau. CTR aktiviert Mo-Fr 0545-2100, Sa 0600-0640 und 1645-1745, So 0600-0620 und 1910-2100. Bis 27.03.1993. 2100.

⑬ B4358/92 Illesheim NDB ILM 488 außer Betrieb.

⑭ A3552/92 Hehlingen DVORTAC 'HLZ' 117.30/CH120 außer Betrieb. Während dieser Zeit Hehlingen NDB 'HLI' 403.5 Position 522254N 105106E (2.2NM ONO von HLZ) benutzen.

⑯ C3808/92 Hopsten CTR aktiv. Jeweils Fr 2300- So 2300 und Feiertags. Bis 31.03.93 2200.

⑰ A1814/92 Osnabrück DVOR OSN 114.30 ersetzt durch Container VOR Osnabrück OSN 116.05, 521209N 081711E, festgelegte Betriebsentfernung: Sektor 023-068DEG 80NM/FL500, Sector 068-360-023DEG 60NM/FL500. Starke Kursstörungen in allen Höhen und Richtungen. Teilweise außerhalb der zulässigen Toleranzen. Bis 29.01.1993 2300.

⑱ A1822/92 Feucht NDB 'FTT' 398 zurückgezogen.

Abb. 33: Das VFR-Bulletin informiert über Ausfälle, Störungen und Änderungen von Funknavigationsanlagen.

Grundsätzlich sind die NDB- und VOR-Anzeigegeräte im Cockpit nur dann für die Navigation zu benutzen, wenn die eingestellten Navigationsanlagen durch Abhören der Kennung einwandfrei identifiziert worden sind und die Anzeigenadeln nicht stark hin und her schwanken.

Erhält man keine oder eine unsichere Anzeige, so gibt es dafür mehrere Gründe. Das Flugzeug befindet sich außerhalb der

NDB-Anlagen arbeiten im LW- und MW-Bereich und unterliegen atmosphärischen Störungen. Gewitter können den NDB-Empfang so stark stören, daß eine sichere Anzeige nicht mehr gegeben ist.

Ist man sich während des Fluges im Zweifel über den Betriebszustand einer Funknavigationsanlage, so kann man sich natürlich auch über Sprechfunk an den Fluginformationsdienst (FIS) wenden.

Vorher sollte man aber sicherstellen, daß bordseitig kein Fehler vorliegt.

Zusammenfassung

- Da bei einem VFR-Flug die Funknavigation nur zur Unterstützung (und Erleichterung) der Sichtnavigation angewendet wird, hat der Ausfall bzw. die Störung einer Funknavigationsanlage im allgemeinen keinen großen Einfluß auf die Flugdurchführung. Über Ausfälle und Störungen von Funknavigationsanlagen informiert das VFR-Bulletin bzw. der Flugberatungsdienst.

Verwirbelungen hinter Luftfahrzeugen

Wirbelschleppen

Wie aus der Aerodynamik bekannt, wird der Auftrieb an einem Tragflügel durch Bildung einer Druckdifferenz erzeugt. Durch die Umströmung der Tragflächen wird auf der Oberseite ein Unterdruck und an der Unterseite ein Überdruck erzeugt. Diese unterschiedlichen Drücke versuchen sich an den Tragflügelenden auszugleichen und so entsteht eine zirkulare Umströmung der Tragflügelenden von unten nach oben mit einem zum Rumpf hin gerichteten Drehsinn.

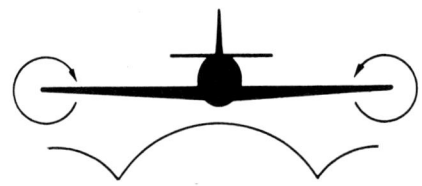

Abb. 34: Die Luftwirbel entstehen an den Tragflügelenden durch Ausgleich der unterschiedlichen Drücke an der Ober- und Unterseite der Tragfläche (aus fsm 3/83).

Durch die Vorwärtsbewegung des Flugzeuges lösen sich diese Luftwirbel (engl. Wing Tip Vortices) von den Tragflügelenden ab, und es entstehen zwei schlauchförmige Luftwirbelzöpfe, sogenannte Wirbelschleppen (engl. Wake Turbulences), die das Flugzeug hinter sich herzieht.

Die Stärke der Wirbel wird vor allem durch das Flugzeuggewicht, die Fluggeschwindigkeit und die Gestalt des Flügels bestimmt. Die stärksten Wirbel treten bei schweren Flugzeugen im Langsamflug (großer Anstellwinkel, ausgefahrene Landeklappen) auf.

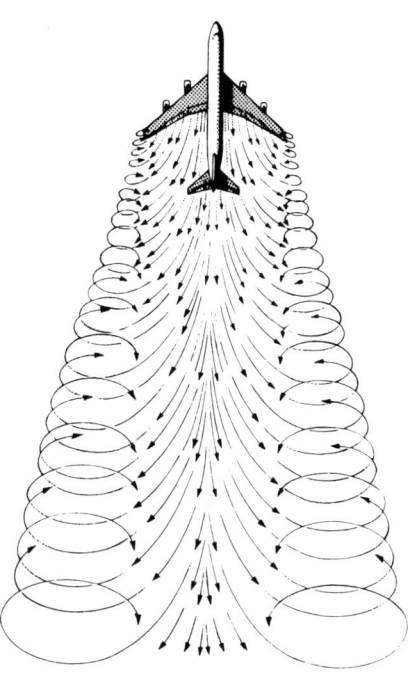

Abb. 35: Wirbelschleppen hinter einem großen, schweren Flugzeug (aus fsm 3/83).

Jedes Flugzeug erzeugt solche Wirbelschleppen, auch kleinere Flugzeuge. Bei kleinen Flugzeugen ist die in den Wirbeln enthaltene Energie allerdings so gering, daß sie keine Gefahr für andere Luftfahrzeuge darstellt. Anders bei Großraumflugzeugen wie z.B. Boeing 747 (Jumbo), DC10, Tristar aber auch Airbus oder Boeing 737. Der zu erzeugende Auftrieb ist um ein Vielfaches höher und folglich ist auch die in den Wirbeln enthaltene Energie sehr groß.

Die Kraft der Wirbel bei großen Flugzeugen ist so gewaltig, daß sie eine ernsthafte Gefahr für nachfolgende, insbesondere kleinere Luftfahrzeuge darstellt. Die Drehgeschwindigkeit der Wirbel kann bis zu 250 km/h erreichen.

Erfaßt solch ein Wirbel ein Leichtflugzeug, wird es im wahrsten Sinne des Wortes durch die Luft gewirbelt. Ein Gegensteuern ist kaum oder gar nicht mehr möglich. Zusätzlich besteht die Gefahr, daß das Flugzeug durch die Kraft der Wirbel beschädigt wird. So gefährlich muß es aber nicht werden. Zwei Erschütterungen, bei jedem Wirbel eine, können beim Durchqueren die Folge sein. Ebenso ist es möglich, nur einen Stoß oder auch mehrere Schläge verschiedener Stärke zu spüren, je nach Richtung und Ort des Zusammentreffens und der Entfernung zum wirbelerzeugenden Flugzeug. Die Wahrscheinlichkeit von Schüttelerscheinungen und ungewollten Rollbewegungen vergrößert sich, wenn der Kurs des erfaßten Flugzeuges mit der Wirbelschleppe ungefähr parallel verläuft.

Die Wirbelerzeugung an den Tragflügelenden beginnt mit dem Rotieren des Flugzeuges, also wenn das Bugrad beim Start von der Startbahn abhebt, und endet, wenn das Fahrwerk bei der Landung den Boden berührt. Während des Fluges sinken die Wirbelschleppen mit etwa 400 bis 500 ft/min auf ca 900 ft unter den Flugweg des sie erzeugenden Flugzeuges ab und verbleiben dort. Die Wirbelstärke vermindert sich mit der Zeit und der Entfernung (siehe Abbildung 36).

Erreichen die sinkenden Wirbel bei an- und abfliegenden Flugzeugen die Bodennähe, dann breiten sie sich seitwärts mit einer Geschwindigkeit von etwa 5 kt über den Boden aus. Bei einer Querwindkomponente von etwa 5 kt kann einer der Wirbelzöpfe durchaus stationär werden, während sich der andere mit einer Geschwindigkeit von nunmehr 10 kt in Windrichtung fortbewegt (siehe Abbildung 37).

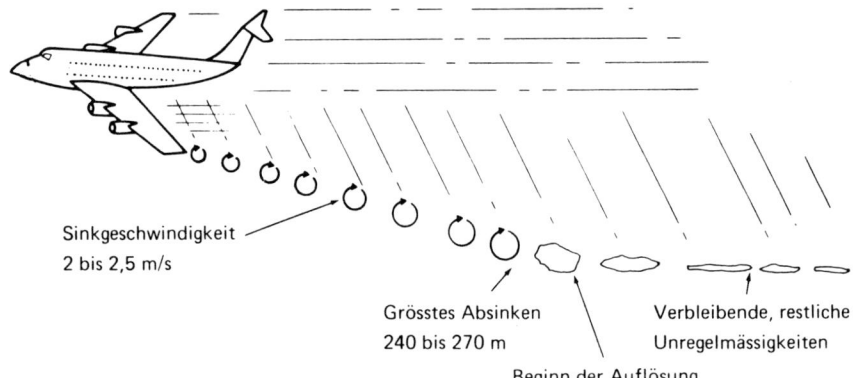

Sinkgeschwindigkeit
2 bis 2,5 m/s

Grösstes Absinken
240 bis 270 m

Beginn der Auflösung

Verbleibende, restliche
Unregelmässigkeiten

Abb. 36: Wirbelausbreitung hinter einem Großraumflugzeug (aus fsm 3/83).

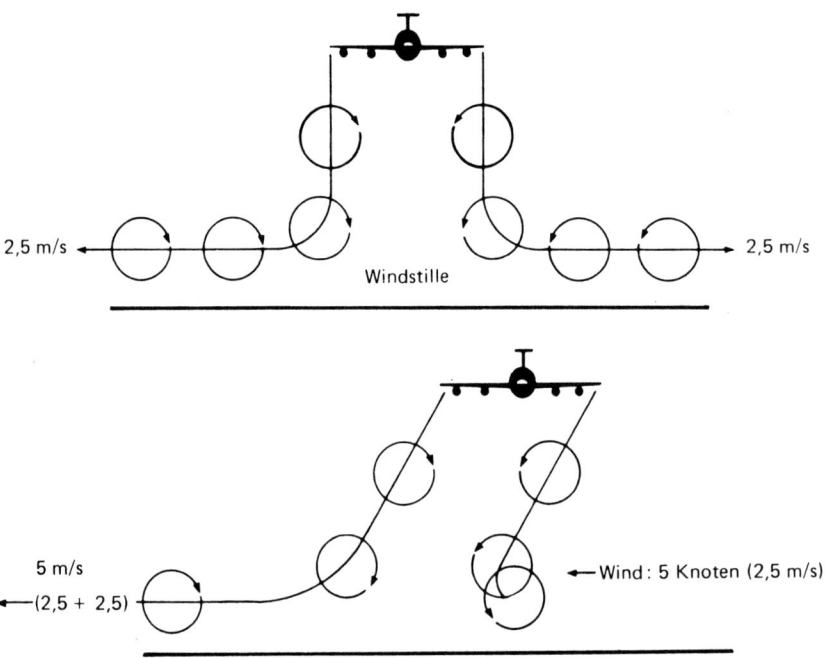

2,5 m/s

Windstille

2,5 m/s

5 m/s
(2,5 + 2,5)

Wind: 5 Knoten (2,5 m/s)

Abb. 37: Wirbelausbreitung in Bodennähe (aus fsm 3/83).

Die Gefahr, in Wirbelschleppen von großen Flugzeugen zu geraten, besteht vor allem im An- und Abflugbereich der großen internationalen Verkehrsflughäfen.

Die Fluglotsen wenden unter gewissen Bedingungen Verfahren an, um kleinere Flugzeuge von großen und schweren zu trennen. Können z.B. nach VFR fliegende

84

Flugzeuge, mit denen sie in Sprechfunkverbindung stehen, von Wirbelschleppen eines schweren Flugzeuges getroffen werden, so geben sie dessen Position bekannt und folgende Warnung aus: Vorsicht Wirbelschleppen (engl. Caution Wake Turbulence). Aber für die Fluglotsen wie auch für die Piloten sind die Wirbel unsichtbar, und man kann nur vermuten, wo sie sich befinden. Besonders bei Windstille sollte man auf der Hut sei. Die Wirbel verbleiben möglicherweise lange im An- und Abflugsektor und im Bereich der Start- und Landebahn und lösen sich nur zögernd auf.

Grundsätzlich gilt es, oberhalb oder seitlich versetzt zur vermuteten Wirbelschleppe zu fliegen. Landet vorher ein schweres Verkehrsflugzeug, muß der eigene Anflug so eingerichtet werden, daß der Flugweg über dem Gleitweg des anderen Flugzeuges verläuft und der eigene Aufsetzpunkt weiter bahneinwärts, also nach dem der vorher gelandeten Maschine liegt. Die Aufsetzzone ist meistens durch den vorhandenen Gummiabrieb zu erkennen. Auch sollte an einem Verkehrsflughafen nicht das gleiche Anflugverhalten wie an Landeplätzen praktiziert werden. Wenn zwei oder mehr Kilometer Landebahn zur Verfügung stehen, kann man beim Landeanflug auf den Einsatz der Landeklappen gut verzichten. Man sollte mit leicht reduzierter Reisegeschwindigkeit ohne Klappen anfliegen. Geschwindigkeit bringt in diesem Fall Sicherheit, das Flugzeug bleibt während der kritischen Phase des Anfluges besser manövrierfähig, und man kann auf diese Weise mögliche Turbulenzen besser ausgleichen.

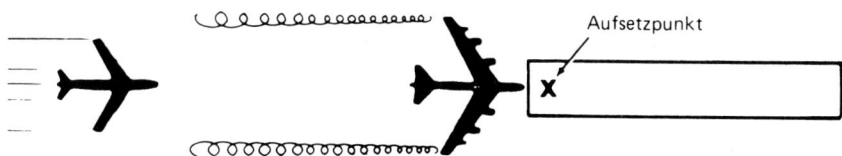

Anflug auf gleicher Bahn: Auf oder über dem Anflugweg des schweren Flugzeuges fliegen. Hinter dem Aufsetzpunkt landen.

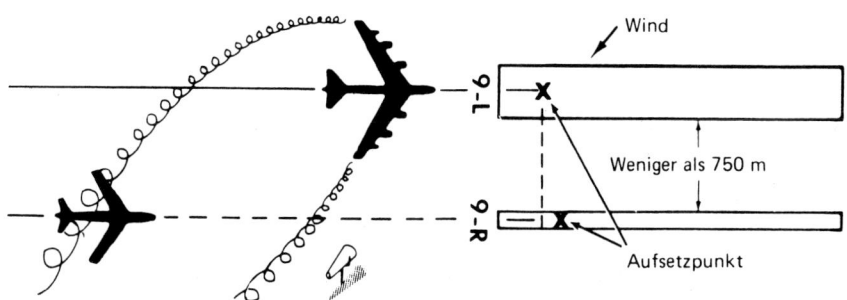

Anflug auf Parallelbahn (näher als 750 m): Wenn möglich, die windseitig gelegene Parallelbahn verlangen. Auf oder über den Anflugweg des schweren Flugweges fliegen. Hinter dem querabliegenden Aufsetzpunkt landen.

Abb. 38: Landung hinter einem schweren Flugzeug (aus fsm 3/83).

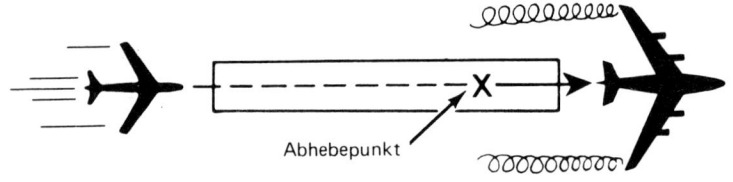

Weit vor dem Abhebepunkt des schweren Flugzeuges landen.

Abb. 39: Landung hinter einem startenden schweren Flugzeug (aus fsm 3/83).

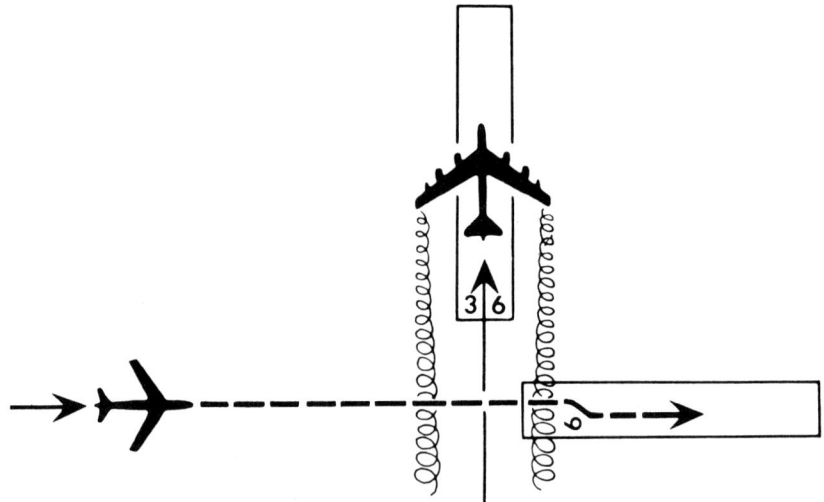

Über der Anflugbahn des kreuzenden schweren Flugzeuges anfliegen.

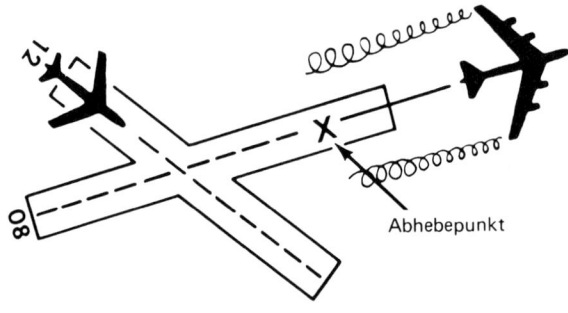

Liegt der Abhebepunkt des startenden schweren Flugzeuges nach der Bahnkreuzung, landet man vor der Bahnkreuzung.

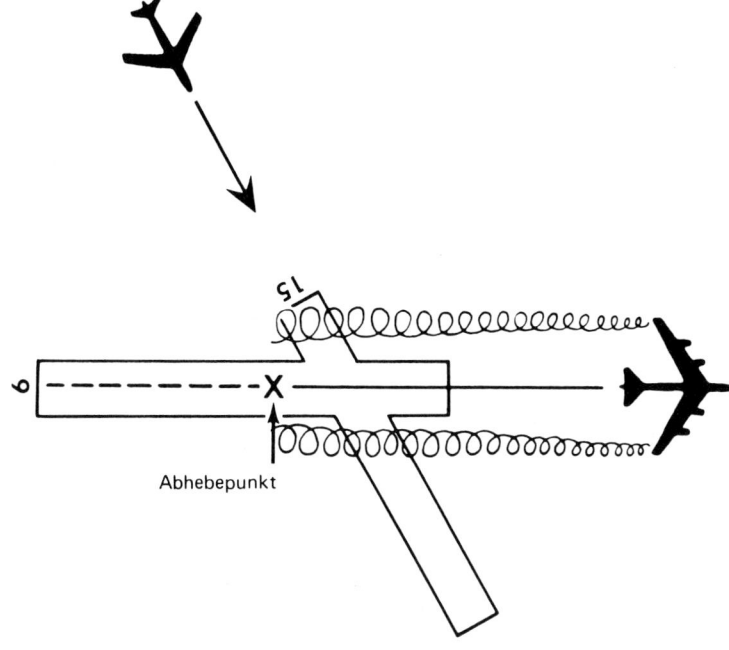

Abhebepunkt

Liegt der Abhebepunkt des startenden schweren Flugzeuges vor der Bahnkreuzung, muß der Anflug abgebrochen werden, sofern eine Landung vor der Bahnkreuzung nicht absolut sicher ist.

Abb. 40: Landung hinter einem startenden schweren Flugzeug auf sich kreuzenden Bahnen (aus fsm 3/83).

Will man hinter einer startenden schweren Verkehrsmaschine landen, muß vor dem Abhebepunkt dieser Maschine aufgesetzt werden.

Beim Start hinter einem landenden schweren Flugzeug sollte der eigene Abhebepunkt eindeutig hinter dem Aufsetzpunkt des gelandeten Flugzeuges liegen. Der Start hinter einem vorher startenden größeren Flugzeug erfolgt so, daß der eigene Abhebepunkt vor dem des vorher gestarteten Flugzeuges liegt. Nach dem Abheben sollte man versuchen, so schnell wie möglich weg vom Flugweg des vorher gestarteten Flugzeuges zu kommen. Eine Versetzung von wenigen hundert Metern seitlich zur Start- und Landebahn in den Wind hinein hilft fast immer, den Wirbelschleppen des Vorgängers zu entgehen. Besonders muß man beim Start von einer Rollweg-Einmündung (engl. Intersection) aufpassen. Hier hilft meist nur zu warten, es sei denn, die Querwindkomponente ist so stark (also mehr als 10 kt), daß sie die Wirbelschleppen seitlich versetzt (siehe Abbildung 41).

Wird von einem Flughafen mit einem Parallelbahnsystem (Abstand zwischen den Bahnen unter 800 m), muß mit Wirbelschleppen von Luftfahrzeugen gerechnet werden, die auf der Parallelbahn starten oder landen.

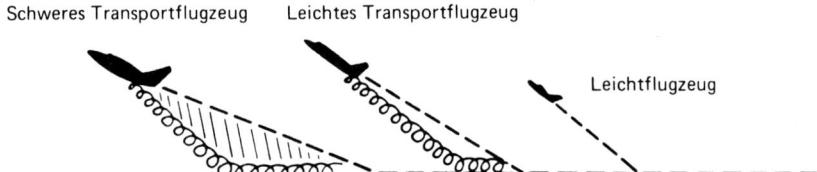

Abflug auf gleicher Bahn: Vor dem Abhebepunkt des schweren Flugzeuges abheben. Den eigenen Steigflug über der Steigflugbahn des schweren Flugzeuges fortsetzen, bis unbehindert von den Wirbelschleppen abgedreht werden kann.

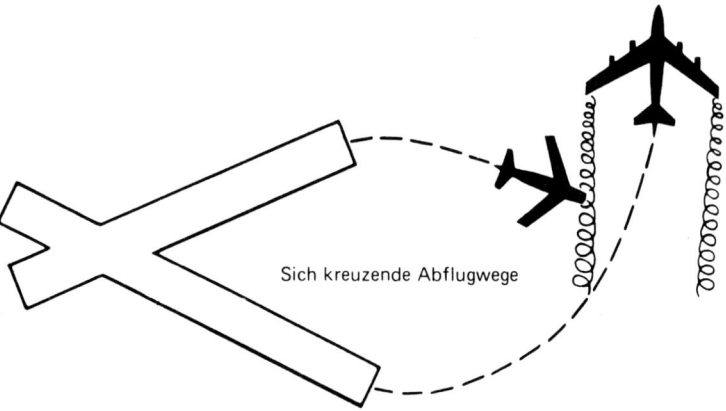

Abflug mit sich kreuzenden Abflugwegen: Die Flugbahn des schweren Flugzeuges weder unterhalb noch hinter dem Flugzeug kreuzen.

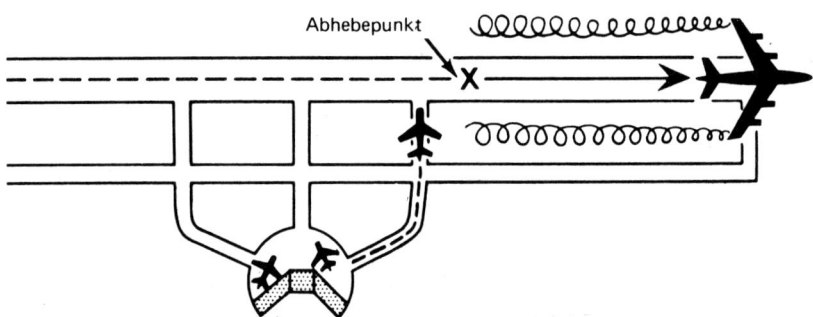

Abflug von der Rolleinmündung: Vor dem Abhebepunkt des schweren Flugzeuges abheben und dessen Steigflugbahn nicht keuzen oder unterfliegen. Gegebenenfalls den Start um einige Minuten verschieben.

Abb. 41: Abflug hinter einem schweren Flugzeug (aus fsm 3/83).

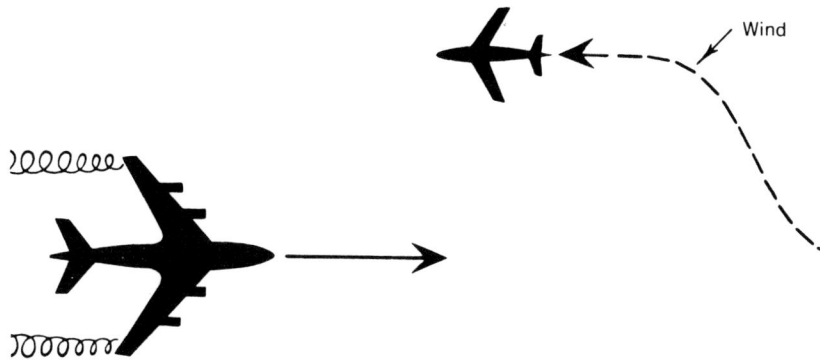

Abb. 42: Fliegt ein schweres Flugzeug hinter einem Leichtflugzeug in gleiche oder umgekehrte Richtung, sollte das Leichtflugzeug seitlich, vorzugsweise gegen den Wind, ausweichen (aus fsm 3/83).

Dabei kann eine Querwindkomponente je nach Windrichtung die Situation verschlimmern oder entschärfen. Entsprechendes gilt für sich kreuzende Start- und Landebahnen.

Im Streckenflug wird man selten den Flugweg von großen, schweren Verkehrsflugzeugen kreuzen oder unterfliegen. Ist dies doch einmal der Fall, so muß man sich auch hier vor Wirbelschleppen hüten und weit hinter oder über 1.000 ft unter dem Verkehrsflugzeug fliegen.

Vorsicht: Nicht nur Flächenflugzeuge, sondern auch Hubschrauber erzeugen Wirbelschleppen.

Strömungsturbulenzen hinter Düsentriebwerken

Nicht weniger gefährlich für Leichtflugzeuge ist der Luftstrom hinter Düsentriebwerken der großen Jets. Rollt man mit seinem Flugzeug zu nahe hinter einem Düsenflugzeug und kommt in den Wirkungsbereich des Düsenstrahls, kann es zu Beschädigungen und sogar zum Überschlag des Flugzeuges kommen. Grundsätzlich sollte man am Boden die folgenden Sicherheitsabstände hinter einem Düsenflugzeug einhalten: 60 m, wenn sich die Düsentriebwerke im Leerlauf befinden, 120 m, wenn das Düsenflugzeug rollt und 300 m, wenn es startet (siehe Abbildung 44).

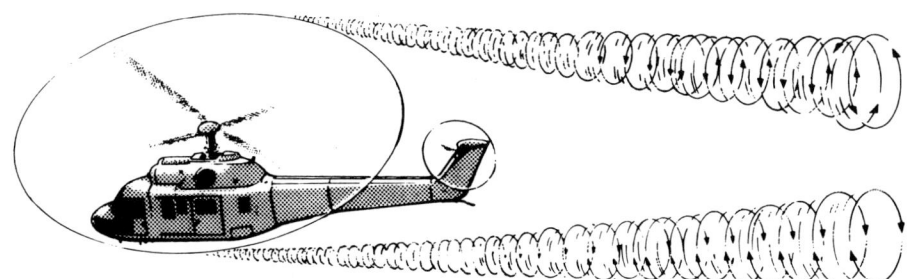

Abb. 43: Hubschrauber-Wirbelschleppen (aus fsm 3/83).

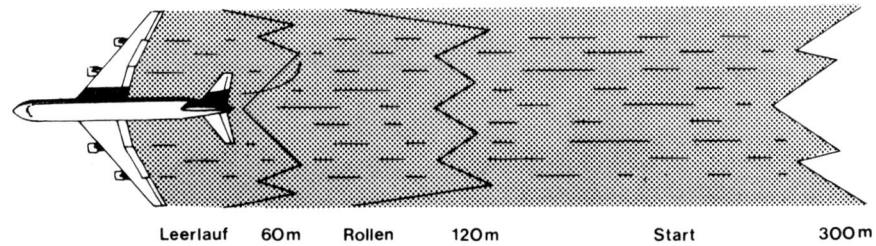

| Leerlauf | 60 m | Rollen | 120 m | Start | 300 m |

Abb. 44: Einflußbereich des Schubstrahls (aus fsm 3/83).

Zusammenfassung

- Wirbelschleppen werden vom Zeitpunkt des Rotierens beim Start bis zum Aufsetzen des Fahrwerkes bei der Landung erzeugt. Die Intensität der Wirbelschleppen ist besonders groß bei Großraumflugzeugen im Langsamflug, also insbesondere bei An- und Abflug. An- und Abflüge sollten so erfolgen, daß bei vermuteten Wirbelschleppen diese entweder überflogen werden oder in Windrichtung versetzt an ihnen vorbeigeflogen werden kann.

- Ein Verkehrsflughafen sollte immer mit genügender Geschwindkeitsreserve und einem Minimum an Landeklappen angeflogen werden. Sollte ein Einflug in eine Wirbelschleppe erfolgen, muß sofort die volle Triebwerksleistung gesetzt und versucht werden, die Turbulenzen auszusteuern. Bei Start und Steigflug ist auf eine sichere Fluggeschwindigkeit zu achten.

- Beim Rollen auf Verkehrsflughäfen muß man auf jeden Fall reichlich Abstand hinter Düsenflugzeugen halten, um nicht in den Bereich des Düsenrückstrahls zu kommen.

90

Vogelschlag

Im zivilen Luftverkehr über der Bundesrepublik Deutschland kommt es pro Jahr durchschnittlich zu etwa 400 Kollisionen zwischen Luftfahrzeugen und Vögeln, sogenannten Vogelschlägen. Bedenkt man, daß in unseren Breiten Vögel eine Masse von bis zu 8 kg erreichen, so sind selbst bei den relativ geringen Fluggeschwindigkeiten der Kleinflugzeuge der Allgemeinen Luftfahrt Begegnungen mit Vögeln im Fluge nicht ungefährlich.

Vogelschläge haben oft erhebliche Schäden am Flugzeug, selten auch Verletzungen des Piloten oder gar der Passagiere, zur Folge. Am meisten gefährdet am Flugzeug sind Bug und Frontscheibe, aber auch Motor- und Propellerbereich, Tragflächen und andere Teile des Flugzeuges.

Im Prinzip ist die Vogelschlaggefahr in allen Flughöhen vorhanden. Da sich aber Vögel überwiegend in geringen Höhen aufhalten, ist auch dort die Gefahr am größten. Laut Statistik ereignen sich über 90% aller Vogelschläge bei Start und Landung bzw. im Anflug und Abflug.

Das Risiko eines Vogelschlages ist naturgemäß während der Hauptvogelzugzeiten im Frühjahr und im Herbst am größten. Das Luftfahrthandbuch, Teil RAC, enthält Hinweise auf Vogelkonzentrationen und Vogelzugbewegungen in der Bundesrepublik Deutschland. Das VFR-Bulletin informiert regelmäßig unter der Rubrik "Vogelzug-Informationen" über Vogelzug-Großereignisse. Auch die Flugberatungsstellen (AIS) der Flugsicherung halten hierzu Informationen bereit. Der Deutsche Ausschuß zur Verhütung von Vogelschlägen im Luftverkehr (Traben-Trarbach) befaßt sich intensiv mit dem Vogelschlagrisiko und gibt ebenfalls auf Anfrage Auskunft über die aktuelle Vogelschlagrisikosituation.

Wie kann man sich neben dem Einholen dieser allgemeinen Informationen konkret gegen Vogelschlag schützen?

- Auf jeden Fall sollte der Pilot zu vogelzugintensiven Zeiten eine möglichst große Flughöhe wählen.
- Beobachtet man Vogelschwärme, sollte man diese großräumig umfliegen.
- Bei Begegnung mit Vogelschwärmen und Einzelvögeln in der Luft sollte der Pilot das Steuerhorn nicht drücken, sondern immer ziehen, da Vögel meist nach unten ausweichen.
- Schalten Sie generell die Landescheinwerfer beim Anflug und Abflug ein. Untersuchungen haben gezeigt, daß Vögel bewegten Lichtern fernbleiben und versuchen auszuweichen.
- Stellt man beim Start fest, daß sich auf der Startbahn Vögel befinden, sollte man den Start abbrechen.

Ist es zu einer Kollision mit einem Vogel gekommen, sollte der Pilot auf jeden Fall auf dem nächsten Flugplatz landen und sich den Schaden erst einmal in Ruhe anschauen. Unter Umständen ist er ja so groß, daß ein sicherer Weiterflug nicht gewährleistet ist.

> Seite 94

Abb. 45 (nächste Seite): Vogelkonzentration und Vogelzugbewegungen in der Bundesrepublik Deutschland (aus Luftfahrthandbuch Deutschland).

Abb 46 (übernächste Seite): Formular für die Anzeige eines Vogelschlages beim Luftfahrt-Bundesamt.

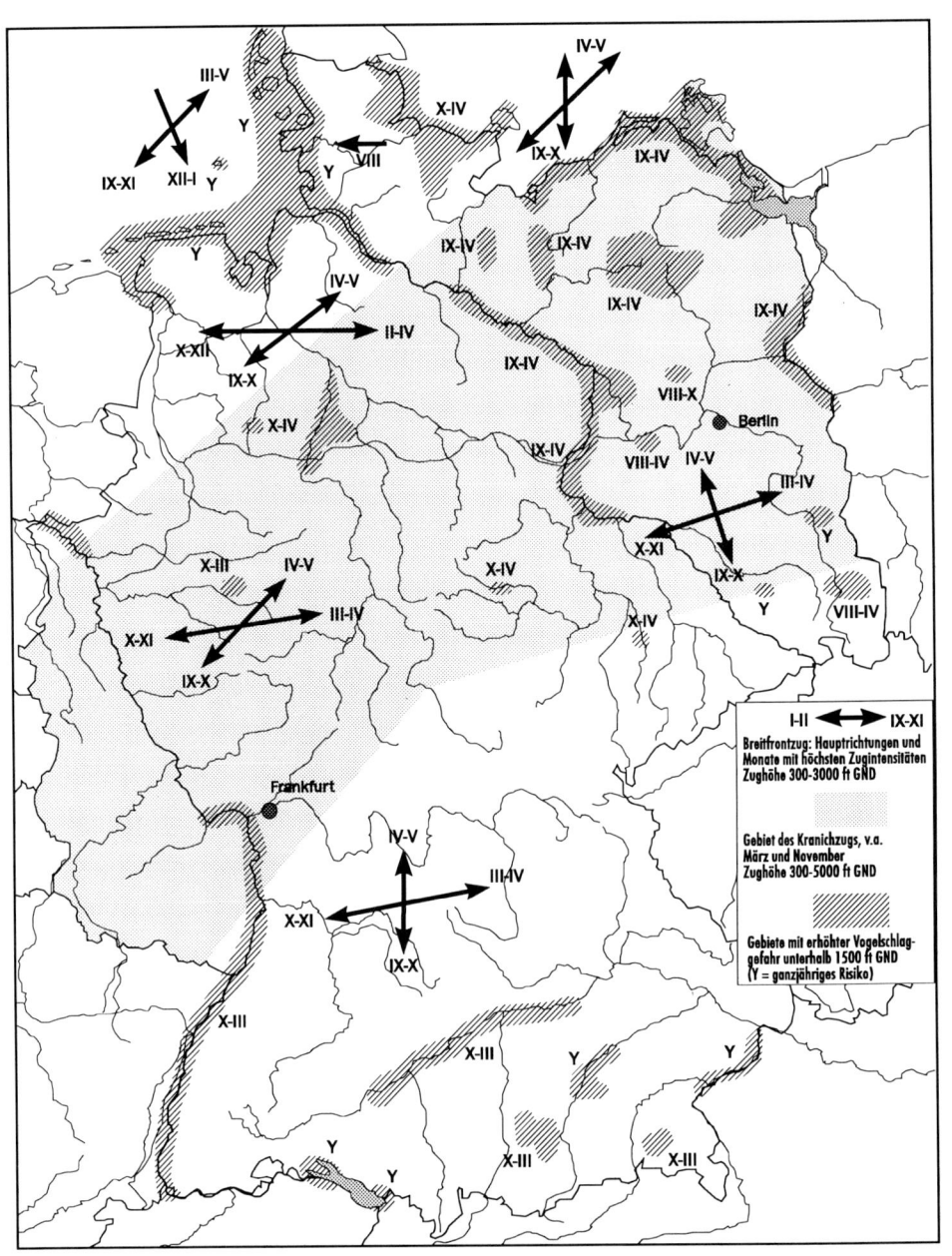

 FLUGUNFALLUNTERSUCHUNGSSTELLE BEIM LUFTFAHRT-BUNDESAMT

Postfach 3054, 3300 Braunschweig, Tel. 0531/2355-0

BIRD STRIKE REPORT

Anzeige

des Zusammenstoßes eines Luftfahrzeuges mit Vögeln gemäß der „Bekannt-gabe zu § 5 LuftVO" des Bundesministers für Verkehr, Absatz 1. 1. 12.

Halter/Flug Nr. _____

Flugzeugmuster _____

Triebwerkmuster _____

Eintragungszeichen _____

Datum _____

Ortszeit _____

Morgendg. ☐   Tag ☐   Abenddg. ☐   nacht ☐

Flugplatz _____

benutzte Bahn _____

Position falls Reiseflug _____

Höhe (AGL) _____ ft

Geschwindigkeit (IAS) _____ kt

Betriebsphase

Stand	☐	Reiseflug	☐
Rollen	☐	Sinkflug	☐
Start	☐	Anflug	☐
Steigflug	☐	Landung	☐

Luftfahrzeugteil	getroffen	beschädigt
Radarnase	☐	☐
Frontscheibe	☐	☐
sonstiger Bug	☐	☐
Triebwerk Nr. 1	☐	☐
Triebwerk Nr. 2	☐	☐
Triebwerk Nr. 3	☐	☐
Triebwerk Nr. 4	☐	☐
Luftschraube	☐	☐
Tragfläche/Rotor	☐	☐
Rumpf	☐	☐
Fahrwerk	☐	☐
Heck	☐	☐
Lampen	☐	☐
Sonstiges*	☐	☐

Auswirkung auf den Flug

keine	☐
Startabbruch	☐
Sicherheitslandung	☐
Triebwerk abgestellt	☐
andere*	☐

Bewölkung

wolkenlos	☐
leicht bedeckt	☐
bedeckt	☐

Niederschlag

Nebel	☐
Regen	☐
Schnee	☐

Vogelart** _____

Zahl der Vögel	gesehen	getroffen
1	☐	☐
2-10	☐	☐
11-100	☐	☐
mehr	☐	☐

Größe der Vögel

klein	☐
mittel	☐
groß	☐

Warnung erhalten   ja ☐   nein ☐

*Bemerkungen (Beschädigungen, Verletzungen, andere sachdienliche Hin-weise)

_____

_____

_____

_____

_____

_____

**Bitte Vogelreste zur Identifizierung beifügen. Auch kleinste Teile können dienlich sein, große erleichtern jedoch die Aufgabe.

Angezeigt durch/reported by   Datum/date

_____   _____

Flugbesatzung
Flight crew   ◯

Bodenpersonal
ground servicing personnel   ◯

BUNDESANSTALT FÜR FLUGSICHERUNG   (AMD 24)   2 APR 1992

Nach der "Bekanntmachung des Bundesministers für Verkehr über die Anzeige von Flugunfällen und sonstigen Störungen beim Betrieb von Luftfahrzeugen" ist der Zusammenstoß eines Luftfahrzeuges mit einem Vogel eine anzeigepflichtige Störung. Die Anzeige erfolgt beim Luftfahrt-Bundesamt.

Zusammenfassung

- Vogelschläge können am Flugzeug erhebliche Schäden verursachen. Man sollte daher Vögeln so weit wie möglich ausweichen. Über die Vogelkonzentration informieren das Luftfahrthandbuch, das VFR-Bulletin, der Flugberatungsdienst und der Deutsche Ausschuß zur Verhütung von Vogelschlägen im Luftverkehr.

Kontroll- und Übungsaufgaben

1. Woran kann man die Annäherung an den überzogenen Flugzustand (engl. Stall) erkennen?

2. Es gibt nur eine Möglichkeit, um aus einem Stall herauszukommen, selbst wenn man in Bodennähe fliegt. Welche?

3. Erklären Sie den Unterschied zwischen V_{S0} und V_{S1}.

4. Warum ist die sogenannte Besucherkurve so gefährlich?

5. Um wieviel Prozent nimmt die Überziehgeschwindigkeit bei einer Kurve mit 60° Schräglage zu?

6. Es gibt nur eine Möglichkeit, um aus dem Trudeln herauszukommen. Welche?

7. An welchem Cockpit-Instrument erkennen Sie eindeutig die Drehrichtung beim Trudeln?

8. Worauf muß man beim Beenden des Trudelvorganges achten?

9. Wie unterscheidet sich Trudeln von einer Steilspirale?

10. Beim Landeanflug steht die Höhenrudertrimmung auf "schwanzlastig". Worauf muß man sich im Fall des Durchstartens einstellen?

11. Warum sollte man beim Durchstarten die Landeklappen nicht sofort ganz einfahren?

12. Welche Gründe könnte es geben, einen Start abzubrechen?

13. Worin liegt die besondere Gefahr beim Einflug in schlechtes Wetter?

14. Sie fliegen (aus Versehen) in Wolken ein. Wie führen Sie eine Umkehrkurve durch?

15. Welche Möglichkeiten haben Sie, um sich während des Fluges über die aktuelle Wettersituation zu informieren?

16. Der Flug dauert länger als geplant. Das Erreichen des Zielflugplatzes ist vor Einbruch der Nacht nicht mehr gewährleistet. Wie werden Sie sich entscheiden?

17. Wie verhalten Sie sich, wenn Sie während eines Überlandfluges die Orientierung verlieren?

18. Sie fliegen einen Flugplatz an. Er müßte eigentlich unmittelbar vor Ihnen liegen, aber Sie können ihn nicht finden. Welche Möglichkeiten hat die Luftaufsicht, Ihnen zu helfen?

19. Welche Mittel hat die Flugsicherung zur Verfügung, Ihnen bei Orientierungsverlust zu helfen?

20. Worauf müssen Sie bei einem Flug über Wolken besonders achten?

21. Sie fliegen über Wolken. Über dem Zielflugplatz angekommen stellen Sie fest, daß dieser unter einer geschlossenen Wolkendecke liegt. Wie entscheiden Sie sich?

22. Was ist bei einem Flug in großer Höhe besonders zu beachten?

23. Warum sollte man bei einem VFR-Flug in großer Höhe mit FIS Kontakt aufnehmen?

24. Sie vergessen, beim Sinkflug aus großer Höhe das Gemisch entsprechend zu regulieren. Was passiert?

25. Welche besonderen Gefahren sind bei einem Gebirgsflug zu beachten?

26. Mit welchem Höhenabstand sollte man einen Gebirgskamm mindestens überfliegen?

27. Warum sollte der Anflug auf einen Bergkamm von der Seite aus in einem Winkel von 45° erfolgen?

28. Was ist bei einem Flug in einem Tal besonders zu beachten?

29. Ein hochgelegener Flugplatz wird wegen der geringeren Luftdichte mit einer größeren angezeigten Eigengeschwindigkeit (IAS) angeflogen. Ist diese Aussage richtig?

30. Wie wird die beste Motorleistung erreicht, wenn auf einem hochgelegenen Flugplatz gestartet werden soll?

31. Bei der Planung eines Starts von einem hochgelegenen Flugplatz muß u.a. die verringerte Steigleistung des Flugzeuges in Betracht gezogen werden. Um wieviel Prozent nimmt die Steigleistung eines einmotorigen Flugzeuges in 4.000 ft Höhe gegenüber der Steigleistung in MSL ab (unter ISA-Standardbedingungen)?

32. Sie planen einen Flug vom Flugplatz Wilhelmshaven-Mariensiel zum Flugplatz Helgoland. Welche besonderen Maßnahmen treffen Sie?

33. In welchem Fall darf der Transponder auf den Code 7600 geschaltet werden?

34. Wie kann sich der Pilot vor dem Flug über Störungen oder Ausfälle von Funknavigationsanlagen informieren?

35. Im Flug wird eine 20 NM vorausliegende VOR eingestellt. Obwohl das VOR-Empfangsgerät einwandfrei arbeitet, kann die VOR nicht empfangen werden. Was kann die Ursache sein?

36. Unter welchen Bedingungen treten die stärksten Wirbelschleppen auf?

37. Wie kann man sich grundsätzlich davor schützen, in die Wirbelschleppen eines Flugzeuges zu fliegen?

38. Sie sind im Anflug auf einen großen Verkehrsflughafen. Vor Ihnen landet gerade ein Airbus A300. Wie richten Sie Ihren Anflug ein?

39. In welchen Höhen ist verstärkt mit Vogelschlag zu rechnen?

40. Im Landeanflug, kurz vor Überflug der Schwelle, erblicken Sie auf der Landebahn eine größere Anzahl von Krähen. Wie verhalten Sie sich?

Kapitel 4
Luftfahrzeug

Ausfall von Rudern und Klappen

Ruder oder Klappen fallen äußerst selten aus. Wenn es aber passiert, kommt ein Pilot in arge Schwierigkeiten. Nicht umsonst werden bei der Vorflugkontrolle Ruder und Klappen genau auf intakte Anschlüsse und Gängigkeit geprüft. Zusätzlich kontrolliert man vor dem Start durch Betätigung des Steuers und des Klappenhebels nochmals ihre Freigängigkeit und Funktionsfähigkeit. Ruder und Klappen sind wichtig für die Steuerung des Flugzeuges um seine Achsen. Ein Ausfall eines Ruders würde die Manövrierfähigkeit des Flugzeuges mehr oder weniger stark einschränken.

Ursache für den Ausfall einzelner Ruder oder Klappen kann nicht nur ein gerissenes Steuerseil oder ein gebrochener Verbindungsbolzen, sondern auch das Blockieren eines Ruders, z.B. durch Vereisung, sein. Es sind Fälle bekannt, bei denen Gegenstände im Cockpit heruntergefallen waren und sich so unglücklich im Steuergestänge verklemmt hatten, daß die Steuerung blockierte. Ein Grund mehr, im Cockpit auf Ordnung zu achten und besonders bei Turbulenzen keine losen Gegenstände liegen zu lassen.

Ausfall von Seitenruder und Querruder

In der Praxis werden Kurven meist nur mit Querruderausschlag geflogen. Ein Ausfall der Seitenrudersteuerung kann daher durch Querrudersteuerung weitestgehend ausgeglichen werden. Im Anflug und bei der Landung ist dagegen die Seitenrudersteuerung zum Einhalten der Flugrichtung sehr viel wichtiger. Da während des Lan-

deverfahrens große Querruderausschläge vermieden werden müssen, machen Seitenwind oder Turbulenzen die Landung ohne Seitenrudersteuerung schwierig. Die Gefahr besteht, daß das Flugzeug von der Landebahn "geblasen" wird. Ist am Zielflugplatz mit starkem Seitenwind zu rechnen, sollte man möglichst einen anderen Flugplatz, an dem zu diesem Zeitpunkt weniger starker Seitenwind herrscht, ansteuern.

Bei Ausfall der Querrudersteuerung müssen Kurven nur mit dem Seitenruder geflogen werden. Das Flugzeug wird dabei sozusagen in die Kurve "geschoben". Der Kurvenradius wird auf jeden Fall größer als normal. Das ist vor allem bei der Anflugeinteilung zu berücksichtigen.

Sehr viel problematischer kann die Situation werden, wenn die Querruder- oder Seitenrudersteuerung blockiert und dabei die Ruder nicht in Neutralstellung, sondern in einer Richtung ausgeschlagen, klemmen. Das Flugzeug kann dann u.U. nur noch Kurven in eine Richtung fliegen. In dieser kritischen Situation kann man bei Flugzeugen mit zwei Cockpittüren versuchen, durch Öffnen der Türen und Stoßen der einen oder anderen die Flugrichtung zu beeinflussen. Dieses Manöver ist allerdings sehr problematisch und sollte nur im äußersten Notfall und bei geringer Fluggeschwindigkeit durchgeführt werden. Bei Flugzeugen mit am Dach angeschlagenen Flügeltüren ist eine solche brachiale Prozedur völlig ausgeschlossen.

Ausfall des Höhenruders

Fällt die Höhensteuerung aus, ohne daß dabei das Höhenruder blockiert, ist das Flugzeug noch in gewissen Umfang durch die Höhenrudertrimmung und u.U. zusätzlich durch Gewichtsverlagerung (Passagiere, Ladung) um die Querachse steuerbar. Sinkflug und Anflug lassen sich noch einigermaßen durch Verringerung der Motorleistung kontrollieren. Problematisch wird der Ausfall der Höhensteuerung in der letzten Phase des Anfluges und bei der Landung. Jede Veränderung der Motorleistung und der Landeklappenstellung führt zu einer Beeinflussung der Fluglage um die Querachse, die normalerweise mit dem Höhensteuer kontrolliert wird.

Viele einmotorige Flugzeuge richten sich beim Ausfahren der Landeklappen auf und senken bei Verminderung der Motorleistung die Flugzeugnase. Allerdings reagieren die einzelnen Muster verschieden auf Klappenausfahren und Änderung der Motorleistung. Die Reaktion ist abhängig z.B. von der Anordnung der Tragflächen (Tiefdecker oder Schulterdecker) und der Lage des Motors bzw. des Propellers zu den Tragflächen.

Kennt man die Eigenschaften seines Flugzeuges nicht ganz genau, sollte man bei Ausfall der Höhensteuerung zunächst in sicherer Flughöhe ausprobieren, wie sich das Flugzeug bei Leistungsänderung und Ausfahren der Landeklappen verhält. In dieser Konfiguration kann man dann in der Höhe (simulierte) Anflüge üben. Danach wird man sich bestimmt mit sehr viel mehr Ruhe und Gelassenheit an den richtigen Anflug und die Landung wagen.

Die Änderung der Leistung, das Ausfahren der Landeklappen und das Bedienen der Trimmung müssen fein dosiert erfolgen, damit sich die Fluglage nicht abrupt ändert und sich das Flugzeug nicht im Anflug aufschaukelt. Ziel ist ein möglichst stabiler Anflug in einem flachen Winkel. Je flacher der Anflugwinkel, desto einfacher wird die Landung sein.

Ist das Höhenruder blockiert, bleibt für die unmittelbare Steuerung um die Querachse nur die Höhentrimmung. In diesem Fall arbeitet die Trimmklappe wie ein Höhenruder, allerdings mit sehr viel geringerer Wirkung. Hecklastig trimmen entspricht nun einem Drücken am Höhensteuer, denn die Trimmklappe schlägt hierbei nach unten aus. Kopflastig trimmen entspricht einem Ziehen am Höhensteuer (siehe Abbildung 47).

Das besondere Problem wird die Landung sein, bei der das Flugzeug über der Landebahn mit dem Höhenruder abzufangen ist. Die Gefahr besteht darin, daß das Flugzeug zuerst mit dem Bugrad aufsetzt. Deshalb führt man das Flugzeug mit einer nur sehr geringen Sinkrate an die Landebahn heran und hält mit Hilfe der Trimmung und der Motorleistung das Bugrad über der Bahn: Also auch beim Ausschweben etwas Motorleistung stehen lassen und erst nach dem Aufsetzen des Hauptfahrwerkes die Leistung auf Leerlauf zurücknehmen. Diese Landetechnik wird bestimmt mehr Landestrecke als unter Normalbedingungen erfordern.

Verfügt der Zielflugplatz nur über eine kurze Landebahn oder lassen Hindernisse im Anflug nur einen steilen Anflug zu, sollte man sich zur eigenen Sicherheit nicht scheuen, einen anderen Flugplatz mit besseren Bedingungen anzufliegen.

Informieren Sie vor der Landung über Funk die Luftaufsicht bzw. die Flugsicherung über Ihr Problem, damit im Ernstfall schnell Hilfe zur Stelle ist.

Abb. 47 (nächste Seite):
Wirkung der Höhenrudertrimmung bei Ausfall der Höhensteuerung.

Höhensteuerung ausgefallen, Höhenruder nicht blockiert

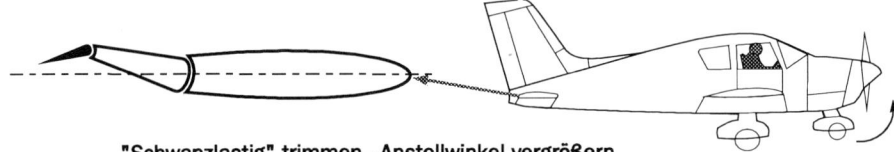

"Schwanzlastig" trimmen - Anstellwinkel vergrößern

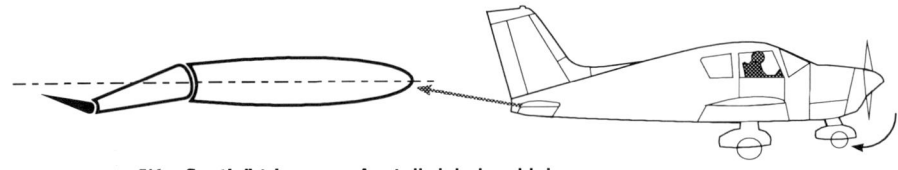

"Kopflastig" trimmen - Anstellwinkel verkleinern

Höhensteuerung ausgefallen, Höhenruder blockiert; Trimmruder "übernimmt" Aufgabe des Höhenruders.

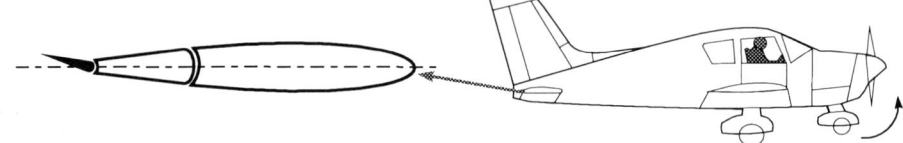

"Kopflastig" trimmen - Anstellwinkel vergrößern

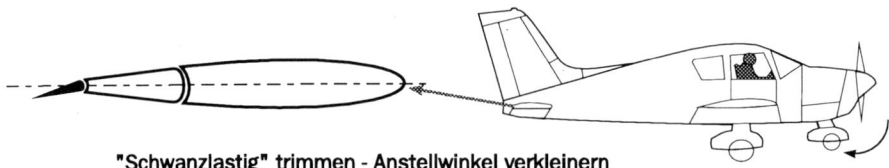

"Schwanzlastig" trimmen - Anstellwinkel verkleinern

Ausfall der Landeklappen

Ein Anflug ohne ausgefahrene Landeklappen ist nicht besonders kritisch. Zu beachten ist die geringfügig höhere Anfluggeschwindigkeit bzw. die höhere Überziehgeschwindigkeit. Auf dem Fahrtmesser ist die Überziehgeschwindigkeit für eingefahrene Klappen durch den Beginn des grünen Bogens markiert. Daraus resultiert ein größerer Kurvenradius, eine größere Sinkrate (läßt sich durch einen flacheren Anflug vermeiden) und eine längere Landestrecke. Leider enthalten die meisten Flughandbücher einmotoriger Flugzeuge keine Angaben über die Länge der Landestrekke bei einer Landung mit 0°-Landeklappenstellung.

Bei einer Landung ohne ausgefahrene Landeklappen tendieren viele Flugzeuge dazu, lange auszuschweben. Man sollte nun nicht versuchen, dieses Ausschweben zu früh zu beenden und das Flugzeug zum Aufsetzen auf die Bahn zwingen. Auf jeden Fall darf bei Ausfall der Landeklappen auf einer kurzen Bahn nicht gelandet werden.

Zusammenfassung

Ausfall des Seitenruders:
- Kurven bzw. Kursänderungen nur mit dem Querruder durchführen.
- Landung mit starkem Seitenwind vermeiden, eventuell anderen Flugplatz mit geringem Seitenwind anfliegen.

Ausfall der Querruder:
- Kurven bzw. Kursänderungen mit dem Seitenruder steuern.

Ausfall des Höhenruders:
- Steuerung um die Querachse mit Höhenrudertrimmung.
- Achtung: Blockiert das Höhenruder, kehrt sich die Wirkung der Höhenrudertrimmung um.
- Anflug möglichst flach durchführen (geringe Sinkrate), dabei Anflug mit Höhenrudertrimmung und Motorleistung steuern.
- In der "Anflugkonfiguration" Landung durchführen.

Ausfall der Landeklappen:
- Anflug erfolgt mit höherer Geschwindigkeit.
- Größeren Kurvenradius (Platzrunde), höhere Sinkrate und größere Landestrecke beachten.

Eine sorgfältige Vorflugkontrolle schützt vor Ausfall von Rudern und Klappen.

Ausfall von Instrumenten

Geht man in Gedanken jedes Instrument im Cockpit durch und fragt sich, was bei einem Ausfall passiert, so wird man feststellen, daß dies bei einzelnen Instrumenten in den meisten Fällen nicht besonders gefährlich ist. Die sichere Führung des Flugzeuges wird unter Sichtflugwetterbedingungen kaum beeinträchtigt.

Selbstverständlich ist es unangenehm, wenn z.B. die Tankanzeige ausfällt. Aber jeder Pilot hat gelernt, sich nicht allein auf die oft bei Kleinflugzeugen leider sehr ungenaue Tankanzeige zu verlassen. Er wird daher den Tankinhalt immer zusätzlich anhand der Flugzeit überwachen. Unter Sichtflugwetterbedingungen wird der Ausfall einzelner Fluglageinstrumente wie z.B. künstlicher Horizont oder Wendezeiger die Flugführung kaum gefährden.

Selbst der Ausfall des so wichtigen Höhenmessers läßt sich bei guter Sicht ohne größere Probleme verkraften. Bei schlechten Sichtverhältnissen oder bei einem Flug über Wolken aber kann der Ausfall des künstlichen Horizonts oder des Höhenmessers den Piloten in große Schwierigkeiten bringen.

Kritisch wird es, wenn der Fahrtmesser ausfällt. Ein Anflug ohne Kontrolle der Fluggeschwindigkeit ist schwierig und verlangt vom Piloten eine gehörige Portion Können.

Nicht immer wird man Ausfälle bzw. Störungen einzelner Instrumente sofort erkennen, denn die Anzeige geht in den seltensten Fällen schlagartig auf Null zurück oder zeigt einen unsinnigen Wert. Sind die statischen Druckentnahmeöffnungen z.B. durch Vereisung blockiert, werden die daran angeschlossenen Instrumente wie Fahrtmesser, Höhenmesser und Variometer weiterhin eine Anzeige liefern. Unter Umständen merkt der Pilot erst nach einer ganzen Weile, daß etwas nicht stimmt. Fällt die Unterdruckpumpe für die Kreiselgeräte aus, werden die Kreisel durch die hohe Drehzahl noch lange weiterdrehen und erst allmählich falsch anzeigen.

Die Kreisel in den Kreiselinstrumenten werden entweder durch ein Unterdrucksystem oder elektromechanisch angetrieben. In den meisten Kleinflugzeugen wird für den künstlichen Horizont und den Kurskreisel Unterdruck verwendet. Der Wendezeiger arbeitet elektrisch. Dadurch wird verhindert, daß bei einem Defekt der Unterdruckpumpe alle drei Instrumente gleichzeitig ausfallen. Auskunft über die Funktion der Unterdruckpumpe (engl. Suction Pump) gibt die Unterdruckanzeige (engl. Suction Gauge).

Wird ein geringerer als der im Flughandbuch angegebene und auf dem Instrument markierte Druckwert angezeigt, muß davon ausgegangen werden, daß die Unterdruckpumpe nicht einwandfrei arbeitet. Den Anzeigen des künstlichen Horizonts und des Kurskreisels kann man in diesem Fall nicht vertrauen.

Höhenmesser, Variometer und Fahrtmesser werden über statische Druckentnahmeöffnungen (engl. Static Port) am Flugzeug mit dem statischen Luftdruck versorgt, der Fahrtmesser zusätzlich über das Pitot- oder Staurohr mit dem Gesamtdruck. Bei der Vorflugkontrolle gilt den Druckentnahmeöffnungen das besondere Augenmerk des Piloten. Schmutzpartikel, aber auch Insekten können die Öffnungen verschließen und so Falschanzeigen oder gar den Totalausfall der Instrumente verursachen. Sehr leicht kann sich eine Biene in die relativ große Öffnung des Pitotrohres "verirren" und diese verstopfen. Nicht umsonst wird der gewissenhafte Pilot nach dem Abstellen des Flugzeuges das Pitotrohr mit einem Pitotrohrschutz versehen. Während eines Fluges unter Vereisungsbedingungen besteht die Gefahr, daß das Pitotrohr aufgrund seiner exponierten Lage schnell zufriert. Durch rechtzeitiges Einschalten der Pitotrohrheizung (engl. Pitot Heat) kann dies jedoch verhindert werden.

Am schnellsten bemerkt man den Ausfall des Fahrtmessers beim Start, wenn er trotz zunehmender Rollgeschwindigkeit erkennbar falsch anzeigt oder sogar auf Null stehenbleibt. Hier kann es nur eine Reaktion des Piloten geben: Startabbruch.

Während des Fluges ist der Ausfall der einzelnen Druckinstrumente nicht immer sofort zu erkennen. Zeigen alle drei Druckinstrumente falsch an, ist als Ursache eine Blockierung der statischen Druckentnahmeöffnungen zu vermuten. Das Problem läßt sich in den meisten Fällen dadurch beheben, daß man vorsichtig die Frontscheibe eines dieser drei Instrumente zerschlägt und damit den statischen Luftdruck der Flugzeugkabine auf die Instrumente einwirken läßt.

Man sollte allerdings nicht zu fest auf das Instrumentenglas einschlagen, um Skala und Zeiger nicht zu beschädigen. Am besten zerschlägt man die Scheibe des Variometers, da der Verlust dieses Instrumentes am ehesten hingenommen werden kann. Einige Flugzeuge verfügen bei blockierten statischen Druckentnahmeöffnungen über die Möglichkeit, den Druckinstrumenten über ein Leitungssystem den statischen Luftdruck der Flugzeugkabine zuzuführen. Der Schalter hierfür ist mit "Alternate Static" bezeichnet.

Die größten Probleme ergeben sich ohne Zweifel bei Ausfall des Fahrtmessers. Wie soll man ohne Fahrtmesseranzeige im Anflug die richtige Geschwindigkeit einhalten? Fliegt man zu langsam, gerät das Flugzeug in den überzogenen Flugzustand. Eine hohe Anfluggeschwindigkeit verlängert die Landestrecke, und es besteht die Gefahr, über die Landebahn hinauszurollen.

Fällt der Fahrtmesser während des Fluges aus und besteht kein zwingender Grund, sofort zu landen, sollte man erst einmal in Ruhe und in sicherer Höhe das Fliegen ohne Fahrtmesseranzeige üben. Man muß lernen, die Fluggeschwindigkeit anhand der eingestellten Triebwerksleistung und der Lage des Flugzeuges zum Horizont abzuschätzen.

Zuerst nimmt man im Horizontalflug die Triebwerksleistung auf Leerlauf zurück, geht in den Sinkflug über, fährt die Landeklappen aus und hebt langsam die Flugzeugnase, bis die Überziehwarnung ertönt. Diese Fluglage sollte man sich gut einprägen, denn im Anflug ist diese Konfiguration auf jeden Fall zu vermeiden.

Nun senkt man die Flugzeugnase, bis die Überziehwarnung nicht mehr anspricht, und erhöht die Triebwerksleistung so weit, bis sich eine Sinkflugrate wie im Endanflug einstellt (etwa 500 ft/min). Danach gibt man Vollgas, "startet durch" und wiederholt die Übung. Dabei merkt man sich die Triebwerkseinstellung, die Lage des Flugzeuges zum Horizont sowie die Anzeige am künstlichen Horizont. Nach einiger Zeit wird man feststellen, daß es durchaus möglich ist, das Flugzeug auch ohne Fahrtmesseranzeige bei geringer Geschwindigkeit sicher zu führen.

Vor dem Anflug ist es ratsam, die Luftaufsicht bzw. die Fluglotsen im Turm über
den Ausfall der Fahrtmesseranzeige zu
informieren, damit der Anflug ungestört
ablaufen und man sich voll auf die Führung des Flugzeuges konzentrieren kann.

Zusammenfassung

Ausfall von Druckinstrumenten:
(Ursache: Z.B. Verstopfung der Drucköffnungen
durch Schmutz oder Vereisung, Bruch der
Druckleitung usw.)

- Solange gute Sichtflugwetterbedingungen
  herrschen, hat der Ausfall einzelner Instrumente keine gravierenden Folgen - mit
  Ausnahme des Fahrtmessers.
- Wird der Ausfall des Fahrtmessers während
  des Startlaufs bemerkt, so sollte der Start
  abgebrochen werden.
- Bei einem Ausfall des Fahrtmessers während des Fluges muß versucht werden, anhand der Triebwerksleistungsinstrumente
  (Drehzahlmesser, Ladedruckmesser) und
  der Lage des Flugzeuges zum (künstlichen)
  Horizont die Fluggeschwindigkeit abzuschätzen. Aus Sicherheitsgründen sollte
  man eine lange Landebahn anfliegen.

Unzulässige Schwerpunktlage

Die meisten einmotorigen Flugzeuge sind
zwar mit vier Sitzplätzen und einem ge-
räumigen Gepäckraum ausgestattet, ein
Blick in das Flughandbuch zeigt aber, daß
die Sitze und auch der Gepäckraum nur
innerhalb bestimmter Grenzen genutzt
werden können.

Diese Grenzen beziehen sich nicht nur auf
das Gesamtgewicht des Flugzeuges, sondern auch auf die Lage des Schwerpunktes. Je nach Beladung (Kraftstoff, Passagiere, Gepäck) kann dieser um viele Zentimeter nach vorne oder nach hinten wan-
dern und damit die Flugeigenschaften erheblich verändern. Graphiken und Tabellen im Flughandbuch geben Aufschluß
darüber, wie weit sich der Schwerpunkt
maximal verschieben darf.

Wer sich mit diesen Graphiken einmal
näher beschäftigt, wird feststellen, daß die
Grenzen für die Schwerpunktverschiebung
sehr eng gefaßt sind. Obwohl man das zulässige Gesamtgewicht einhält, kann es
deswegen durchaus möglich sein, diese
Grenzen durch ungünstig verteilte Beladung zu überschreiten.

Der Schwerpunkt eines Flugzeuges ist die
Stelle, in der man sich das Gesamtgewicht
des Flugzeuges vereint vorstellen kann.
Bei den meisten einmotorigen Flugzeugen
liegt er im Bereich der vorderen Sitze
zwischen den Tragflächen. Die drei Achsen des Flugzeuges (Hoch-, Längs- und
Querachse) schneiden sich im Schwerpunkt. Er selbst wirkt als Drehpunkt.

Der an den Tragflächen wirkende Auftrieb
greift als Gesamtkraft in einem Punkt
(Druckpunkt) hinter dem Schwerpunkt an.

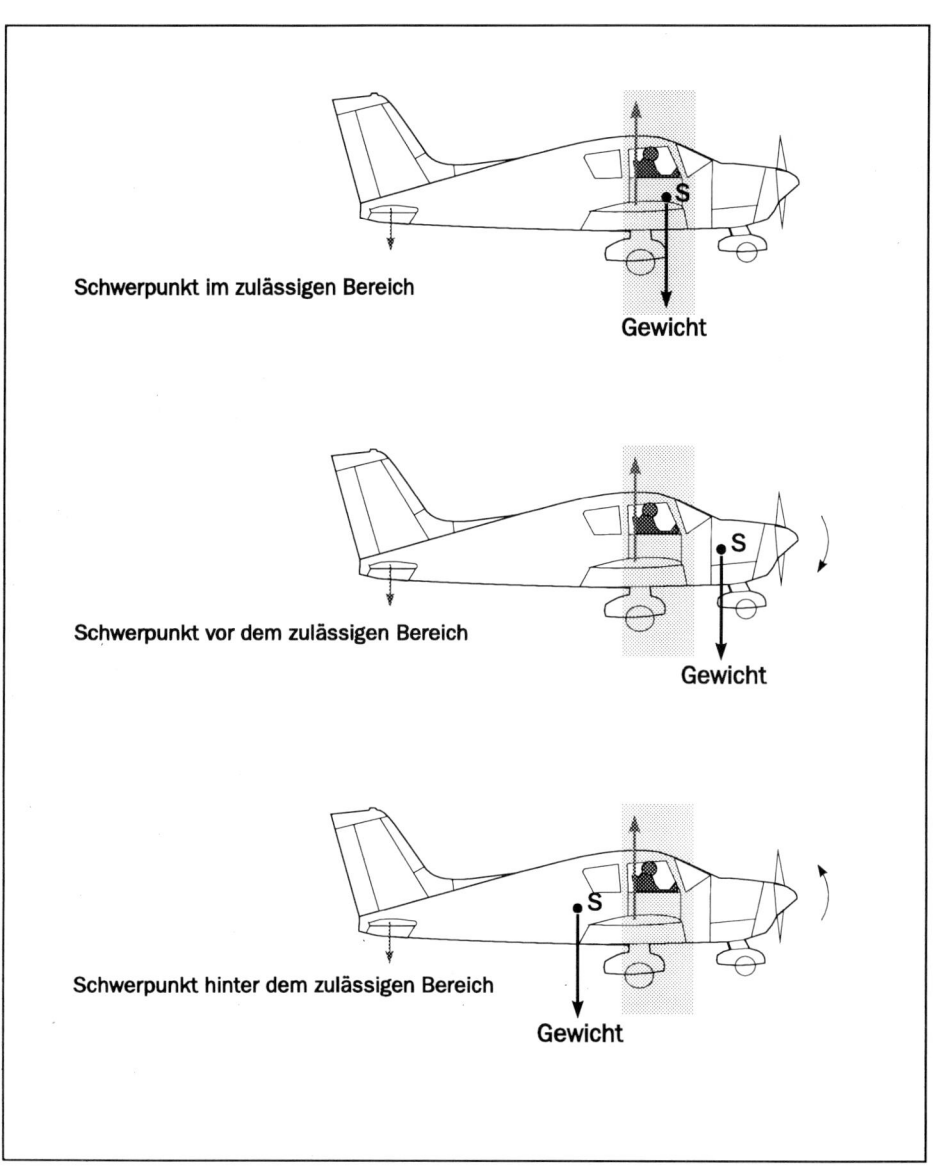

Schwerpunkt im zulässigen Bereich

Gewicht

Schwerpunkt vor dem zulässigen Bereich

Gewicht

Schwerpunkt hinter dem zulässigen Bereich

Gewicht

Abb. 48: Schwerpunktlage

Durch diese hintere Lage der Auftriebskraft entsteht ein Drehmoment um den Schwerpunkt bzw. um die Querachse, und das Flugzeug möchte nach vorne kippen. Der an dem Höhenleitwerk erzeugte Abtrieb wirkt diesem Kippmoment entgegen (Erzeugung eines schwanzlastigen Momentes) und hält so das Flugzeug in Balance. Auftrieb und Abtrieb stehen über den Abstand zum Schwerpunkt (Hebelarm) in unmittelbarer Beziehung. Verschiebt sich die Lage des Schwerpunktes, so ändert sich das Kippmoment, das nur mit Hilfe des Höhenleitwerkes ausgeglichen werden kann. Der Höhenflosse und dem Höhenruder kommen also eine wichtige Funktion für die Stabilität und Steuerung des Flugzeuges zu.

Wird das Flugzeug so beladen, daß der Schwerpunkt weit nach vorn rückt, dann ändern sich auch die Momente um den Schwerpunkt. Die Hebelarme der Auftriebskraft am Tragflügel und der Abtriebskraft am Höhenleitwerk werden zwar um dieselbe Länge vergrößert, das kopflastige Moment erhöht sich jedoch sehr viel stärker als das schwanzlastige Moment, d.h. das Flugzeug will um die Querachse nach vorn kippen: Das Flugzeug ist kopflastig.

Dieser kopflastigen Tendenz kann nur dadurch entgegengewirkt werden, daß die Abtriebskraft am Höhenleitwerk vergrößert wird. In der Praxis bedeutet das, daß mit nach oben ausgeschlagenem Höhenruder geflogen werden muß, um das Flugzeug in der Horizontalen zu halten.

Verschiebt sich aufgrund der Beladung der Schwerpunkt sehr weit nach hinten, tritt der umgekehrte Effekt ein: Das Flugzeug wird schwanzlastig und muß durch Drücken des Höhensteuers im Gleichgewicht gehalten werden. Verlagert sich der Schwerpunkt so weit nach hinten (z.B.

durch Verrutschen der Ladung), daß er hinter dem Auftriebsangriffspunkt (Druckpunkt) zu liegen kommt, hat das Flugzeug die Tendenz, den schon großen Anstellwinkel noch weiter zu vergrößern. Hier besteht die Gefahr, daß das Flugzeug instabil und damit nicht mehr steuerbar wird.

Veränderungen der Schwerpunktlage sind nur über das Höhenruder und in sehr geringem Maße über die Trimmung auszugleichen. Es läßt sich leicht einsehen, daß aufgrund der Konstruktion des Höhenleitwerkes der Momentenausgleich nur in einem begrenzten Umfang möglich ist. In jedem Flughandbuch ist die maximal zulässige vordere und hintere Schwerpunktlage genau definiert. Der Abstand zwischen diesen beiden Punkten beträgt bei vielen kleinen einmotorigen Flugzeugen etwa 30 cm. Innerhalb dieses definierten Bereichs lassen sich Änderungen der Schwerpunktlage durch das Höhenruder voll ausgleichen.

Verschiebt sich der Schwerpunkt über die zulässigen Grenzen hinaus, so reicht die Kraft des Höhenruders zum Ausgleich nicht mehr aus und die Steuerung um die Querachse wird eingeschränkt. Das Flugzeug ist dann im schlimmsten Fall nicht mehr steuerbar.

Eine extrem vordere Schwerpunktlage hat zur Folge, daß der Pilot ständig am Höhensteuer ziehen muß, um das Flugzeug im Horizontalflug zu halten. Der Anstellwinkel wird größer, und das Flugzeug überzieht schon bei einer höheren Geschwindigkeit. Das Abheben beim Start wird erschwert, wenn nicht sogar unmöglich, und das nachfolgende Steigen verschlechtert. Beim Landen kann nur noch unzureichend abgefangen werden, und möglicherweise setzt das Flugzeug mit dem Bugrad zuerst auf. Die Folge: Das

Bugrad bricht aufgrund der hohen Belastung ab oder wird zumindest beschädigt.

Bei unzulässiger rückwärtiger Schwerpunktlage zeigt das Flugzeug die Tendenz, sich aufzubäumen und den Anstellwinkel bis hin zum Überziehen stark zu vergrößern. Diese Tendenz ist besonders groß im Langsamflug, also vor allem bei Start und Landung. Beim Start hebt das Flugzeug u.U. zu früh ab und gerät - ehe der Pilot eingreifen kann - in einen überzogenen Flugzustand. Eine extrem rückwärtige Schwerpunktlage kann schließlich zum Flachtrudeln führen. Ohne Schwerpunktverlagerung ist es sehr schwer, diesen Zustand zu beenden. Das macht diese Situation besonders gefährlich.

Schwerpunktlagen außerhalb der zulässigen Grenzen verändern also die Flugeigenschaften in gefährlicher Weise. Bemerkt der Pilot bereits beim Startlauf, daß er ungewöhnlich stark am Höhensteuer drücken muß, um ein zu frühes Abheben zu verhindern, oder mehr als üblich das Höhensteuer ziehen muß, um das Flugzeug von der Bahn abzuheben, sollte er nach Möglichkeit den Start abbrechen. Eine falsche Schwerpunktlage läßt sich während des Fluges sehr schwer korrigieren. Stellen Sie sich vor, Sie müßten während des Fluges Passagiere umsetzen oder Gepäck aus dem hinteren Gepäckraum auf die vorderen Sitze umladen. In der engen Flugzeugkabine ist das ein sehr schweres Unterfangen.

Jeder Pilot wird wohl die einzelnen Gewichte (Leergewicht, Zuladung, maximales Startgewicht) seines Flugzeuges kennen und sich über die Verlagerung des Schwerpunktes bei unterschiedlicher Beladung im klaren sein. Im Zweifelsfall - besonders dann, wenn "gewichtige" Passagiere mitfliegen oder außergewöhnlich viel Gepäck geladen werden soll - muß er sich mit Hilfe der Beladungs- und Schwerpunktdiagramme im Flughandbuch überlegen, wo er welchen Passagier hinsetzt, ob überhaupt das gesamte Gepäck mitgenommen und wieviel Treibstoff schließlich noch getankt werden kann. Wie gesagt, die Grenzen für Gewicht und Schwerpunktlage sind gerade bei den kleinen Flugzeugen sehr schnell erreicht, und vielleicht muß man sich entschließen, mit einem Passagier weniger zu fliegen oder auf die Mitnahme von Gepäck zu verzichten.

Zusammenfassung

Jedes Flugzeug darf nur im Rahmen der festgelegten Gewichts- und Schwerpunktgrenzen betrieben werden. Liegt der Schwerpunkt des Flugzeuges außerhalb des zulässigen Bereichs, so verändern sich die Flugeigenschaften in gefährlicher Weise.

Unzulässige vordere Schwerpunktlage:
- Flugzeug ist stark kopflastig und kann nur durch Ziehen am Höhensteuer in der Balance gehalten werden.
- Beim Start ist das Abheben erschwert (dadurch längere Startstrecke).
- Beim Landen ist das Abfangen erschwert (Gefahr einer Bugradlandung).

Unzulässige hintere Schwerpunktlage:
- Flugzeug ist stark schwanzlastig und kann nur durch Drücken am Höhensteuer in der Balance gehalten werden.
- Beim Start hebt das Flugzeug zu früh ab (Überziehen beim Start).
- Beim Landeanflug (Langsamflug) und bei der Landung besteht Gefahr, in den überzogenen Flugzustand zu geraten.

Verschmutztes Flugzeug

Vielleicht haben Sie schon einmal den Spruch gehört: "Bei Dreck und Mist kein Start mehr ist". Er soll die Piloten daran erinnern, daß man mit einem verdreckten Flugzeug nicht nur der Schönheit wegen, sondern vor allem aus Sicherheitsgründen nicht fliegt. Schon im Kapitel 2 wurde darauf aufmerksam gemacht, daß beim Starten und Landen auf aufgeweichten oder mit Matsch bedeckten Bahnen das Flugzeug durch hochgeschleuderte Erde und Dreck verschmutzen kann. Die Folgen können u.a. verstopfte Druckentnahmeöffnungen und dadurch Anzeigefehler oder Ausfälle der Druckinstrumente sein.

Sind die Tragflächen stark verschmutzt und hat sich z.B. Schlamm an den Tragflächenvorderkanten festgesetzt, kann dadurch die Strömung an den Tragflächen so ungünstig beeinflußt werden, daß sich das Überziehverhalten des Flugzeuges ändert und die Überziehgeschwindigkeit ansteigt. Ganz abgesehen davon nimmt auch der aerodynamische Widerstand des Flugzeuges zu. Ein so arg verschmutztes Flugzeug muß vor dem nächsten Flug erst einmal gründlich gereinigt werden. Überhaupt gehört zur Flugzeugpflege die regelmäßige Komplettwäsche.

Das Flugzeug kann aber auch im Fluge verschmutzen. Vor allem an warmen Sommertagen ist es dem Zusammenprall mit Tausenden von Insekten ausgesetzt, die sich an den Vorderkanten der Tragflächen, der Motorhaube, den Propellern und der Frontscheibe festsetzen. Eine mit toten Insekten übersäte Frontscheibe beeinträchtigt die Luftraumbeobachtung und kann eine ernsthafte Gefahr sein. Sie fliegen ja nach dem Grundsatz "sehen und gesehen werden", d.h., Sie müssen andere Luftfahrzeuge rechzeitig erkennen und ihnen ausweichen. Gerade das aber wird durch eine verschmutzte Frontscheibe erheblich erschwert. Für Luftfahrer wie auch für Autofahrer gilt: Klare Sicht durch saubere Scheiben. Ein kleinerer Eimer mit Schwamm, Leder und ein mildes Fensterreinigungsmittel (es eignet sich allerdings nicht jedes für Flugzeugfenster) gehört deswegen zur Bordausrüstung, um bei Zwischenstops die Scheiben gründlich zu reinigen.

Zusammenfassung

Folgen von Schmutz am Flugzeug:
- Verstopfung der Öffnungen für die Druckentnahme,
- Veränderung des Überziehverhaltens und
- Sichtbeeinträchtigung.

Fliegen Sie nur mit einem sauberen Flugzeug!

Störungen in der elektrischen Anlage

In jedem Flugzeug werden heute viele Systeme mit elektrischer Energie angetrieben. Selbst bei kleinen einmotorigen Flugzeugen lassen sich leicht 15 bis 20 Geräte aufzählen, die mit elektrischem Strom arbeiten wie z.B.:

- Elektrische Kraftstoffpumpe
- Elektrischer Landeklappenmotor
- Flugstundenzähler
- Funknavigationsgeräte (ADF, VOR)
- Instrumentenbeleuchtung
- Kabinenbeleuchtung
- Landescheinwerfer
- Öltemperaturanzeige
- Positionslampen
- Sprechfunkgerät
- Staurohrheizung
- Tankanzeige
- Transponder
- Überziehwarnanlage
- Wendezeiger
- Zigarettenanzünder
- Zusammenstoßwarnlicht
- Zylinderkopftemperaturanzeige

Alle elektrischen Verbraucher werden von einem Generator (engl. Generator, Alternator) über das elektrische Bordnetz mit Strom versorgt. Störungen in der Stromversorgung oder im Bordnetz können zum Ausfall eines, mehrerer oder im schlimmsten Fall aller elektrisch betriebenen Instrumente und Geräte führen. Die Auswirkungen eines solchen Ausfalls sind verschieden. Der Ausfall der Instrumentenbeleuchtung z.B. ist tagsüber belanglos, während eines Nachtfluges aber ein ernsthaftes Problem. Auch eine ausgefallene VOR-Bordanlage ist bei guten Sichtflugwetterbedingungen zu verkraften, bei einem Flug über Wolken dagegen nicht.

Ausgesprochen unangenehm wird wohl jeder Pilot den Ausfall des Sprechfunkgerätes empfinden, aber selbst dies ist unter Sichtflugwetterbedingungen in keiner Weise sicherheitsrelevant.

Ein elektrisches System fällt zum Glück nicht aus, selbst wenn das gesamte Bordnetz zusammenbricht: Die Zündung. Sie arbeitet bekanntlich aus Sicherheitsgründen als Magnetzündung unabhängig vom Bordnetz, d.h. der Motor läuft auch bei Ausfall der Stromversorgung weiter.

Generatorausfall

Der Ausfall des Generators kann verschiedene mechanische oder elektrische Ursachen haben. Eine davon kann eine kurzzeitige Überspannung (zu hohe Spannung) sein. Der Generator ist davor durch ein Relais geschützt, das ihn bei einer Überspannung von der Stromzufuhr zur Generatorfeldwicklung trennt und damit automatisch abschaltet. Vom Cockpit aus kann man nicht erkennen, um welche Art der Störung es sich handelt. Das Amperemeter am Instrumentenbrett zeigt lediglich an, ob der Batterie Strom zugeführt oder entnommen wird.

Durch Ausschalten und anschließendes Einschalten des Generators kann man das Überspannungsrelais zurückstellen und so versuchen, ihn wieder in Betrieb zu setzen. War die Ursache nur eine kurzfristige Überspannung, wird das Amperemeter zu einer normalen Anzeige zurückkehren: Die elektrische Störung ist behoben. Zeigt das Amperemeter allerdings weiterhin an, daß der Generator nicht arbeitet und der Batterie Strom entnommen wird, dann liegt offenbar eine andere Störung vor. In diesem Fall sollte der meistens mit GEN oder ALT bezeichnete Generatorschalter auf

AUS gestellt werden. Damit ist der Generator vom Bordnetz getrennt.

Bei einem Generatorausfall bricht nun nicht gleich die gesamte Stromversorgung im Flugzeug zusammen. Unter Umständen merkt der Pilot den Ausfall nicht einmal sofort, denn in diesem Fall springt automatisch die Bordbatterie als Ersatzstromquelle ein. Da die Batterie aber nur eine begrenzte Leistungsdauer hat, ist nun ein sparsamer Umgang mit der elektrischen Energie erforderlich. Ist schließlich auch die Leistung der Batterie erschöpft, dann "geht" elektrisch nichts mehr. Aber so weit darf es nicht kommen. Bei einem Generatorausfall sollte man also alle nicht erforderlichen elektrischen Geräte - vor allem die mit hohem Stromverbrauch - ausschalten und so bald wie möglich landen.

Wissen muß man natürlich, welche Geräte das Bordnetz stark und welche es weniger stark belasten. Am besten kann man das bei einem Flugzeug mit gut geladener Batterie und abgestelltem Motor ausprobieren. Man schaltet den Batterieschalter (Beschriftung BAT) und anschließend kurz die jeweiligen Verbraucher ein. Dabei beobachtet man das Amperemeter. Beim Sprechfunkgerät wird der Ausschlag sehr gering, beim Landescheinwerfer dagegen groß sein. Alles, was mit Wärme und Licht zu tun hat, zählt zu den elektrischen Großverbrauchern. Messinstrumente, Sprechfunkgerät und Funknavigationsgeräte hingegen sind sehr sparsam. Muß man mit elektrischer Energie haushalten, lohnt es sich, eher Licht- und Heizgeräte (z.B. Landescheinwerfer, Zusammenstoßwarnlicht, Staurohrheizung) als z.B. das Sprechfunkgerät auszuschalten. Aber selbst hier kann man sparen, wenn das Gerät nur kurzzeitig zum Sprechen und Empfangen eingeschaltet wird. Das geht natürlich nicht so ohne weiteres bei einem Flug, für den

ständige Hörbereitschaft vorgeschrieben ist. Man kann aber dem Fluglotsen das Problem schildern und z.B. vereinbaren, das Gerät nur zu bestimmten Zeiten einzuschalten. Übrigens: Mit abnehmender elektrischer Energie nimmt auch die Sende- und Empfangsreichweite des Sprechfunkgerätes ab.

Ob der Generator ausgefallen ist oder eine andere elektrische Störung im Bordnetz vorliegt, ist für den Piloten sehr schwer zu beurteilen, denn er hat meist nur ein Instrument zur Überwachung der Stromversorgung im Flugzeug: Das Amperemeter zur Anzeige der Stromstärke. Leider gibt es davon verschiedene Ausführungen. Jeder Pilot sollte sich anhand des Flughandbuches informieren, was das Amperemeter in seinem Flugzeug anzeigt. Bei einem Gerätetyp beginnt die Skala mit Null, und es wird nur die elektrische Belastung des Generators in Ampere angezeigt, jedoch nicht der Batterieentladestrom. Bei Generatorausfall geht die Anzeige auf Null zurück. Ein anderes Gerät hat in der Skalenmitte die Nullstelle, und der Zeiger zeigt in eine Richtung (Plus-Bereich) den Ladestrom vom Generator zur Batterie an, in die andere (Minus-Bereich) die Stromentnahme von der Batterie bei Generatorausfall.

Manche Flugzeuge sind zusätzlich mit einer Unterspannungswarnleuchte ausgerüstet. Sobald durch starke Belastung des Bordnetzes die Netzspannung unter den normalen Wert abfällt (wie z.B. bei Generatorausfall), leuchtet diese Lampe auf.

Sicherungen

Ähnlich wie im Haushalt oder im Auto werden auch im Flugzeug die elektrischen Stromkreise bzw. die elektrischen Geräte durch Sicherungen geschützt. Sie sind am Instrumentenbrett gut zugänglich angebracht und sorgfältig beschriftet, damit man weiß, welche Sicherung welches Gerät absichert. Meistens verwendet man automatische Sicherungen, in seltenen Fällen (vor allem bei älteren Flugzeugen) auch Schmelzsicherungen.

Fällt ein Gerät aus, so empfiehlt es sich, zunächst die entsprechende Sicherung zu untersuchen. Die Schmelzsicherung kann man durch Drehen der Kappe um ca. 90 Grad bei gleichzeitigem leichten Hineindrücken herausnehmen. Man findet ein Glasröhrchen mit zwei Metallkappen, dessen innen verlaufender Draht nicht unterbrochen sein darf. In einem gepflegten Flugzeug wird man passende Ersatzsicherungen finden. Ist kein Ersatz vorhanden, kann man einem nicht benötigten Stromkreis die Sicherung entnehmen. Schmilzt die Austauschsicherung wieder durch, ist das Gerät oder eine Leitung defekt, und weitere Versuche sind zwecklos.

Automatische Sicherungen erkennt man an einem herausstehenden Kopf. Da diese Sicherungen thermisch arbeiten, sollten nach dem Herausspringen mindestens 2 bis 3 Minuten vergehen, bis man sie wieder eindrückt. Sonst werden die Sicherungsautomaten beschädigt und man stellt durch Verschmelzung von Kontakten erst recht eine nicht mehr trennbare Stromverbindung her. Springt die Sicherung noch einmal heraus, kann ein Schaden angenommen werden. Dieser Stromkreis muß dann unterbrochen bleiben.

Einige Flugzeuge sind mit einem sogenannten Avionik-Schalter ausgestattet, mit dem zentral die Avionik (z.B. Funknavigationsgeräte, Sprechfunkgerät, Transponder usw.) aus- oder eingeschaltet wird. Er dient zusätzlich als Schutzschalter. Öffnet eine Störung den Schutzschalter, wird der elektrische Strom zu den Avionikgeräten unterbrochen, und der Schalter kippt automatisch in Stellung AUS. In diesem Fall muß der Schalter (wie eine automatische Sicherung) etwa 2 bis 3 Minuten zur Abkühlung ausgeschaltet bleiben.

Zusammenfassung

Bei Generatorausfall:
- Generatorschalter auf AUS stellen.
- Nicht unbedingt erforderliche elektrische Geräte ausschalten.
- Flug so bald wie möglich beenden.

Beim Herausspringen einer automatischen Sicherung 2 bis 3 Minuten warten, bis man sie wieder eindrückt. Springt sie erneut heraus, **nicht** wieder eindrücken.

Beachten Sie die detaillierten Angaben über "Störungen in der Stromversorgung" im Flughandbuch.

Öldruckabfall

Ohne ausreichende Ölschmierung läuft kein Automotor und auch kein Flugzeugmotor. Nicht umsonst prüft der Pilot daher vor jedem Flug den Ölstand und füllt ggf. Öl nach. Ein ölverschmutzter Motor oder sichtbar aus dem Motor tropfendes Öl sind durchaus Gründe, den Flug nicht anzutreten.

Im Cockpit geben zwei Instrumente Auskunft über den Zustand des Öl-Schmiersystems: Die Öldruck- und die Öltemperaturanzeige. Unmittelbar nach dem Anlassen des Motors muß sich der Öldruck aufbauen und die Öldruckanzeige in den grünen Bereich gehen. Ist das nicht der Fall, muß der Motor sofort wieder abgestellt werden. Nur so kann man verhindern, daß es zu einem "Kolbenfresser" und damit im schlimmsten Fall zu einem Totalschaden des Motors kommt. Auf keinen Fall sollte der Motor noch einmal gestartet werden. Am besten holt man einen Flugzeugtechniker zu Hilfe oder zieht das Flugzeug in eine (hoffentlich nahegelegene) Werft.

Geht während des Fluges die Öldruckanzeige auf Null zurück und steigt gleichzeitig die Öltemperatur (und auch die Zylinderkopftemperatur) an, ist das Grund genug, einen bevorstehenden Triebwerksausfall zu vermuten. Vielleicht ist die Ölpumpe defekt, der Ölkühler verstopft oder der Ölstand zu gering. Vom Cockpit aus ist das jetzt nicht festzustellen. Man muß damit rechnen, daß das Triebwerk ohne Öldruck nur noch wenige Minuten läuft.

Unter Umständen blockiert der Motor ruckartig, und es besteht die Gefahr, daß er dabei aus der Verankerung gerissen wird. Man sollte also so weit wie möglich die Triebwerksleistung reduzieren und sofort eine Sicherheitslandung auf dem nächstgelegenen geeigneten Gelände durchführen.

Zeigt die Öldruckanzeige einen zu niedrigen Druck, die Öltemperaturanzeige aber eine normale Temperatur, deutet dies auf eine Störung des Öldruckmessers oder des Öldruckventils hin. Eine akute Gefahr besteht offenbar nicht. Dennoch sollte man die Öltemperaturanzeige weiterhin sorgfältig beobachten, auf dem nächsten Flugplatz landen und die Ursache der Störung untersuchen lassen.

Zusammenfassung

- Öldruckabfall und gleichzeitig steigende Öltemperatur deuten auf einen eventuell bevorstehenden Triebwerksausfall hin. Deshalb: Triebwerksleistung reduzieren und sofort Sicherheitslandung durchführen.

Triebwerksausfall

Dank dem hohen Stand der Technik und der in der Luftfahrt vorgeschriebenen Kontrollen fällt ein Triebwerk wegen technischer Mängel nur sehr selten aus. Die meisten registrierten Triebwerksausfälle sind unter der Rubrik "menschliches Versagen" einzuordnen. Ursachen für Triebwerksausfälle sind u.a. Kraftstoffmangel, falsche Bedienung des Tankwahlschalters oder des Gemischreglers, Vergaservereisung, Ölverlust und Wasser im Tank.

Wer vor jedem Flug eine gründliche Vorflugkontrolle durchführt, vor dem Start den Motor überprüft, den Motor und das Tanksystem nach den Anweisungen im Flughandbuch bedient, immer auf eine ausreichende Kraftstoffmenge achtet und während des Fluges in regelmäßigen Abständen die Triebwerksüberwachungsinstrumente und Tankanzeigen kontrolliert, hat sehr gute Chancen, nie mit einem Triebwerksausfall konfrontiert zu werden.

Nur selten bleibt ein Triebwerk plötzlich stehen. Meist kündigt sich der Triebwerksausfall schon lange vorher an. Rauher Motorlauf, Motorstottern, ungewohnte Geräusche des Motors, plötzlich auftretende Vibrationen, starker Leistungsabfall, eine zu hohe Öl- oder Zylinderkopftemperatur, Abfall des Kraftstoffdruckes, eine auf Null gehende Tankanzeige - all das kann auf einen sich anbahnenden Triebwerksausfall hinweisen. Kann man die Ursache der Störung (z.B. falsche Gemischeinstellung, Vergaservereisung o.ä.) nicht finden bzw. die Störung nicht beheben, sollte man den Flug möglichst bald beenden und nicht warten, bis das Triebwerk stehenbleibt.

Vielleicht muß man sich sogar zu einer Sicherheitslandung weit weg vom nächsten Flugplatz entscheiden. Aber besser ist eine Landung mit (noch) laufendem Motor und der Möglichkeit, das Landegebiet auswählen zu können, als eine durch Motorausfall erzwungene Landung irgendwo im Gelände.

Fällt das Triebwerk während des Fluges plötzlich aus, wird man bestimmt versuchen, es wieder anzulassen und - wenn es die Zeit erlaubt - nach der Ursache für den Ausfall suchen. Viele Möglichkeiten hat man allerdings nicht, vom Cockpit aus die Ursache zu finden, wenn das Triebwerk erst einmal steht. Einen technischen Defekt, selbst wenn man ihn entdeckt hat, wird man kaum beheben können. Bei Vergaservereisung als Ursache hilft auch das Ziehen der Vergaservorwärmung nicht mehr. Dafür ist es dann zu spät.

Meistens fällt ein Triebwerk aus, weil der Kraftstoffdurchfluß unterbrochen ist. Der erste Blick des Piloten gilt daher der Tankanzeige und der Tankschaltung: Auf volleren Tank schalten, Gemischhebel auf REICH stellen und (falls das Flugzeug damit ausgerüstet ist) elektrische Kraftstoffpumpe einschalten. Ist das Triebwerk wegen kurzzeitigen Kraftstoffmangels stehengeblieben, wird es nach einigen Sekunden wieder anspringen - entweder von allein durch den sich im Fahrtwind drehenden Propeller oder durch Betätigung des Anlassers.

Stellt man nun die elektrische Kraftstoffpumpe wieder ab und beobachtet gleichzeitig einen Abfall des Kraftstoffdruckes, liegt die Ursache sehr wahrscheinlich in einem Defekt der mechanischen Kraftstoffpumpe. In diesem Fall muß die elektrische Kraftstoffpumpe während des weiteren Fluges eingeschaltet bleiben. Aus Sicherheitsgründen sollte man aber möglichst bald landen.

Springt der Motor nicht wieder an, hat es keinen Zweck, noch lange zu experimentieren. Man muß sich mit dem Ausfall abfinden und die Notlandung vorbereiten - je eher desto besser.

Die Suche nach dem Grund für den Triebwerksausfall und der Versuch, das Triebwerk wieder anzulassen, brauchen Zeit. Das Flugzeug wird in dieser Zeit an Höhe verlieren, und der Spielraum für eine kontrollierte Notlandung wird immer mehr eingeengt. Was immer man auch macht, um den Triebwerksausfall zu beheben: Die Führung des Flugzeuges und eine sichere Fluggeschwindigkeit dürfen nicht vernachlässigt werden.

Bei einem Triebwerksausfall in geringer Höhe, z.B. kurz nach dem Start, bleibt kaum Zeit, die Störung zu beseitigen und das Triebwerk wieder anzulassen. Selbst wenn man die Ursache, z.B. eine falsche Tankschaltung, sofort entdeckt und das Triebwerk zum Laufen bringt, ist die Gefahr doch sehr groß, daß das Flugzeug inzwischen so viel Höhe verloren hat und es deswegen zu einer unkontrollierten Bodenberührung kommt. Es ist zwecklos, einen Triebwerksausfall unmittelbar nach dem Start beseitigen zu wollen - die Zeit ist zu knapp. Viel wichtiger ist es, sich auf die Kontrolle des Flugzeuges und auf die Notlandung zu konzentrieren (siehe hierzu Kapitel 7).

Das Thema "Triebwerksausfall" ist in jedem Flughandbuch ausführlich beschrieben. Es lohnt sich auf jeden Fall, sich die einzelnen Punkte genau einzuprägen und jeden Handgriff zu üben. Im Ernstfall wissen Sie dann genau, was zu tun ist.

Zusammenfassung

Bei Triebwerksausfall:
- Wiederanlassen des Triebwerks gemäß Anweisung im Flughandbuch versuchen, soweit es Zeit bzw. Flughöhe zulassen.
- Rechtzeitig zur Notlandung entschließen.

Gründliche Vorflugkontrolle, ausreichende Kraftstoffmenge, richtige Bedienung des Triebwerks und der Tankschaltung helfen, Ausfälle zu vermeiden.

Kraftstoffmangel

Menschen machen Fehler, und auch dem besten Piloten kann beim Fliegen ein Fehler unterlaufen. Jeder Pilot wird aber bestimmt mit voller Überzeugung von sich behaupten, daß ihm *dieser* Fehler nicht passieren wird: Fliegen bis die Kraftstofftänks leer sind und der Motor stehen bleibt. Und doch verzeichnet die Unfallstatistik jedes Jahr mehrere Notlandungen bzw. Abstürze durch Kraftstoffmangel. Die Gründe hierfür sind unterschiedlich: Fehlerhafte Tankanzeige, mangelhafte Kraftstoffbedarfsrechnung, falsche Bedienung der Tankschaltung oder Fliegen nach dem Motto "Der Sprit wird schon reichen!".

Selbstverständlich kann man sich gegen Kraftstoffmangel schützen, indem man vor jedem Flug den Kraftstoffbedarf berechnet und den Kraftstoffvorrat prüft. Das Flughandbuch liefert die notwendigen Daten für die Kraftstoffbedarfsrechnung: Kraftstoffverbrauch pro Stunde abhängig von Motorleistung und Flughöhe, für Steigflug und Reiseflug. Dabei ist zu beachten, daß die angegebenen Werte unter Idealbedingungen ermittelt worden sind. Es ist daher ratsam, lieber einen höheren Kraftstoffverbrauch als einen zu niedrigen anzunehmen.

Grundlage der Kraftstoffbedarfsrechnung ist die voraussichtliche Gesamtflugzeit. In der Verkehrsluftfahrt ist vorgeschrieben, zusätzlich zum Streckenbedarf genügend Kraftstoff für den Flug zum Ausweichflugplatz und für das Fliegen von Warteschleifen mitzunehmen.

Für den Privatpiloten gibt es eine derartige Regelung nicht. Es wäre aber fatal, einen Flug ohne jegliche Kraftstoffreserve zu planen. Das Luftfahrt-Bundesamt empfiehlt, grundsätzlich eine Kraftstoffreserve für eine Flugzeit von mindestens 30 Minuten mitzuführen.

Kraftstoffberechnung P22		Flugzeit	Kraftstoff (l)
Reiseflug (Startort - Landeort) P23		01 : 09	65
Zuschlag,	Anlassen, Rollen P24	: 08	8
	Steigflug P25	: 07	8
An- und Abflug (mind. 10 min.)		: 10	10
Ausweichflugplatz P20		: 15	15
Reserve (mind. 30 min.)		: 30	29
Mindest-Kraftstoffbedarf		02 : 19	135
Extra-Kraftstoff		: 33	32
Kraftstoff-Vorrat P26		max 02 : 52	167
Sichere Flugzeit P27 (= max. Flugzeit minus 30 min.)		02 : 22	✕

Abb. 49: So sieht eine ordentliche Kraftstoffberechnung aus (aus fsm 1/87).

Leider arbeiten die Kraftstoffanzeigen in Leichtflugzeugen sehr ungenau und zeigen nicht exakt den tatsächlichen Tankinhalt an. Es ist daher unerläßlich, daß der Pilot vor jedem Flug die Tankverschlüsse abschraubt und den Füllstand persönlich überprüft. Wird das Flugzeug betankt, sollte der Pilot parallel kontrollieren, daß die Menge tatsächlich ausreicht. Wenn vollgetankt werden soll, ist darauf zu achten, daß nicht schon beim ersten Abstellen der Zapfpistole das Tanken abgebrochen wird. Bei manchen Flugzeugmustern können dabei noch bis zu 50 Liter (!) je Tank fehlen.

Natürlich muß der Kraftstoffvorrat bzw. der Kraftstoffverbrauch auch während des Fluges überwacht werden. Es gibt viele Gründe, die dazu führen, daß ein Flug länger dauert und dabei mehr Kraftstoff verbraucht wird als geplant. Bei einem mehrstündigen Langstreckenflug kann sich z.B. die Flugzeit durch Gegenwind erheblich verlängern. Schlechtes Wetter kann zu so großen Umwegen zwingen, daß der Treibstoff nicht mehr ausreicht. Der Entschluß zu einer Zwischenlandung zum Nachtanken muß dann rechtzeitig gefaßt werden.

Auch falsche Bedienung der Tankschaltung im Cockpit kann zu Kraftstoffmangel führen. Vergißt man, rechtzeitig auf den anderen Tank umzuschalten, fliegt man einen Tank leer, und der Motor bleibt stehen.

Leider sind Kraftstoffanlagen und Tankschaltungen in Flugzeugen unterschiedlich gebaut. Zum Vertrautmachen mit einem neuen Flugzeug gehört daher auch das sorgfältige Studium des entsprechenden Kapitels im Flughandbuch.

Zusammenfassung

Kraftstoffmangel kann man vermeiden:
- Führen Sie eine Kraftstoffbedarfsrechnung vor jedem Flug durch.
- Kontrollieren Sie persönlich den Kraftstoffvorrat vor dem Start.
- Kontrollieren Sie den Kraftstoffvorrat während des Fluges.
- Entschließen Sie sich rechtzeitig zu einer Zwischenlandung zum Nachtanken.
- Machen Sie sich mit der Funktionsweise der Kraftstoffanlage Ihres Flugzeuges vertraut.

Triebwerksbrand

Ein brennendes Flugzeug, und das noch während des Fluges, ist bestimmt für jeden Piloten eine furchtbare Vorstellung. Unter den wenigen Flugzeugbränden, die in der Luftfahrt vorkommen, rangiert an erster Stelle der Triebwerksbrand (engl. Engine Fire). Äußerst selten wird ein Feuer in der Flugzeugkabine z.B. durch einen Kabelbrand oder einen unachtsamen, rauchenden Flugzeuginsassen ausgelöst.

Feuer an Bord verlangt sofortiges Handeln des Piloten. Die Gefahr, daß es sich ausbreitet und größere Teile des Flugzeuges erfaßt, besteht grundsätzlich bei jedem Flugzeugbrand.

Ein Motorbrand während des Fluges läßt sich häufig durch Unterbrechen der Kraftstoffzufuhr stoppen. Beim ersten Anzeichen eines Motorbrandes muß daher der Tankwahlschalter auf AUS (falls Brandhahn: auf ZU) gestellt, der Gashebel geschlossen, der Gemischhebel in Schnellstop-Stellung gebracht und (soweit vorhanden) die elektrische Kraftstoffpumpe abgestellt werden.

In welcher Reihenfolge die einzelnen Schalter und Hebel zu bedienen sind, variiert von Flugzeugtyp zu Flugzeugtyp. Die richtige Reihenfolge ist im entsprechenden Flughandbuch zu finden. Wichtig ist, daß kein Kraftstoff mehr zum Motor fließen kann, und die Verbindung zwischen Motor und Tank unterbrochen ist.

Nachdem die Kraftstoffzufuhr und der Motor abgestellt sind, sollte auch die elektrische Anlage weitgehend stillgelegt werden. Den Hauptschalter wird man wohl noch nicht ausschalten können, denn es wird weiterhin Strom für das Funkgerät

(Absetzen der Notmeldung) und das Ausfahren der Landeklappen benötigt.

Schließlich ist zu überprüfen, ob die Kabinenheizung ausgeschaltet ist. Sehr leicht können bei eingeschalteter Kabinenheizung Rauch oder giftige Gase in die Flugzeugkabine gelangen und die Flugzeuginsassen zusätzlich gefährden.

Ist das Feuer erloschen, darf man auf keinen Fall versuchen, den Motor wieder anzulassen. Was immer den Triebwerksbrand ausgelöst haben mag: Die Gefahr, daß beim Wiederanlassen das Feuer erneut ausbricht, ist sehr groß. Da keine andere Wahl bleibt, muß man sich auf eine Notlandung mit stehendem Triebwerk einrichten.

Brennt das Feuer trotz aller Maßnahmen weiter, kann eventuell ein Seitengleitflug (Slip) helfen, die Flammen von der Flugzeugkabine fernzuhalten. Unter Umständen gelingt es, durch einen Gleitflug mit erhöhter Geschwindigkeit das Feuer "auszublasen". Einige Flughandbücher geben hierzu sogar genaue Geschwindigkeitswerte an.

Ob für alle diese Maßnahmen genügend Zeit bleibt, hängt entscheidend von der Flughöhe ab. Bei allen Bemühungen, den Motorbrand unter Kontrolle zu bringen, darf man nicht vergessen, daß eine Notlandung unausweichlich ist und man sich rechtzeitig nach einem geeigneten Notlandegelände umschauen muß.

Zu einem Motorbrand kann es auch am Boden beim Anlassen des Motors kommen. Vor allem in der kalten Jahreszeit ist man versucht, durch reichliches Einspritzen von Kraftstoff den Motor in Gang zu bringen. Ein Flammenrückschlag im Motor kann dabei den im Ansaugrohr und im Vergaser angesammelten Kraftstoff entzünden und einen Brand auslösen.

Es wäre nun falsch, beim ersten Anzeichen von Feuer sofort den Feuerlöscher (falls überhaupt vorhanden) zu ergreifen und den Brand von außen zu bekämpfen. Wichtig ist auch hier, die Kraftstoffzufuhr zu unterbrechen und vom Cockpit aus zu versuchen, den Brand zu stoppen. Läuft der Motor, sollte man Vollgas geben, damit der im Schwimmergehäuse des Vergasers befindliche Kraftstoff schnell verbrennt bzw. die Flammen und der angesammelte Kraftstoff durch den Vergaser in das Triebwerk gesaugt werden. Läuft das Triebwerk nicht, läßt man bei geöffneter Drosselklappe (Gashebel auf "Vollgas") den Anlasser ein paar Sekunden weiter durchdrehen. In der Regel wird das Feuer schnell erlöschen. Anschließend sind Zündung und Hauptschalter auszuschalten und das Flugzeug schnell zu verlassen. Das Flughandbuch enthält im allgemeinen detaillierte Angaben, wie man sich bei einem Vergaserbrand zu verhalten hat. Es lohnt sich (gerade vor Flügen in der kalten Jahreszeit), diese Angaben wieder einmal genau zu studieren.

Gelingt es nicht, das Feuer vom Cockpit aus zu löschen, so muß es von außen mit einem Feuerlöscher bekämpft werden. Dabei sollte man nun nicht wahllos den Motorraum einsprühen. Mit einem gezielten und dosierten Einsatz des Feuerlöschers wird meistens die beste Wirkung erreicht. Unter keinen Umständen sollte man in den Luftansaugkanal sprühen. Der hierdurch angerichtete Schaden kann erheblich sein, und es müssen nachher viele Teile des Motors zerlegt und gereinigt werden. Natürlich darf man nicht zögern, den Feuerlöscher voll einzusetzen, wenn der Motor in hellen Flammen steht und das Feuer bereits auf andere Teile des

Flugzeuges übergreift. Steht kein Feuerlöscher zur Verfügung, muß wohl oder übel versucht werden, das Feuer mit Hilfe von Decken oder Kleidungsstücken zu ersticken.

Bei übermäßigem Einspritzen kann Kraftstoff aus dem Motor tropfen und eine Lache am Boden bilden. Heiße Auspuffgase können eventuell diese Kraftstofflache entzünden. Die Flammen greifen dann schnell auf das Flugzeug über. In diesem Fall muß der Brand umgehend mit Hilfe eines Feuerlöschers bekämpft werden. Falls dies nicht möglich ist, wird das Flugzeug vom Brandherd weggeschoben.

Es versteht sich von selbst, daß der Motor nach einem Motorbrand - und sei dieser auch noch so "klein" gewesen - nicht gestartet werden darf. Zuerst ist eine gründliche Untersuchung der Brandschäden und gegebenenfalls eine Reparatur des Motors erforderlich.

Zusammenfassung

Triebwerksbrand während des Fluges:
- Kraftstoffzufuhr unterbrechen.
- Die elektrische Anlage ausschalten.
- Die Kabinenheizung ausschalten.
- Eine Notlandung durchführen.

Der Versuch, den Motor wieder anzulassen, sollte unterbleiben.

Triebwerksbrand beim Anlassen:
- Kraftstoffzufuhr unterbrechen (Gemischhebel, Brandhahn).
- Triebwerk laufen lassen bzw. mit dem Anlasser durchdrehen, bis das Feuer erlischt.
- Elektrische Anlage (Hauptschalter) ausschalten.
- Ggf. mit Feuerlöscher Brand von außen bekämpfen.

Beachten Sie die detaillierten Angaben zum "Triebwerksbrand" im Flughandbuch.

Kontroll- und Übungsaufgaben

1. Welche Ursachen kann es für das Blokkieren von Rudern oder Klappen geben?

2. Welches Ruderblockieren ist Ihrer Ansicht nach das gefährlichste?

3. Bei der Kontrolle vor dem Start zu einem Flugplatz mit einer 3.000 m langen Start- und Landebahn stellen Sie fest, daß sich die Landeklappen nicht elektrisch ausfahren lassen. Die entsprechende elektrische Sicherung ist defekt. Eine Ersatzsicherung ist nicht an Bord. Für den Start werden die Landeklappen nicht benötigt. Würden Sie starten?

4. Während des Fluges blockiert das Höhenruder in Neutralstellung. Wie führen Sie den Anflug und die Landung durch?

5. Während des Fluges fällt die Seitenrudersteuerung aus. Was ist nun zu beachten?

6. Die Unterdruckanzeige (Suction) der Unterdruckpumpe zeigt während des Fluges einen zu geringen Druckwert an. Was hat das zu bedeuten?

7. Beim Startlauf bemerken Sie, daß die Fahrtmesseranzeige auf Null stehen bleibt. Wie verhalten Sie sich?

8. Zur Ausrüstung einiger Flugzeuge gehört ein Schalter mit der Beschriftung "Alternate Static (Air)". Welche Funktion hat dieser Schalter?

9. Durch falsche Beladung ist das Flugzeug extrem kopflastig. Worauf muß bei der Landung besonders geachtet werden?

10. Das Flugzeug ist extrem schwanzlastig. Was können Sie während des Fluges tun, um die Schwanzlastigkeit zu verringern?

11. Viele Flugzeuge sind mit einem zweigeteilten Hauptschalter ausgerüstet. Die eine Hälfte ist mit BAT, die andere mit GEN oder ALT beschriftet. Welche Funktionen haben diese beiden Schalterhälften?

12. Sie betätigen den Schalter für das (elektrische) Ausfahren der Landeklappen, doch sie fahren nicht aus. Was unternehmen Sie?

13. Während des Fluges steht die Anzeigenadel des Amperemeters ständig im negativen Bereich. Was bedeutet das?

14. Warum sollte man eine Sicherung, die herausgesprungen ist, nicht gleich wieder eindrücken?

15. Während des Fluges stellen Sie fest, daß der Öldruck auf Null absinkt und die Öltemperatur stark ansteigt. Welche Maßnahmen ergreifen Sie?

16. Während des Fluges stellen Sie fest, daß die Öldruckanzeige auf Null steht, die Öltemperaturanzeige aber eine normale Temperatur anzeigt. Warum können Sie davon ausgehen, daß der Motor trotz Nullanzeige des Öldrucks sehr wahrscheinlich nicht ausfallen wird?

17. Während des Fluges stellen Sie eine starke Vibration des Motors fest. Wie verhalten Sie sich?

18. Während Ihres Fluges fällt plötzlich das Triebwerk aus. Was ist Ihre erste Reaktion?

19. Welche Kraftstoffreserve sollten Sie bei jedem Flug einplanen?

20. Der Gegenwind ist stärker als vorhergesagt. Der Kraftstoffvorrat könnte unter Umständen noch bis zum nächsten Flugplatz reichen. Was würden Sie in dieser Situation tun?

21. Wodurch kann Wasser in den Kraftstoff des Flugzeuges gelangen?

22. Während des Fluges bemerken Sie in der Flugzeugkabine einen Brandgeruch. Was werden Sie unternehmen?

23. Während des Fluges schlagen plötzlich Flammen aus dem Motor. Wie verhalten Sie sich?

24. Ist Ihr Flugzeug mit einem Feuerlöscher ausgerüstet?

25. Warum sollten Sie bei einem Vergaserbrand am Boden den Anlaßvorgang fortsetzen, wenn der Motor nicht anspringt?

Kapitel 5
Wetter

Sichtverschlechterung

Sicht (engl. Visibility) ist definiert als das durch atmospärische Verhältnisse bedingte und in Entfernungseinheiten ausgedrückte Vermögen, am Tage unbeleuchtete und bei Nacht beleuchtete auffällige Gegenstände zu sehen und zu erkennen.

Der wesentliche Faktor, der die Sichtweite bestimmt, ist die Trübung der Luft durch verschieden große feste oder flüssige Teilchen. Die Sicht kann durch Regen- oder Schneeschauer vorübergehend, durch Nebel oder Dunst über längere Zeit, aber auch durch Rauch oder einen Sandsturm massiv eingeschränkt sein.

Wie wichtig gute Sicht für das Fliegen nach Sichtflugregeln (engl. Visual Flight Rules - VFR) ist, weiß jeder Pilot. Sicht benötigt der Pilot zum Starten und Landen, zur Navigation, zur Beurteilung der Fluglage im Raum, zum Erkennen anderer Luftfahrzeuge und zum Erkennen von Hindernissen. Geht sie zurück, wird das Fliegen nach Sicht schwierig und gefährlich.

Die besonders große Gefahr beim Fliegen ohne ausreichende Sicht besteht darin, daß der Pilot Hindernisse nicht mehr rechtzeitig erkennen und diesen dadurch nicht mehr ausweichen kann. Viele der einmotorigen Flugzeuge fliegen mit einer Reisegeschwindigkeit von etwa 120 kt.

Das bedeutet: In 1 Minute legt das Flugzeug eine Strecke von 2 NM, also rund 4 km, zurück. Bei einer Flugsicht von z.B. 2 km hätte der Pilot eines solchen Flugzeuges gerade 30 Sekunden Zeit, um ein Hindernis zu erkennen und diesem auszuweichen (und noch weniger Zeit, um einem entgegenkommenden Flugzeug aus-

zuweichen!). Stellen Sie sich vor, daß das Hindernis auf dem Flugweg vor Ihnen ein Berg ist und Sie nur durch eine Kurve ausweichen können. Der Kurvenradius für eine normal geflogene Kurve mit 120 kt beträgt rund 1 km. In diesem Fall sind dann 30 Sekunden zu wenig. Es muß unweigerlich zu einer Kollision kommen. Die Gefahr, mit einem Hindernis zu kollidieren, ist natürlich umso größer, je tiefer man fliegt. Es gibt daher nur einen wirksamen Schutz gegen diese Gefahr: Höher als alle umliegenden Hindernisse fliegen. Zu einer guten Flugvorbereitung gehört, die Sicherheitshöhe für jeden einzelnen Flugabschnitt festzulegen. Diese Höhen sollte man auf keinen Fall unterschreiten, auch dann nicht, wenn die Sicht zurückgeht und der Sichtkontakt zum Erdboden verloren geht.

Eine andere große Gefahr beim Fliegen bei nur geringer Sicht ist der Verlust der Orientierung im Raum (Vertigo). Verliert der Pilot den Bezug zum natürlichen Horizont, ist der Boden nicht mehr genau erkennbar, andere natürliche Orientierungspunkte fallen aus - alles verschwimmt zu einem Grau-in-Grau. Der für diese Situation nicht trainierte Pilot ist dann nicht mehr in der Lage, genau festzustellen, wo oben und unten ist, sein räumliches Gefühl geht verloren. Er wird über die wahre Fluglage getäuscht und führt eventuell falsche Steuerbewegungen aus, die den Absturz des Flugzeuges zur Folge haben können.

Fehlt die Sicht nach außen, so geben nur noch die Cockpit-Instrumente, allen voran der künstliche Horizont, Auskunft über die wahre Lage des Flugzeuges im Raum. Nur wenn sich der Pilot strikt an den Anzeigen der Instrumente orientiert, wird er in dieser Situation das Flugzeug sicher steuern können (siehe auch Kapitel 6).

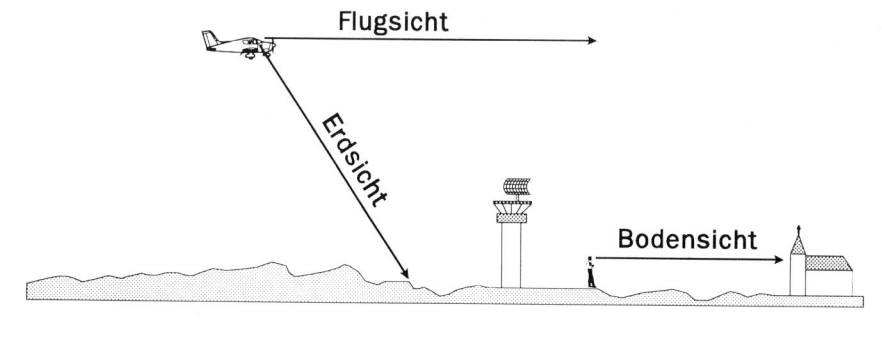

FLUGSICHT: (engl. flight visibility)

Sicht in Flugrichtung aus dem Cockpit eines Luftfahrzeuges

BODENSICHT: (engl. ground visibility)

Sicht auf einem Flugplatz, die von einer amtlich beauftragten Person festgestellt wird

ERDSICHT: (engl. visual reference to the ground)

Sicht vom Luftfahrzeug im Fluge zur Erdoberfläche

Flugsicht

Erdsicht

Bodensicht

Abb. 50: Sichten

Bei Nebel ist die Sicht extrem reduziert. Aber auch Niederschläge (Regen, Schnee oder Hagel) setzen im allgemeinen die Sichtweite herab. Die Stärke der Sichtminderung hängt insbesondere von der Niederschlagsform, der Niederschlagsintensität und von der Fluggeschwindigkeit ab.

Bei starkem Niederschlag kann sich an den Flugzeugscheiben eine Wasser-, Schnee- oder gar Eisschicht (z.B. durch unterkühlten Regen) bilden, welche die Sichtverhältnisse zusätzlich einschränkt.

Regen wird je nach Intensität die Sichtweite verschieden stark zurückgehen lassen. Vor allem Sprühregen (engl. Drizzle) führt zu einer erheblichen Sichtreduzierung. Man wird im Einzelfall entscheiden müssen, ob die Sicht im Regen zum Fliegen noch ausreicht.

Besonders tückisch und gefährlich ist das Fliegen bei Schneefall, da Schnee nicht nur die Sicht stark reduziert, sondern auch zu gefährlichen Sinnestäuschungen führen kann. Im Schneeschauer, aber auch im Regenschauer, kann die Sicht unter 100 m zurückgehen. Deshalb sollte man bei Schneefall, aber auch bei vorhergesagtem Schneefall oder Schneeschauern, grundsätzlich auf das Fliegen verzichten.

Gleichzeitig mit dem Niederschlag geht oftmals ein Absinken der Wolkenuntergrenze einher. Bei stärkeren Niederschlägen können vor allem im Bereich von Fronten und in Schauern die Wolkenuntergrenzen bis auf einige hundert Fuß oder weniger absinken und das Fliegen nach Sicht gänzlich unmöglich machen.

Fliegen mit nicht ausreichender Sicht ist eine der häufigsten Unfallursachen in der Allgemeinen Luftfahrt. Wer sich über die Wettersituation ausführlich informiert und während des Fluges die Wetterentwicklung aufmerksam verfolgt, wird von einer Sichtverschlechterung nicht überrascht.

Zusammenfassung

- Für das Fliegen nach Sichtflugregeln ist gute Sicht notwendig.
- Fliegen mit nur geringer Sicht ist gefährlich. Hindernisse können nicht rechtzeitig erkannt werden, und der Pilot verliert die Orientierung im Raum. Niederschläge, Dunst, Nebel und Wolken können die Sicht erheblich einschränken und das Fliegen nach Sicht unmöglich machen.
- Denken Sie bei Ihrer Flugplanung daran: Ein großer Teil der Unfälle in der Allgemeinen Luftfahrt ist auf das Fliegen bei schlechter Sicht zurückzuführen. Wenn die Sicht zurückgeht, kehren Sie rechtzeitig um. Achten Sie stets auf die Einhaltung der Sichtflugregeln!

Nebel

Von Nebel (engl. Fog) spricht der Meteorologe, wenn durch Kondensationsvorgänge in Bodennähe die Sichtweite unter 1 km abgesunken ist. Nebel ist also im Grunde genommen eine am Boden aufliegende Wolke. Fliegen nach Sicht ist hier wegen der geringen Sichtweite ausgeschlossen. Die besondere Gefahr für die Luftfahrt liegt darin, daß Nebel plötzlich auftreten kann und innerhalb kurzer Zeit nicht nur der Zielflugplatz, sondern auch benachbarte Flugplätze im Nebel verschwinden können.

Voraussetzung für Nebel (egal welcher Art) ist ein großer Feuchtigkeitsgehalt der Luft und die Abkühlung der Luft auf die Sättigungsgrenze für Wasserdampf. Die Sättigungsgrenze wird durch den Taupunkt (engl. Dew Point) angegeben. Fallen Lufttemperatur und Taupunkt zusammen, dann entsteht Nebel (bzw. Wolken). Die Differenz zwischen Temperatur und Taupunkt, die Taupunktdifferenz (engl. Spread), ist ein wichtiger Hinweis auf die mögliche Entstehung von Nebel. Je geringer die Taupunktdifferenz, umso größer ist die Gefahr, daß sich Nebel bildet.

Bei einem Spread von z.B. 15°C wird man in den nächsten Stunden nicht mit Nebel rechnen müssen. Wenn aber innerhalb der letzten Stunden der Spread kontinuierlich abgenommen hat und nun vielleicht nur noch 2° C beträgt, dann ist die Wahrscheinlichkeit sehr groß, daß sich bald Nebel bildet. Allgemein kann man sagen:

- Kleiner Spread am Morgen = geringe Wahrscheinlichkeit der Nebelbildung
- Kleiner Spread am Abend = große Wahrscheinlichkeit der Nebelbildung.

Nach der Art der Entstehung lassen sich verschiedene Formen von Nebel unterscheiden. Die am häufigsten auftretenden Nebelformen sind der Strahlungsnebel und der Advektionsnebel.

Strahlungsnebel entsteht vor allem in der kalten Jahreszeit über dem Festland, wenn in klaren Nächten und geringer Luftbewegung durch Abstrahlung des Erdbodens die bodennahen Luftschichten stark abkühlen. Die Nebelbildung beginnt oft erst in der zweiten Nachthälfte oder am frühen Morgen, kann aber auch schon am späten Nachmittag lange vor Sonnenuntergang einsetzen. Im Spätherbst oder im Winter kann sich Strahlungsnebel oft tagelang halten und die Luftfahrt extrem behindern.

Advektionsnebel bildet sich, wenn verhältnismäßig warme und feuchte Luft über einen kälteren Untergrund geschoben und dabei der Taupunkt erreicht wird. Advektionsnebel kann zu jeder Tageszeit entstehen und sich wie Strahlungsnebel tagelang halten. An der Küste kann sich Advektionsnebel bilden, wenn feuchtwarme Luft durch Wind vom Festland auf das kalte Meer getragen wird. Ändert sich nun die Windrichtung, dann wird der Nebel zurück auf das Festland getrieben und kann dort zu einem plötzlichen Nebeleinbruch führen. An Flugplätzen im Bereich der Küste muß also selbst im Sommer mit Nebel gerechnet werden.

Fliegen bei Wetterlagen mit Neigung zur Nebelbildung ist nicht ungefährlich. Auch wenn man vor dem Flug eine ausführliche Wetterberatung eingeholt hat und sich während des Fluges ständig über die Wetterentwicklung informiert (FIS, VOLMET, ATIS), so kann man doch plötzlich von Nebel überrascht werden. Bei Gefahr von Nebelbildung sollte man grundsätzlich nur mit einem vollgetankten Flugzeug fliegen, denn möglicherweise muß man einen großen Umweg fliegen und auf einem weit entfernten Ausweichflugplatz landen. Vorzugsweise sollte bei Nebelgefahr nicht geflogen werden: "Vernebelte" VFR-Flüge enden sehr oft tödlich.

Hat sich Nebel gebildet und ist der Zielflugplatz nicht mehr anfliegbar, kann die Situation sehr schnell kritisch werden. Landen im Nebel ist äußerst gefährlich. Selbst wenn die Nebelschicht nur dünn ist, und der Boden und der Flugplatz noch einigermaßen zu erkennen sind, kann beim Eintauchen in Nebel die Sicht schlagartig auf Null zurückgehen und die Landung mißlingen. Zögern Sie in einem solchen Fall nicht, die Flugsicherung (FIS) über Ihre Lage zu informieren. Der Fluglotse kann Ihnen vielleicht nebelfreie Flugplätze nennen und Sie dort hinführen.

Zusammenfassung

- Fliegen im Nebel kann tödlich enden! Deshalb: Bei Nebel oder bei Gefahr von Nebelbildung nicht fliegen.
- Die Tendenz zur Nebelbildung erkennt man an der Taupunktdifferenz (engl. Spread). Beträgt die Taupunktdifferenz nur noch 2° C, so ist mit baldiger Nebelbildung zu rechnen.
- Besondere Vorsicht ist bei Flugplätzen an der Küste geboten. Hier kann es unter bestimmten Voraussetzungen selbst im Sommer zu plötzlichen Nebeleinbrüchen kommen.

Gewitter

Gewitter (engl. Thunderstorm) gehören zu den gefährlichsten Wettererscheinungen in der Luftfahrt. Vereisung, Hagel, Blitzschlag, vor allem aber extreme Turbulenzen sind nicht nur für kleine Flugzeuge, sondern auch für große Verkehrsflugzeuge eine große Gefahr. Jeder Pilot, ob von einer Cessna 172 oder einem Jumbo Jet, wird den Durchflug durch ein Gewitter unter allen Umständen vermeiden und sie weiträumig umfliegen.

Voraussetzung für ein Gewitter ist eine feucht-labile Schichtung der Atmosphäre. Die Luft muß also reichlich Feuchtigkeit enthalten und eine große, hochreichende Labilität (wie sie gerade in Warmluft vorkommen kann) aufweisen. Daher sind Gewitter vor allem in den Sommermonaten zu erwarten.

Gewitter lassen sich in zwei Hauptgruppen aufteilen: Wärmegewitter und Frontgewitter. Wärmegewitter (auch thermische oder Luftmassengewitter genannt) bilden sich im Sommer, am häufigsten im Juli und August, über dem Festland. Ursache sind durch starke Sonneneinstrahlung erwärmte untere Luftschichten. Deswegen entstehen Wärmegewitter erst in den Nachmittagsstunden und am frühen Abend, mitunter auch erst nachts. Wärmegewitter sind ortsgebunden und treten im Gegensatz zu Frontgewittern meist einzeln auf.

Der Durchmesser eines Wärmegewitters kann 20 bis 50 km betragen. Ein Umfliegen ist daher meistens möglich.

Ein Sonderfall des Wärmegewitters ist das orographische Gewitter. Hier wird feuchtlabile Luft durch ein Hindernis (Berg bzw. Gebirge) angehoben und dadurch zu der für die Gewitterbildung erforderlichen Labilität gebracht.

Anders als bei nur lokal auftretenden Wärmegewittern vollzieht sich die Gewitterbildung an Fronten. Hier sind besonders die Eigenschaften der durch die Front voneinander getrennten Luftmassen ausschlaggebend. Im Prinzip sind Frontgewitter bei allen Arten von Fronten möglich, sofern ausreichend labile Luftmassen vorhanden sind. Am häufigsten sind Frontgewitter in Verbindung mit Kaltfronten zu beobachten.

Frontgewitter können sich über mehrere 100 km hinweg als fast geschlossene Formation bilden. Sie sind daher nur schwer zu umfliegen. Hinzu kommt, im Unterschied zum Wärmegewitter, daß sie mit der Front mitziehen, sich also verlagern - ein wichtiger Gesichtspunkt bei der Flugplanung.

Innerhalb der Gewitterwolken (Cumulonimbus, CB) ist mit Hagel, Vereisung, Blitzschlag, kräftigen Auf- und Abwinden und extrem starker Turbulenz zu rechnen. Die Gefahr, daß der Pilot die Kontrolle über sein Flugzeug verliert oder das Flugzeug den außerordentlichen Belastungen nicht standhält und auseinanderbricht, ist sehr groß. Es kann daher für jeden Piloten nur eine Regel geben:

Nie in ein Gewitter einfliegen!

Aber auch am Rand des Gewitters, viele Kilometer entfernt von der Gewitterwolke, und unterhalb der Wolkenbasis, treten starke Turbulenzen, Böen und heftige Niederschläge auf, die nicht weniger gefährlich sind, vor allem für kleinere Flugzeuge. Aus dem Cumulonimbus nach unten austretende Fallwinde (engl. Downburst) stellen eine weitere Gefahr dar, da diese

Abwinde eine solche Stärke erreichen können, daß das Flugzeug nach unten gedrückt wird.

Auf gar keinen Fall darf man versuchen, im Gewitter zu landen (und natürlich auch nicht zu starten). Nicht kalkulierbare Turbulenzen, Fallwinde und die sich ständig ändernde Windrichtung lassen keinen sicheren Anflug zu. Die Gefahr, die Kontrolle über das Flugzeug zu verlieren oder durch Fallwinde auf den Boden gedrückt zu werden, ist sehr groß. Warten Sie also ab, bis das Gewitter am Flugplatz vorbeigezogen ist oder sich aufgelöst hat.

Eine besonders gefährliche, zum Glück aber nur sehr selten auftretende Erscheinung im Zusammenhang mit Frontgewitter ist die Böenwalze (engl. Squall Line). Sie kann sich vor einer labilen aktiven Kaltfront entwickeln und enthält stärkste Böen, die in extremen Fällen 60 kt und mehr betragen können. Die Böenwalze wird oftmals durch eine zerfetzt aussehende rotierende Wolke sichtbar.

Sind schon die Turbulenzen unterhalb der Gewitterwolken sehr gefährlich, kann sich die Situation durch heftige Regenschauer oder durch Hagel weiter verschärfen. Hierbei wird nicht nur die Sicht stark eingeschränkt. Außerdem kann Hagel dem Flugzeug schwere Schäden zufügen. Hinzu kommt, daß während der Schaueraktivität die Wolkenbasis der Cumulonimbuswolken meist sehr niedrig ist und die erforderliche Sicherheitshöhe nicht eingehalten werden kann.

Bei sehr starkem Regen kann Wasser in das Pitotrohr eindringen und die Fahrtmesseranzeige verfälschen.

Unterhalb von Gewitterwolken treten große Druckschwankungen auf. Bei Annäherung des Gewitters fällt der Luftdruck sehr rasch und steigt mit Beginn der ersten Böen wieder an. Diese Druckschwankungen verursachen eine sich ständig verändernde Höhenmesseranzeige, die um mehr als 100 ft falsch sein kann.

Einen Hinweis auf die Stärke des Gewitters gibt die Anzahl der Blitze. Allgemein ist bekannt, daß Blitze das Flugzeug nicht ernstlich gefährden können und die Flugzeuginsassen vor Blitzeinschlag geschützt sind, da die Flugzeugzelle wie ein Faradayscher Käfig wirkt. Dennoch können Blitze und Blitzeinschlag am Flugzeug den weiteren Flug erheblich beeinträchtigen.

Blitzeinschläge können im Flugzeug magnetische Felder aufbauen und beträchtliche Spannungen induzieren. Dadurch entstehen Störungen bzw. Ausfälle von Funk- und Navigationsanlagen sowie Falschanzeigen des Magnetkompasses. Im Bereich von Gewittern ist generell mit starker statischer Elektrizität zu rechnen, die sich in Störungen des Funkverkehrs und vor allem in erheblichen Fehlanzeigen der ADF-Anzeige bemerkbar macht. Im Extremfall können Blitzeinschläge Materialabschmelzungen an den Einschlagstellen und somit Verformungen an der Außenhaut des Flugzeuges verursachen.

Nicht zu unterschätzen ist die psychologische Wirkung von Blitzen, insbesondere von Blitzeinschlag, auf Passagiere und Piloten. Angst, Schock, im schlimmsten Fall auch Panik können beim Piloten falsche und damit folgenschwere Reaktionen hervorrufen. Nahe Blitze blenden so stark, daß der Pilot vorübergehend nichts mehr sehen kann.

Gefahren lauern nicht nur innerhalb der Gewitterwolken, sondern auch außerhalb, am Rand und unterhalb. Allerdings muß ein VFR-Pilot nicht von einem Gewitter überrascht werden. Wer die Wettermeldungen im Rundfunk aufmerksam verfolgt, vor jedem Flug eine Wetterberatung einholt, die bei Gewitter herausgegebenen Wetterwarnungen ernst nimmt und während des Fluges aufpaßt, kann Gewittergefahren vermeiden. Sichtbare Zeichen für Gewitter sind hochreichende Cumulonimbuswolken.

Auch wenn vielleicht die Flugsicht noch ausreichend und die Wolkenuntergrenze hoch genug sind, sollte man sich nicht dazu verleiten lassen, ein Gewitter zu unterfliegen. Plötzlich eintretender heftiger Niederschlag und starke Turbulenzen können besonders gefährlich werden. Höchste Vorsicht ist bei Gewittern im Gebirge geboten. Sehr schnell kann es den Flugweg oder den Rückweg versperren - man sitzt in der Falle. Kann man einem Gewitter nicht mehr ausweichen, sollte man nicht zögern, auf dem nächsten Flugplatz zu landen oder eine Sicherheitslandung auf geeignetem Gelände durchzuführen.

Zusammenfassung

- Gewitter ist eine der gefährlichsten Wettererscheinungen in der Luftfahrt.
- Im Zusammenhang mit Gewitter können starke Niederschläge, Hagel, extrem starke Turbulenzen, Fallwinde und Blitzschläge auftreten.
- Fliegen Sie nicht unter einer Gewitterwolke durch, auch wenn die Sicht gut ist und Sie das Ende der Gewitterwolke erkennen.
- Können Sie dem Gewitter nicht mehr rechtzeitig ausweichen, so führen Sie eine Sicherheitslandung durch.
- Landen oder starten Sie nicht im Gewitter, oder wenn sich das Gewitter nähert.
- ***Vermeiden Sie unter allen Umständen den Einflug in ein Gewitter!***

Hagel

Hagel (engl. Hail) entsteht in den starken Aufwindzonen von Gewitterwolken. Meist schmelzen die Hagelkörner beim Fallen und treffen am Boden dann als großtropfiger Regen auf. Sind die Körner aber sehr groß, fallen sie als Graupel oder Hagel bis zur Erde. Man wird also Hagel in der Höhe (Flughöhe) öfter als am Boden antreffen.

Mit Hagelschauer muß man bei jedem Gewitter rechnen. Dabei ist der Hagel nicht nur unmittelbar unter den Gewitterwolken, sondern auch noch in einiger Entfernung anzutreffen. Die Größe eines Hagelkorns reicht vom Volumen eines Getreidekorns bis zu dem einer Faust. Deshalb kann das Flugzeug erheblich mechanisch beschädigt werden. Besonders gefährdet sind der Bug, die Cockpitscheiben, die Vorderkanten von Tragflügeln und Leitwerk sowie der Propeller.

Das Durchfliegen von Hagelschauern ist also auf jeden Fall zu vermeiden. Durch die örtliche Begrenzung lassen sie sich leicht umfliegen. Gerät man doch einmal in einen Hagelschauer, sollte man die Fluggeschwindigkeit reduzieren, um die Wirkung des Hagelschlages zu verringern. An durch Hagelschlag zerbeulten Tragflächen kann die Strömung so beeinflußt werden, daß sich die Überziehgeschwindigkeit erhöht. Der Anflug muß in diesem Fall mit aller Vorsicht und erhöhter Anfluggeschwindigkeit durchgeführt werden.

Zusammenfassung

- Hagel tritt nur bei Gewittern auf.
- Die durch Hagelschlag am Flugzeug verursachten Schäden können erheblich sein: Hagelschauer also auf jeden Fall umfliegen!

Turbulenzen

Luftströmungen in der Atmosphäre verlaufen nicht gleichmäßig (laminar), sondern sind verschiedenen Störungen unterworfen, die zu Strömungsschwankungen und Wirbelbildungen führen. Diese Unruhen in der Atmosphäre bezeichnet man als Turbulenz (engl. Turbulence) oder auch als Böigkeit. Turbulenzen können im Zusammenhang mit Fronten auftreten, aber auch durch Hindernisse oder thermische Konvektion entstehen. Auswirkungen auf das Fliegen reichen von unruhigem Flugverlauf und leichter Übelkeit bei den Flugzeuginsassen bis zum Verlust der Steuerbarkeit und dem Absturz des Flugzeuges bei schwerster Turbulenz.

In den Sommermonaten treten Turbulenzen bis in große Höhen durch thermische Konvektion (Hebung durch Wärme) auf. Durch starke Sonneneinstrahlung wird der Boden aufgeheizt und es bilden sich Warmluftblasen, die wegen geringerer Dichte aufsteigen. Bei starker Labilisierung der Luft und Bildung von Gewitterwolken kann es zu starken Turbulenzen kommen.

Die Stärke der thermischen Konvektion ist neben der labilen Luftschichtung von der Bodenbeschaffenheit abhängig. Trockene Erdoberflächen wie große Sandflächen, Ackerflächen, Felsen, Stadtgebiete oder ausgedehnte Betonflächen (z.B. Start- und Landebahnen) erwärmen sich sehr viel stärker als Gewässer und bewachsene Flächen wie z.B. feuchte Wiesen und Waldgebiete. Die Luft in Bodennähe erwärmt sich dadurch ungleichmäßig, und die Stärke der thermischen Konvektion variiert abhängig von der Bodenbeschaffenheit. Bei einem Flug über topographisch unterschiedliche Gebiete wird die Konvektion und damit auch die Turbulenz verschieden stark sein.

Reibung an unterschiedlichen Erdoberflächen, vor allem aber Strömungsumlenkung an Hindernissen wie Bäumen, Häusern, Bergen oder Tälern können die Luftströmung in Bodennähe stören und so zur Entstehung von Turbulenzen führen.

In hügeligem oder gebirgigem Gelände wird man immer mit mehr oder weniger starker Turbulenz rechnen müssen, da hier die Luftströmung stärker als über flachem Gelände gestört wird. In Kammhöhe und auf der Leeseite der Berge entstehen die intensivsten Turbulenzen. Bei einer Föhnlage kommt es auf der Leeseite zur Bildung von Rotoren bzw. Rotorwolken und damit zu extrem starken Turbulenzen.

Turbulente Luftströmungen beeinflussen die Fluglage und verursachen einen unruhigen Flug. Das Flugzeug wird wechselnd angeströmt. Dadurch entstehen Schwankungen im Auftrieb und im Widerstand. Es geht rauf und runter, harte Stöße und abrupte Richtungsänderungen treten auf. Vor allem deshalb wird es schwierig, die Höhe zu halten. Den Passagieren, vielleicht aber auch dem Piloten, kann übel werden. Schwere Turbulenzen (engl. Severe Turbulences) können das Flugzeug bis zum Bruch strukturell überbeanspruchen. Aufgrund der geringen Masse werden kleinere Flugzeuge sehr viel stärker von Turbulenzen beeinflußt als große. Piloten von einmotorigen Flugzeugen haben daher im allgemeinen sehr viel mehr mit deren Auswirkungen zu tun als Piloten von Verkehrsflugzeugen.

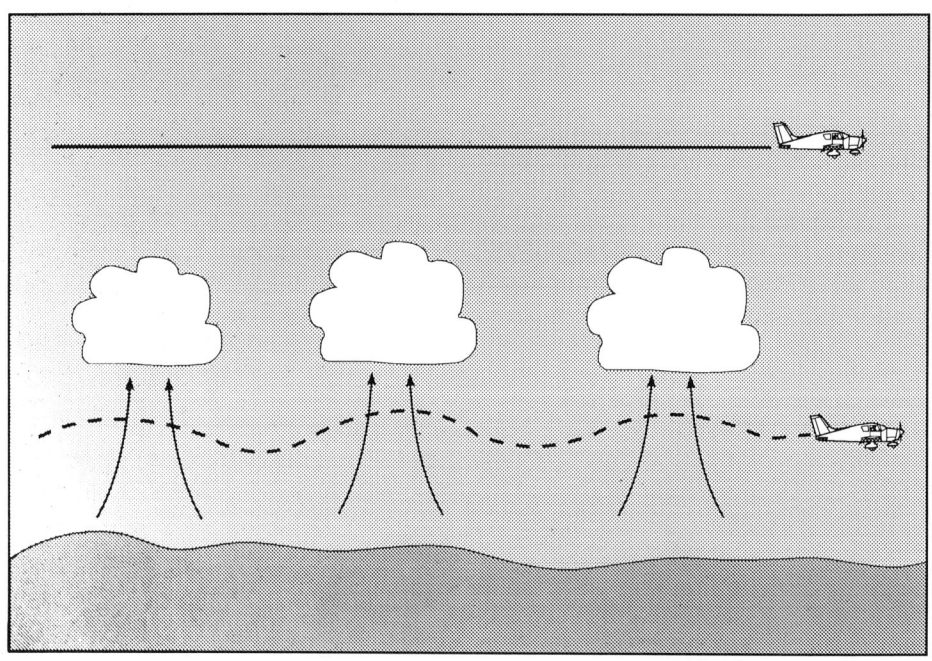

Abb. 51: Turbulenzen unterhalb von Wolken kann man vermeiden, indem man über den Wolken fliegt.

Abb. 52: Turbulente Luftströmungen durch Bodenreibung und Strömungsumlenkung.

Turbulenzen werden in die drei Stufen schwach (engl. Light), mäßig (engl. Moderate) und stark (engl. Severe) eingeteilt. Starke Turbulenzen werden folgendermaßen beschrieben: Turbulente Bedingung, bei der sich das Luftfahrzeug vorübergehend außer Kontrolle befinden kann. Die Fluggäste werden kräftig gegen die Gurte und wieder zurück in den Sitz geworfen, unbefestigte Gegenstände werden im Luftfahrzeug hin- und her geschleudert.

Im Gewitter bzw. in Gewitternähe und in den Rotoren an der Leeseite von Gebirgen können so starke Turbulenzen auftreten, daß eine Kontrolle des Flugzeuges unmöglich wird und Absturzgefahr besteht.

Beim Auftreten starker Turbulenzen muß die Fluggeschwindigkeit auf bzw. unter die im Flughandbuch angegebene Manövergeschwindigkeit V_A (engl. Maneuvering Speed) reduziert werden. Dadurch wird die durch die Turbulenz entstehende Belastung für das Flugzeug (und auch für die Flugzeuginsassen) verringert. Es nützt nichts, wenn man versucht, jede Fluglageänderung sofort mit der Steuerung ausgleichen zu wollen.

Besser ist es, die Steuerung möglichst wenig zu benutzen und das Flugzeug auf den Böen "reiten" zu lassen. Alle Flugzeuginsassen müssen sich fest angurten, da sonst Verletzungsgefahr besteht. Lose Gegenstände müssen verstaut oder befestigt werden. Nach Möglichkeit sollte man umkehren bzw. schnellstmöglich die Turbulenzzone verlassen. Sind starke Turbulenzen vorhergesagt, sollte man auf keinen Fall fliegen.

Während des Landeanflugs können starke Turbulenzen und Böen den Piloten in große Schwierigkeiten bringen. Das Flugzeug tanzt hin und her, und der Pilot hat alle Hände (und Füsse) voll zu tun, um die Fluglage stabil zu halten. In diesem Fall ist es zweckmäßig, mit erhöhter Anfluggeschwindigkeit und nicht voll gesetzten Landeklappen anzufliegen. Als Faustregel wählt man einen Geschwindigkeitszuschlag, der etwa 50% der in Böen auftretenden Windgeschwindigkeitsdifferenz beträgt. Wenn der Wind z.B. mit 20 kt, in Böen mit 30 kt angegeben wird, ergibt sich als Differenz 10 kt. 50 % davon sind 5 kt. In diesem Fall wäre also die Anfluggeschwindigkeit um 5 kt zu erhöhen.

131

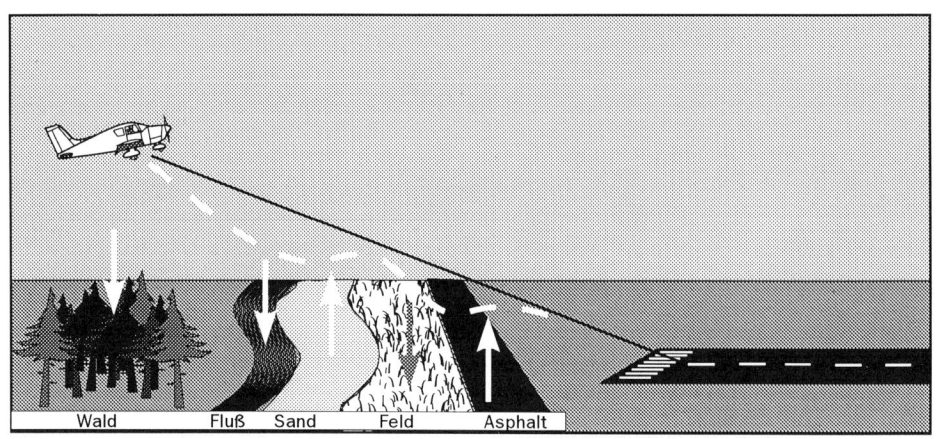

Abb. 53: Beispiel für Turbulenzen im Anflug durch unterschiedliche Erwärmung der Erdoberfläche.

Die Hand des Piloten gehört bei einem Anflug mit starken Turbulenzen an den Gashebel, um sofort auf abrupte Höhenänderungen reagieren zu können. Sind selbst über der Landebahn noch Turbulenzen spürbar, sollte man das Flugzeug bald aufsetzen und auf ein langes Ausschweben verzichten.

Zusammenfassung

Die Gefahren durch Turbulenzen sollte man nicht unterschätzen! Bei Turbulenz:

- Fluggeschwindigkeit auf Manövergeschwindigkeit reduzieren.
- Flugzeuginsassen fest angurten.
- Lose Gegenstände sichern.
- Anflug mit erhöhter Anflugeschwindigkeit durchführen.

Turbulenzen im Gewitter und im Lee des Gebirges können so stark werden, daß sie das Flugzeug zum Absturz bringen. Bei Vorhersage von starken Turbulenzen nicht fliegen!

Windscherung

Unter Windscherung (engl. Windshear) versteht man die plötzliche Änderung der Windgeschwindigkeit und/oder der Windrichtung. In geringer Flughöhe können Windscherungen ein Flugzeug in höchste Gefahr bringen, da es durch die plötzliche Änderung der Anströmgeschwindigkeit an Fahrt verlieren und in einen überzogenen Flugzustand geraten kann. Es sind schon plötzliche Sprünge in der Windgeschwindigkeit von 50 kt und Windrichtungsänderungen von 180° in Bodennähe gemessen worden. Windscherungen sind sehr tükkisch, da sie nicht sichtbar sind und nicht immer genau vorhergesagt werden können. Zum Glück kommen extreme Windscherungen in unseren Breiten nur sehr selten vor.

Windscherungen können durch Fallwinde unterhalb von Gewittern, an Fronten, starken Inversionen oder durch Umlenkung der Luftströmung an Bergen (z.B. Mountain Waves) hervorgerufen werden. Die Gefährdung ist umso größer, je schneller und je stärker die Änderung der Windrichtung und/oder der Windgeschwindigkeit erfolgt (siehe Abbildung 54).

Im allgemeinen hat Wind keinen Einfluß auf die Eigengeschwindigkeit (engl. True Air Speed, TAS) des Flugzeuges. Wenn sich der Wind jedoch sehr schnell ändert, kann sich das Flugzeug aufgrund der Massenträgheit nicht so schnell der geänderten Windgeschwindigkeit anpassen. Erfährt das Flugzeug Rückenwind und dann plötzlich Gegenwind, wird das Flugzeug stärker angeströmt: Die Eigengeschwindigkeit und damit auch der Auftrieb

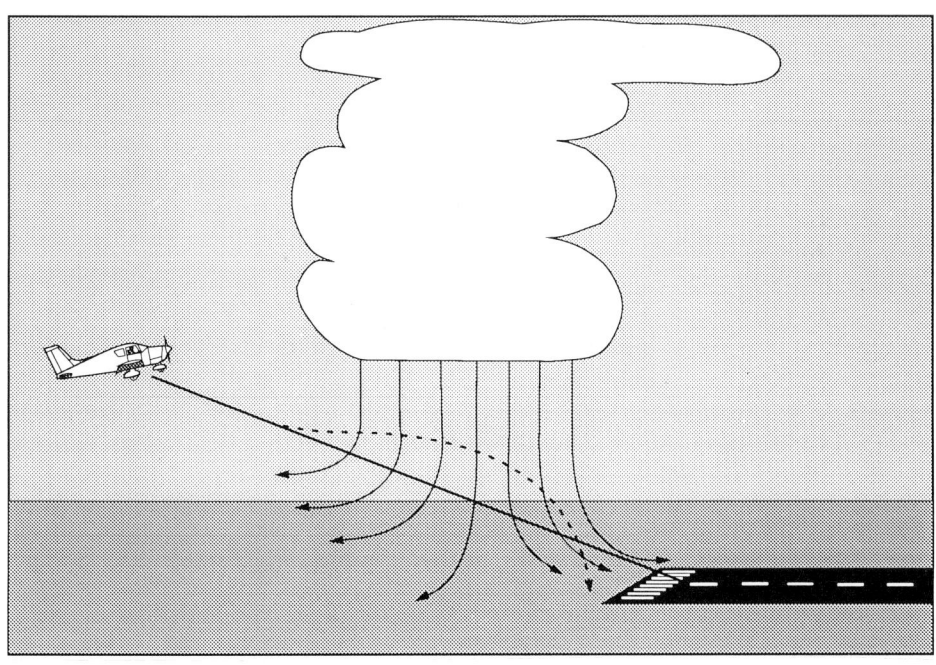

Abb. 54: Windscherungen, hervorgerufen durch Fallwinde.

nehmen zu - das Flugzeug steigt. Schlägt der Gegenwind in Rückenwind um, nehmen Eigengeschwindigkeit und Auftrieb ab - in Bodennähe eine gefährliche Situation.

Ein Flugzeug mit einer Eigengeschwindigkeit von z.B. 80 kt fliegt einen Flugplatz an. Es herrscht ein Gegenwind von 30 kt. Das Flugzeug fliegt also mit einer Geschwindigkeit über Grund (engl. Ground Speed, GS) von 50 kt.

Durch eine Windscherung geht der Gegenwind von 30 kt plötzlich auf 0 kt zurück. Da sich das Flugzeug nicht so schnell der abrupten Windgeschwindigkeitsänderung anpassen kann, behält es noch eine Weile die Geschwindigkeit über Grund von 50 kt bei, und - da kein Gegenwind mehr weht - geht nun die Eigengeschwindigkeit auf 50 kt zurück.

Das Flugzeug verliert Auftrieb und sinkt, im schlimmsten Fall gerät es in einen überzogenen Flugzustand.

Windscherungen sind nicht einfach vorherzusagen. Der Pilot wird in den meisten Fällen davon überrascht und muß dann sehr schnell reagieren, d.h. durch Änderung der Motorleistung eine sichere Geschwindigkeit halten und mit dem Steuer die (schwierige) Fluglage kontrollieren. Die Gefahr einer Überreaktion mit abrupten Steuerausschlägen ist sehr groß.

Windscherungen können, vor allem im An- und Abflugbereich, zu einer tödlichen Gefahr werden und sind deshalb sehr ernst zu nehmen. Sind sie im Bereich des Zielflugplatzes vorhergesagt, ist es das beste (und sicherste), einen Ausweichflugplatz anzufliegen und zu warten, bis sich die Situation am Zielflugplatz gebessert hat. Auf keinen Fall darf man bei angekündigten Windscherungen starten. Trifft man im Flug auf sie, sollte man die Luftaufsicht bzw. die Flugsicherung unverzüglich informieren, damit andere Piloten gewarnt werden können.

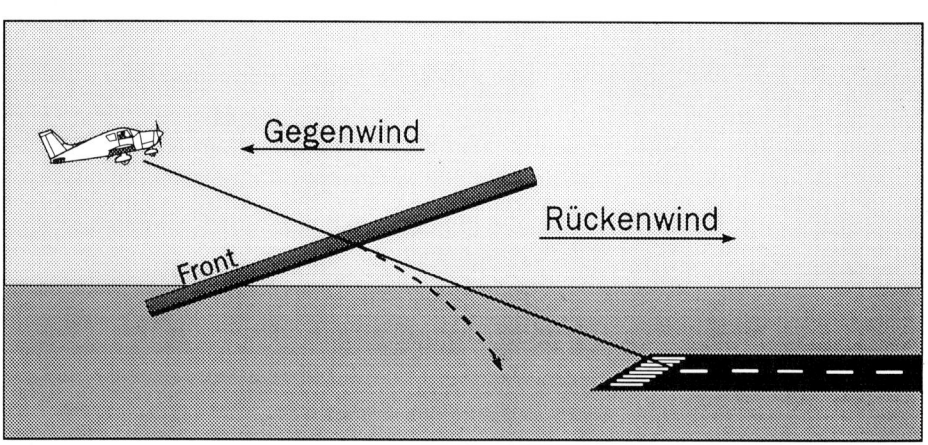

Eine Windscherung von Gegenwind zu Rückenwind führt zu einem plötzlichen Geschwindigkeits- und Auftriebsverlust.

Abb. 55: Windscherungen im Anflug

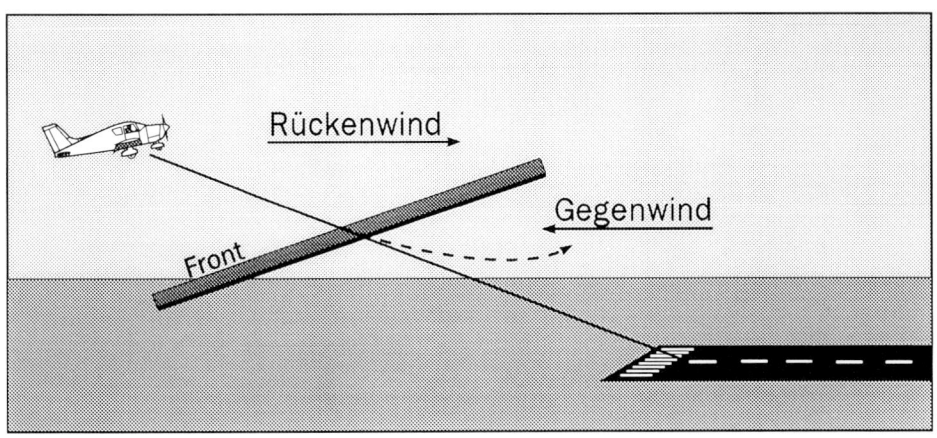

Eine Windscherung von Rückenwind zu Gegenwind führt zu einer plötzlichen Geschwindigkeits- und Auftriebserhöhung.

Abb. 56: Windscherungen im Anflug

Zusammenfassung

- Windscherungen sind plötzliche Änderungen der Windgeschwindigkeit und/oder Windrichtung, hervorgerufen durch Gewitter, Fronten, Inversionen oder Strömungsumlenkungen im Gebirge.
- Fliegt ein Flugzeug durch eine Windscherung, so ändert sich abrupt die Anströmgeschwindigkeit. Im schlimmsten Fall kann das Flugzeug dadurch rasch an Höhe verlieren und in den überzogenen Flugzustand geraten.
- Bei Gefahr von Windscherung nicht starten und landen!

Seitenwind

Seitenwind im Reiseflug ist im allgemeinen kein besonderes fliegerisches Problem. Bei Start und Landung aber kann Seitenwind dagegen den Piloten in größte Schwierigkeiten bringen. Es besteht die Gefahr, daß das Flugzeug im wahrsten Sinne des Wortes von der Bahn geweht wird.

Die meisten einmotorigen Flugzeuge sind für eine Seitenwindkomponente (engl. Cross Wind Component, CWC) von maximal 15 bis 20 kt zugelassen. Sie finden den für Ihr Flugzeug maximal zulässigen Wert im Flughandbuch. Darüberhinaus befindet sich oftmals auch am Instrumentenbrett im Cockpit ein Hinweisschild mit Angabe des maximal zulässigen Wertes. Liegt die aktuell errechnete Seitenwindkomponente über dem zulässigen Wert, dann gilt Start- und Landeverbot. Stellt man also im Anflug fest, daß der momentane Seitenwind diesen zulässigen Wert überschreitet, muß man einen anderen Flugplatz anfliegen. Wer trotzdem landet, riskiert einen Unfall mit schweren Folgen (siehe Abbildung 57 mit Erläuterungstext).

Da der Wind nur selten genau von der Seite, d.h. rechtwinklig zur Start- und Landebahn weht, muß der Pilot erst einmal die Seitenwindkomponente ausrechnen. Diese kann er mit einer Formel, sehr viel einfacher aber mit Hilfe eines Winddiagramms, wie es in vielen Flughandbüchern zu finden ist, ermitteln. Vor dem Start ist das kein Problem. Im Anflug dagegen wird der Pilot dafür kaum Zeit finden. Hier helfen Faustformeln weiter, z.B. die "Drittel-Methode": Weht der Wind in einem Winkel von 0° bis 30° zur Landebahnmittellinie, dann ergibt sich eine Sei-

So wird die Seitenwindkomponente berechnet (Beispiel: Start- und Landebahn 24, Wind 270° / 40 kt):

A   Windwinkel 30°
B   Windgeschwindigkeit 40 kt
C   Gegenwindkomponente 35 kt
D   Seitenwindkomponente 20 kt

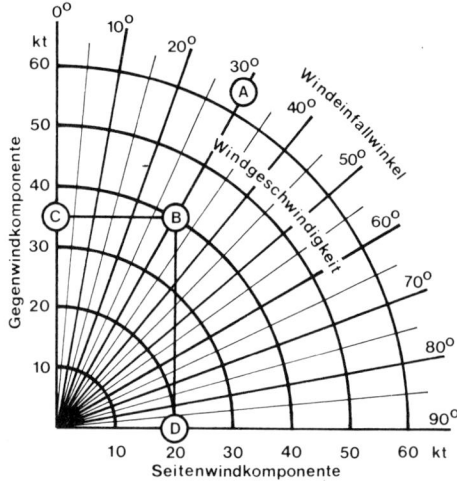

Abb. 57: Winddiagramm zur Berechnung der Seitenwind- und Gegenwindlkomponente.

tenwindkomponente von ca. 1/3 der Windgeschwindigkeit. Bei einem Windwinkel von 30° bis 60° beträgt sie etwa 2/3 der Windgeschwindigkeit, bei einem Windwinkel von 60° bis 90° etwa 3/3 (siehe Abbildung 58).

Schon beim Rollen mit starkem Seitenwind muß man besonders vorsichtig sein. Der Wind versucht, die dem Wind zugewandte (luvseitige) Tragfläche anzuheben. Mit einem Querruderausschlag in den Wind (das Querruder auf der windzugewandten Seite schlägt nach oben aus) kann man dieser Tendenz entgegenwirken (siehe Abbildung 59).

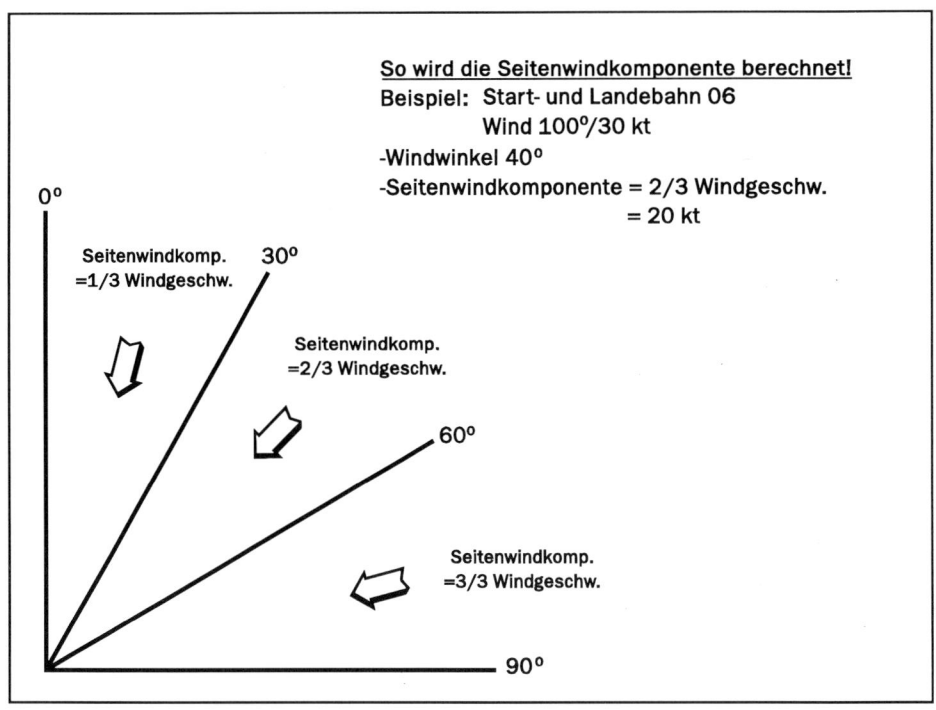

So wird die Seitenwindkomponente berechnet!
Beispiel: Start- und Landebahn 06
Wind 100°/30 kt
-Windwinkel 40°
-Seitenwindkomponente = 2/3 Windgeschw.
= 20 kt

0°

Seitenwindkomp.
=1/3 Windgeschw.

30°

Seitenwindkomp.
=2/3 Windgeschw.

60°

Seitenwindkomp.
=3/3 Windgeschw.

90°

Abb. 58: "Drittel-Methode" zur überschlägigen Berechnung der Seitenwindkomponente.

Das gleiche gilt auch beim Anrollen zum Start. Das Querruder wird voll gegen den Wind gestellt, mit dem Seitenruder hält man das Flugzeug auf der Mittellinie. Mit zunehmender Rollgeschwindigkeit werden die Ruder wirksam, und man kann den Querruderausschlag immer mehr verkleinern. Nach dem Abheben wird dann das Flugzeug mit einem entsprechend großen Luvwinkel so in den Wind gedreht, daß die Abflugrichtung genau eingehalten werden kann.

Landen mit Seitenwind ist ohne Frage schwieriger als Starten mit Seitenwind. Zum einen nimmt mit geringer werdender Anfluggeschwindigkeit die Wirkung der Ruder ab, zum anderen verändert sich der Wind mit der Höhe im Anflug, und der Pilot

ist gezwungen, ständig Korrekturen durchzuführen.

Bereits mit Einflug in die Platzrunde wird man den Seitenwind durch einen entsprechend großen Luvwinkel ausgleichen müssen, will man den vorgegebenen Flugweg einhalten. Beim Eindrehen in den Endanflug kann man sich leicht verschätzen und - abhängig von der Richtung des Seitenwindes - die Anfluggrundlinie überschießen oder aber zu kurz kommen. Bei Rückenwind im Queranflug muß früher und bei Gegenwind später als gewohnt die Kurve zum Endanflug eingeleitet werden.

Das besondere Problem beim Anflug mit starkem Seitenwind ist, das Flugzeug auf der Anfluggrundlinie zu halten und vor al-

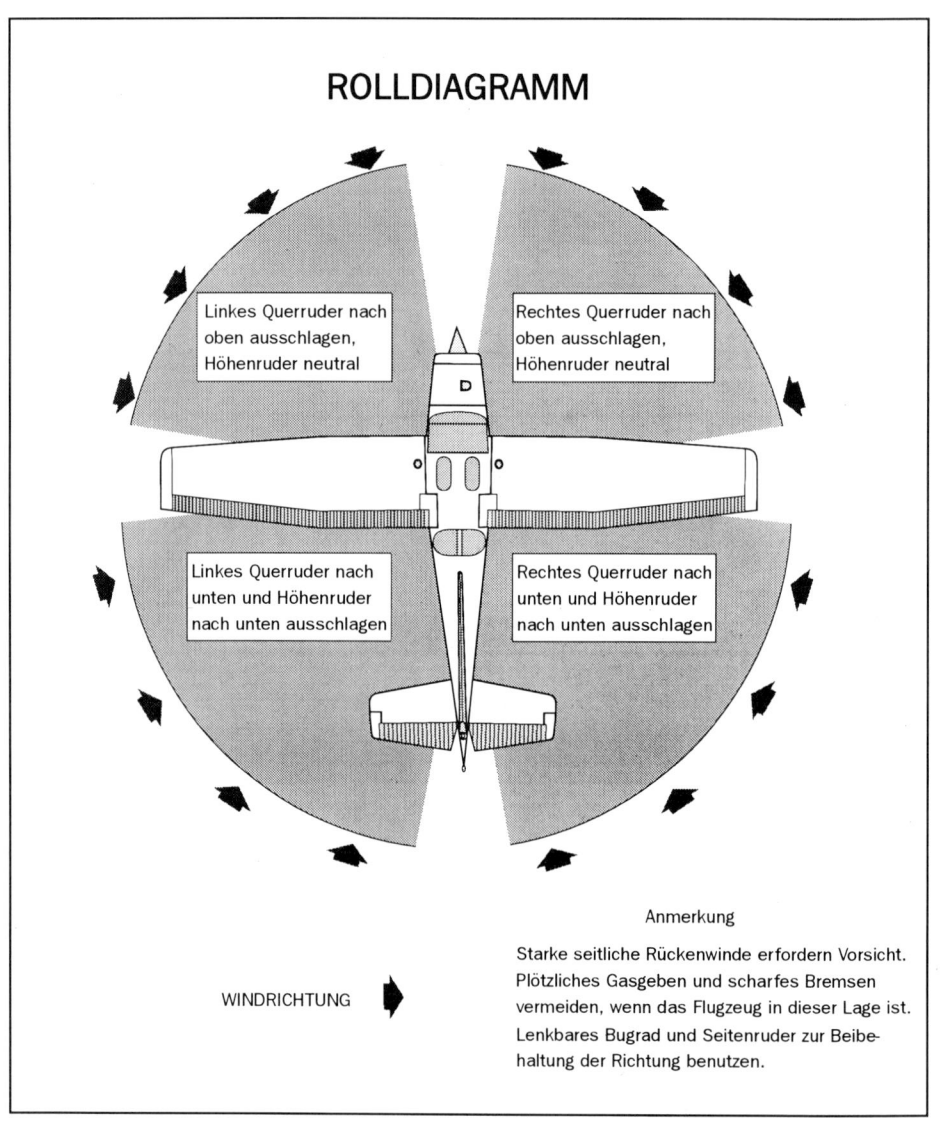

ROLLDIAGRAMM

Linkes Querruder nach oben ausschlagen, Höhenruder neutral

Rechtes Querruder nach oben ausschlagen, Höhenruder neutral

Linkes Querruder nach unten und Höhenruder nach unten ausschlagen

Rechtes Querruder nach unten und Höhenruder nach unten ausschlagen

WINDRICHTUNG

Anmerkung

Starke seitliche Rückenwinde erfordern Vorsicht. Plötzliches Gasgeben und scharfes Bremsen vermeiden, wenn das Flugzeug in dieser Lage ist. Lenkbares Bugrad und Seitenruder zur Beibehaltung der Richtung benutzen.

Abb. 59: Das Rolldiagramm aus dem Flughandbuch der Cessna 172 zeigt, wie der Pilot beim Rollen mit starkem Wind die Ruder verwenden soll, um die Richtung und das Gleichgewicht beizubehalten.

138

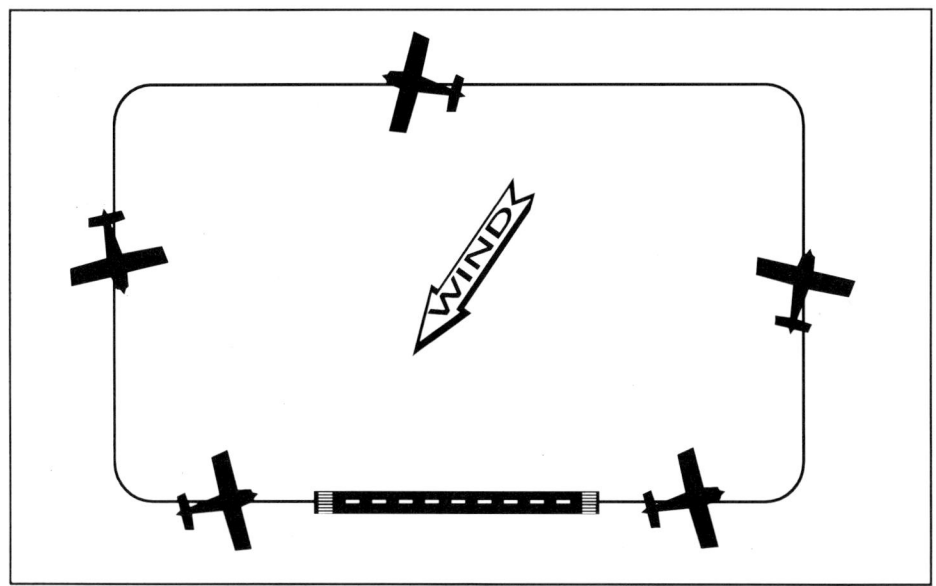

Abb. 60: Berücksichtigung des Windes in der Platzrunde.

lem bei der Landung nicht von der Landebahn abgetrieben zu werden.

Eine Möglichkeit, den Seitenwind auszugleichen, besteht darin, gegen den Wind vorzuhalten, also mit einem der Windstärke und Windrichtung entsprechend großen Luvwinkel anzufliegen. Zu beachten ist dabei, daß zum einen mit abnehmender Anfluggeschwindigkeit der erforderliche Luvwinkel immer größer wird, zum anderen mit Annäherung an den Boden der Wind nach links dreht und die Windgeschwindigkeit abnimmt.

Da der Pilot im Anflug die Landebahn als Referenz vor sich sieht, ist es relativ einfach, einen entsprechend großen Luvwinkel zu erfliegen. Schwierig wird es erst bei der Landung, denn das Flugzeug muß nun mit der Flugzeuglängsachse auf die Landebahnmittellinie ausgerichtet werden.

Wird der Luvwinkel zu früh reduziert, dann kann der Seitenwind noch auf das Flugzeug einwirken und es seitlich versetzen. Das Flugzeug setzt schiebend auf der Bahn auf. Das Fahrwerk wird dadurch erheblichen Querkräften ausgesetzt, die im schlimmsten Fall zu seinem Bruch führen können. Bei starkem Seitenwind besteht außerdem die Gefahr, daß das Flugzeug beim Ausschweben von der Bahn geweht wird und neben der Landebahn aufsetzt.

Wird die Flugzeuglängsachse zu spät auf die Bahn ausgerichtet, setzt das Flugzeug (und damit auch das Fahrwerk) schräg zur Landebahnmittellinie auf. Die Gefahr, daß das Fahrwerk beschädigt oder sogar abgeschert wird, ist sehr groß.

So einfach die Methode ist, den Seitenwind im Anflug mit einem Luvwinkel auszugleichen, so schwer ist sie bei der Landung.

Es erfordert ein gutes Maß an Erfahrung und Schätzungsvermögen, die Flugzeuglängsachse nicht zu früh, aber auch nicht zu spät auf die Bahnmittellinie auszurichten.

Eine andere Methode, den Seitenwind im Anflug und bei der Landung auszugleichen, besteht darin, die Tragfläche in den Wind zu hängen und mit dem Seitenruder die Landerichtung zu halten, also zu slippen. Es empfiehlt sich bei dieser Methode, etwas schneller als gewohnt anzufliegen, da das Flugzeug durch das Slippen ein wenig mehr an Auftrieb verliert.

Weht der Wind z.B. von rechts, so neigt man mit dem Querruder die rechte Tragfläche nach rechts in den Wind.

Um zu verhindern, daß das Flugzeug nach rechts in eine Kurve geht, wird es mit dem linken Seitenruderpedal in Landebahnrichtung gehalten. In dieser Konfiguration wird angeflogen und auch gelandet. Es wird also zuerst mit dem rechten (luvseitigen) Rad des Hauptfahrwerkes aufsetzen.

Auch diese Methode muß geübt werden. Abhängig von der Windstärke wird der Tragflügel mehr oder weniger schräg in den Wind gelegt. Querruder und Seitenruderausschlag müssen aufeinander abgestimmt sein. Der Vorteil liegt ohne Zweifel darin, daß mit einer einmal eingenommenen Fluglage angeflogen und auch gelandet werden kann. Die Gefahr eines Ausbrechens beim Ausschweben besteht hier nicht.

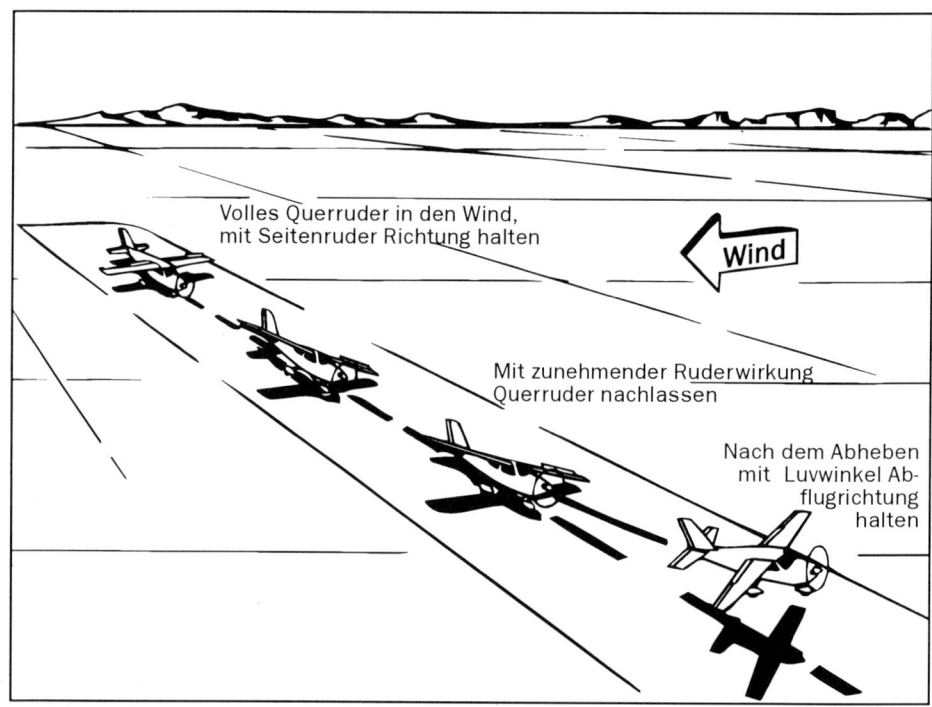

Abb. 61: Start mit Seitenwind (aus "Flight Training Handbook", FAA).

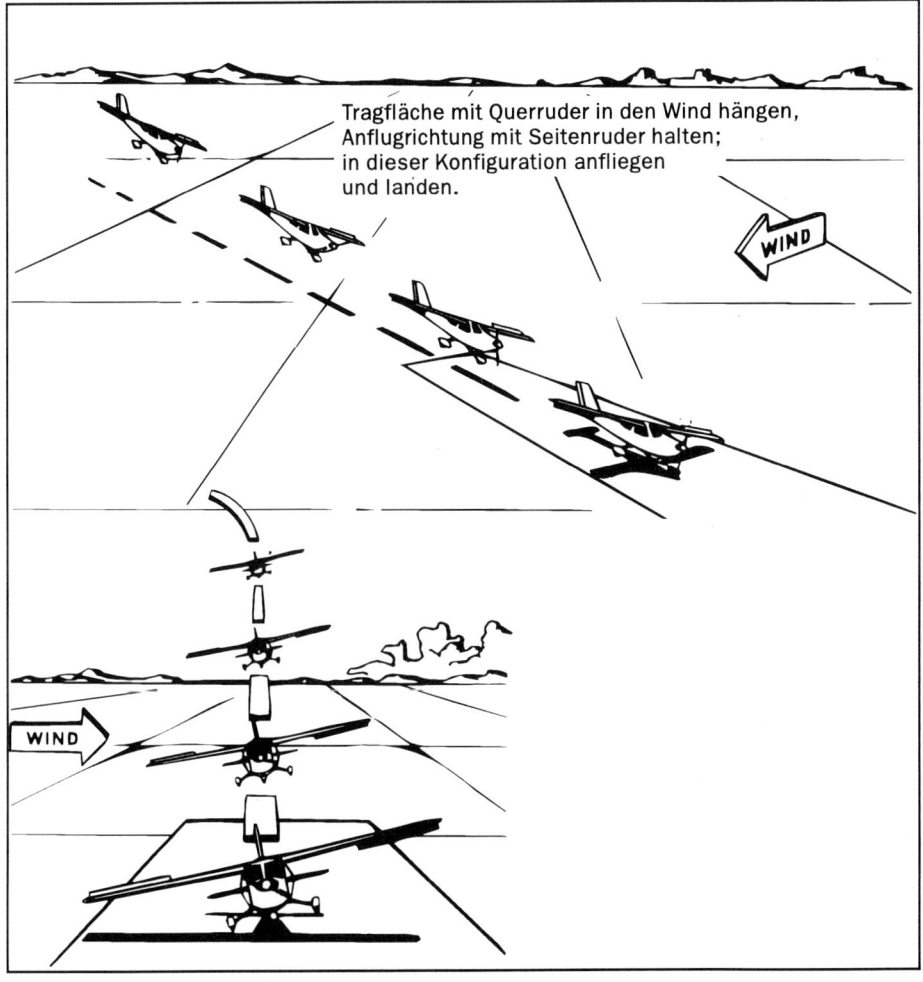

Tragfläche mit Querruder in den Wind hängen, Anflugrichtung mit Seitenruder halten; in dieser Konfiguration anfliegen und landen.

WIND

WIND

Abb. 62: Landung mit Seitenwind (aus "Flight Training Handbook", FAA).

Es ist auch möglich, beide Methoden zu kombinieren, also mit einem Luvwinkel anzufliegen und dann im letzten Teil des Anfluges in die Sliplage überzugehen.

Nach dem Aufsetzen des Hauptfahrwerkes sollte auch das Bugfahrwerk rasch den Boden berühren. Es muß unbedingt verhindert werden, daß der Seitenwind im letzten Augenblick das Flugzeug versetzt.

Wenn man sich auf eine Landung mit starkem Seitenwind einstellen muß, ist es vorteilhaft, einen längeren Endanflug vorzusehen. Dadurch hat man mehr Zeit zur Verfügung, um das Flugzeug so zu steuern, daß es nicht mehr versetzt wird.

Je langsamer man fliegt, umso größer müssen die Ruderausschläge sein. Stellt man im Anflug fest, daß das Flugzeug mit fast vollen Ruderausschlägen nicht in der Landebahnrichtung zu halten ist, sind die Aussichten auf eine glatte Landung sehr gering. Entscheiden Sie sich in einem solchen Fall rechtzeitig zum Abbruch des Anfluges und fliegen Sie einen Ausweichflugplatz an.

Aber Vorsicht beim Durchstarten! Das Flugzeug muß weiterhin in den Wind gehalten werden. Weht der Seitenwind z.B. von rechts und beim Durchstarten wird das Flugzeug nach links (mit dem Wind) gedreht, dann kommt der Wind plötzlich von hinten, das Flugzeug wird mit einer geringeren Geschwindigkeit angeströmt und verliert an Auftrieb. Es entsteht ein ähnlicher Effekt wie bei der Windscherung.

Zusammenfassung

Rollen mit Seitenwind:
- Querruder voll gegen den Wind ausschlagen.

Starten mit Seitenwind:
- Querruder voll gegen den Wind ausschlagen.
- Mit zunehmender Rollgeschwindigkeit Querruderausschlag verringern.
- Nach dem Abheben mit Luvwinkel steigen.

Landen mit Seitenwind - Methode 1:
- Mit Luvwinkel anfliegen, über der Landebahn (kurz vor dem Aufsetzen) Flugzeuglängsachse in Landebahnrichtung ausrichten.

Landen mit Seitenwind - Methode 2:
- Tragflügel in den Wind hängen, und Flugzeug im Slip in Landerichtung halten (Quer- und Seitenruder gekreuzt), in dieser Konfiguration auf der Landebahn aufsetzen.

Beachten Sie die maximal zulässige Seitenwindkomponente für Ihr Flugzeug!

Vereisung

Entstehung der Vereisung

Wasser gefriert im allgemeinen, wenn die Temperatur unter 0° C sinkt. Frei in der Luft schwebende Tropfen dagegen gefrieren keineswegs sofort nach Unterschreiten des Gefrierpunktes, sondern lassen sich bis auf sehr tiefe Temperaturen unterkühlen. Fliegt das Flugzeug durch unterkühlte Wassertropfen, dann gehen diese schlagartig in den Eiszustand über und frieren an der Flugzeugoberfläche fest. Das Flugzeug vereist.

Die Vereisungsgefahr hängt von dem Flüssigwassergehalt in den Wolken, der Temperatur des unterkühlten Wassers und der Aufenthaltsdauer unter Vereisungsbedingungen ab.

Der Flüssigwassergehalt der Wolken bestimmt zusammen mit der Temperatur Größe und Anzahl der vorhandenen unterkühlten Wassertropfen und damit auch den Grad der Vereisung, dem die gefährdeten Flugzeugteile ausgesetzt sind. Hiervon wiederum hängt die Geschwindigkeit des Eisaufbaus ab.

Beim Übergang des Wassers vom flüssigen in den festen Zustand wird Wärme frei. Wenn nun die unterkühlten Wassertropfen eine Temperatur haben, die in der Nähe des Gefrierpunktes liegt (etwa 0° bis -10° C), sorgt diese freiwerdende Wärmemenge dafür, daß nicht sofort das gesamte Wasser beim Aufschlag auf das Flugzeug zu Eis erstarrt. Ein Teil des Wassers kann sich vor dem Gefrieren flächig an das Flugzeug anlegen. Es entsteht ein durchsichtiger, glatter Eisüberzug, das sogenannte Klareis (engl. Clear Ice). Klareis ist mit Glatteis vergleichbar. Es haftet sehr fest und ist deshalb auch schwer zu entfernen.

Bei Temperaturen unter -10° C reicht die beim Übergang der unterkühlten Wassertropfen in den festen Zustand freiwerdende Wärmemenge nicht mehr aus, einen Teil des Wassers beim Aufschlag auf das Flugzeug flüssig zu halten. Die entstehenden Eisteilchen haben eine kleine Haftoberfläche. Es bildet sich dann das sogenannte Rauheis (engl. Rime Ice), das sich in der Regel nur an den aerodynamischen Vorderkanten des Flugzeuges ansetzt. Es hat ein milchig-undurchsichtiges Aussehen, eine meist rauhe Oberfläche und im Vergleich zum Klareis eine geringe Haftfähigkeit. Daher ergibt sich für das Flugzeug im allgemeinen die größere Gefährdung durch Klareisbildung, d.h. bei Flügen unter Vereisungsbedingungen im Temperaturbereich von 0° bis -10° C (siehe Abbildung 63).

Je länger sich nun ein Flugzeug ungeschützt in Vereisungsbedingungen aufhält, umso dicker wird die Eisschicht an den gefährdeten Stellen. Selbst mit einer Vereisungsschutzanlage ist es bei vielen Flugzeugen nicht immer möglich, beliebig lange in Vereisungsbedingungen zu bleiben. Die Vereisungsgefahr steigt mit zunehmender Verweilzeit.

Am häufigsten tritt Vereisung beim Flug durch Wolken auf. Es gibt aber auch Vereisungsgefahren außerhalb von Wolken. Fällt aus einer aufgleitenden Warmfront in darunterliegende Kaltluft (Temperatur unter 0° C) Regen, dann werden die ausfallenden Regentropfen unterkühlt, es entsteht gefrierender Regen (engl. Freezing Rain). Beim Auftreffen auf das Flugzeug bildet sich sofort Klareis, welches das ganze Flugzeug überziehen kann.

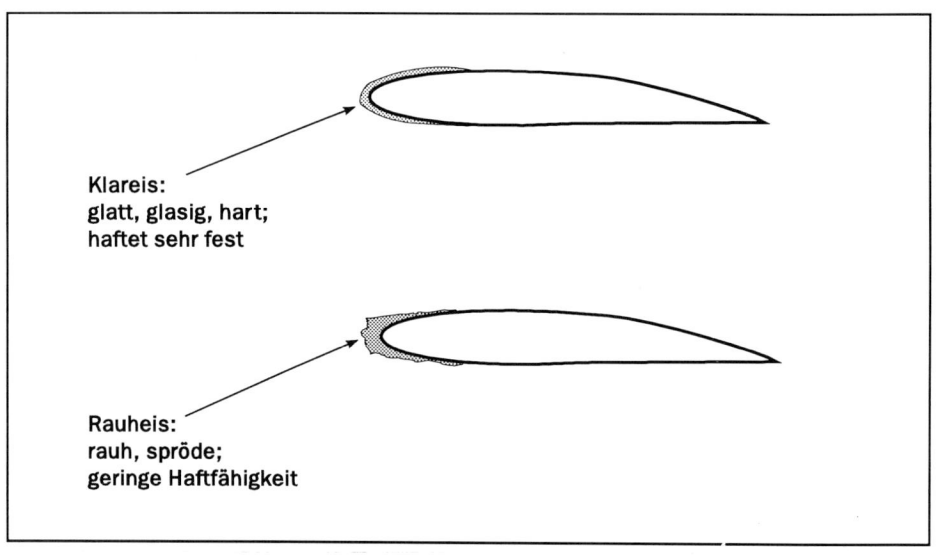

Abb. 63: Eisansatz am Tragflächenprofil.

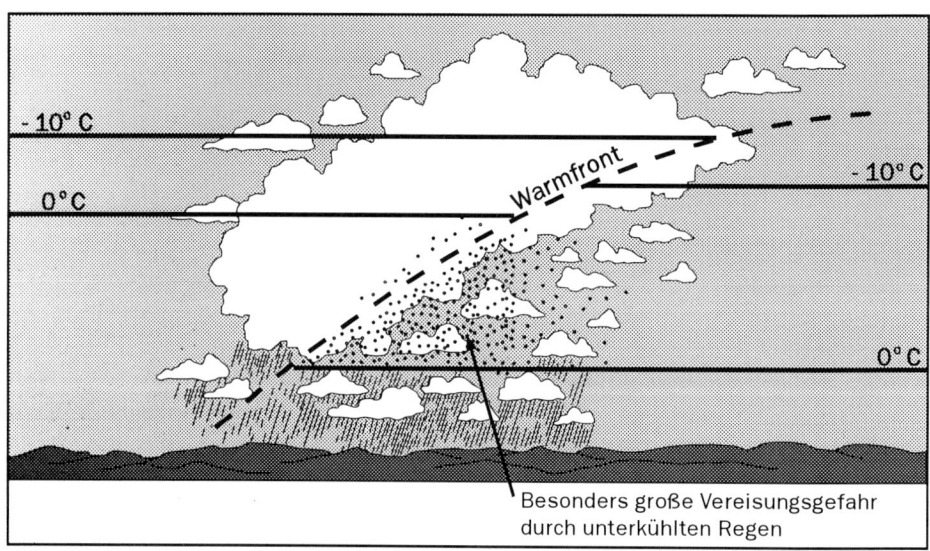

Abb. 64: Vereisungsgefährdung in einer aufgleitenden Warmfront.

Nach einem längeren Flug in größeren Höhen (und damit niedriger Temperatur) sind die nicht beheizten Teile des Flugzeuges stark ausgekühlt. Während des folgenden Abstieges in wärmere Luftschichten können an der Flugzeugoberfläche Kondensationsbedingungen erreicht werden, wodurch der Wasserdampf an

144

den kalten Hautblechen gefriert. Es baut sich eine Eisschicht auf, auch wenn keine Wolke am Himmel steht und die Außentemperaturen über 0° C liegt. Da der Kraftstoff in den Flächentanks in der Regel die größte unterkühlte Masse ist, wird im Bereich der Tanks am ehesten Eis entstehen und sich dort am längsten halten. Durch den schnellen Temperaturausgleich zwischen Flugzeughaut und umgebender Luft wird das Eis allerdings nicht lange haften. So kommt es nur selten zu einer gefährlichen Vereisung.

Vereisung gibt es aber nicht nur im Fluge, sondern auch am Boden bei im Freien abgestellten Flugzeugen. Vor allem im Spätherbst mit Beginn der ersten Nachtfröste, wenn sich bei klarem Himmel und schwachem Wind die Erdoberfläche durch Abstrahlung stark abkühlt, kann sich an der Flugzeughaut und den Scheiben Rauhreif oder sogar Eis bilden. Ebenso führen unterkühlter bzw. gefrierender Regen, Schnee oder Schmelzwasser zu starker Vereisung des abgestellten Flugzeuges.

Zusammenfassung

Vereisungsgefahr besteht bei:
- Fliegen durch Wolken (0° bis -10° C Klareis, unter -10° C Rauheis),
- Fliegen durch unterkühlten Regen (Klareis),
- Fliegen mit "abgekühltem" Flugzeug durch wärmere Luftschichten (Rauhreif).

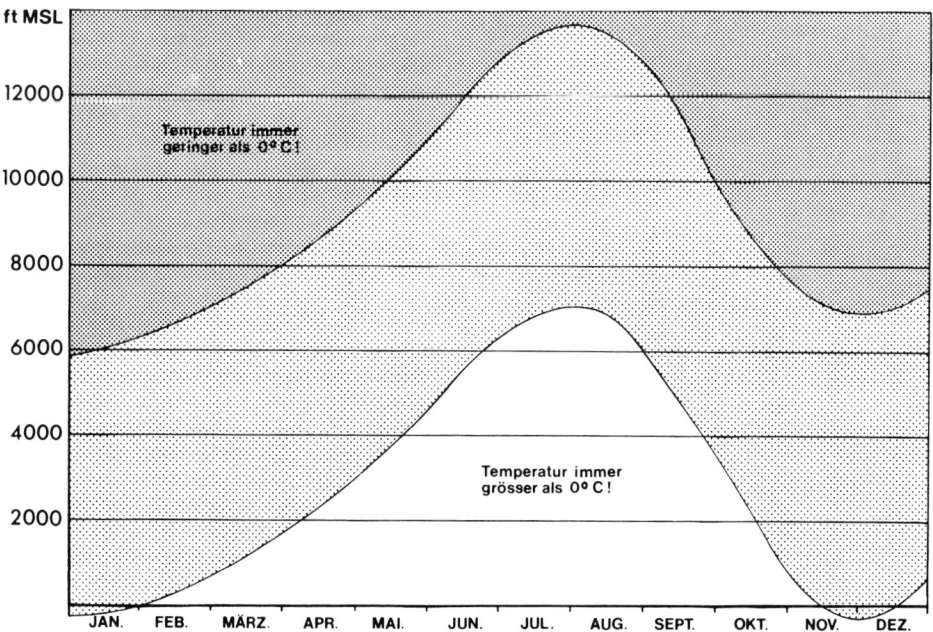

Abb. 65: Die Grafik zeigt den Bereich der Null-Grad-Grenze über der Bundesrepublik Deutschland im Verlauf eines Jahres am Beispiel von 1974. Es ist deutlich zu erkennen, daß selbst im Sommer die Null-Grad-Grenze unterhalb von 10.000 ft, also im Flugbetriebsbereich auch kleinerer Flugzeuge, liegen kann (aus fsm 2/81).

Auswirkungen der Vereisung

Eisansatz beginnt in der Regel an den Stirnflächen des Flugzeuges: An der Bugspitze, an den Nasenradien der aerodynamischen Profile, an den Vorderkanten von Streben und Antennen. Gerade diese Bereiche haben eine große Bedeutung für die Umströmung des gesamten Flugzeugkörpers (siehe Abbildung 66).

Es tritt eine starke Widerstandszunahme auf. Die Widerstands- und Auftriebsänderung von Tragflügel- und Leitwerksprofilen hängt natürlich stark von der Form des Eisaufbaues am Nasenradius ab.

Versuche haben gezeigt, daß Eisansatz an einem Tragflügelprofil eines typischen kleinen Privatreiseflugzeuges den Widerstand auf einen bis zu fünffachen Wert gegenüber dem eisfreien Profil anwachsen läßt, während der maximale Auftrieb um 40% geringer werden kann. Außerdem bricht der Auftrieb bei den durch Eisansatz beeinträchtigten Tragflügel- und Leitwerksprofilen infolge Strömungsablösung bei schon geringer Anstellwinkeländerung abrupt zusammen.

Als Folge der aerodynamischen Veränderungen an den Tragflügelprofilen ergibt sich eine drastische Erhöhung der Mindestfluggeschwindigkeit und wegen der nur begrenzten Motorleistung eine Verringerung der größten fliegbaren Horizontalgeschwindigkeit. Der Geschwindigkeitsbereich wird also stark eingeengt.

Ein Kubikdezimeter Eis wiegt je nach Dichte ca. 0,8 kg. Bei schwerer Vereisung können sich ohne weiteres ca. 10 kg Eis je Meter Profil- und Strebenvorderkante am Flugzeug festsetzen. Selbst bei kleinen Flugzeugen ist deshalb mit über 150 kg Gewichtszunahme zu rechnen, wenn der Eisansatz nicht vermieden oder das entstandene Eis nicht rechtzeitig beseitigt wird.

Was bei einem beladenen Flugzeug eine derartige Gewichtzunahme zusätzlich zu der oben beschriebenen Beeinträchtigung durch Veränderung der Profilkontur bedeutet, kann sich jeder Pilot vorstellen.

Die größten Außenflächen an Flugzeugen befinden sich meist hinter dem Schwerpunkt. Bei flächiger Vereisung (Klareis)

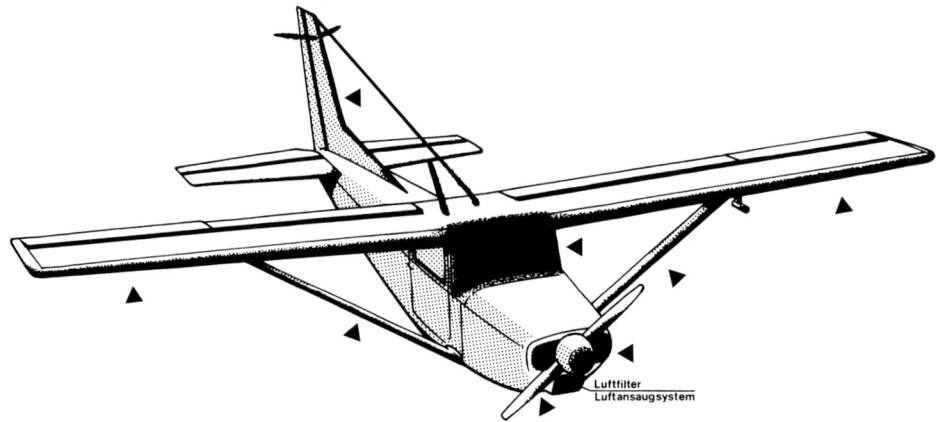

Luftfilter
Luftansaugsystem

Abb. 66: Besonders vereisungsgefährdete Bereiche des Flugzeuges (aus fsm 2/81).

kann das Flugzeug zunehmend schwanz-lastig und im Extremfall nicht mehr steuer-bar werden.

Gefährliche Situationen können z.B. ent-stehen, wenn das Eis sich nur von einer Seite der Tragfläche löst, an der anderen hingegen haften bleibt. Besonders unan-genehm und sogar gefährlich können Vi-brationen und Schwingungen durch asym-metrischen Eisansatz an Propellerblättern werden.

Frontscheiben gehören zu den höchst ver-eisungsgefährdeten Bauteilen. Durch den Eisansatz werden sie undurchsichtig. Ob-wohl die Seitenscheiben in der Regel eis-frei bleiben, ist die Flugführung dennoch in gefährlicher Weise beeinträchtigt.

Hält sich das Flugzeug längere Zeit in Vereisungsbedingungen auf, können die Ruderspalten durch Eisansatz zuwachsen, die Ruder blockieren und so die Steuer-barkeit stark einschränken.

Durch Eisansatz kann auch der Luftfilter am Motor undurchlässig werden. Dies führt zu einem Leistungsabfall oder sogar zu einem Motorstillstand.

Die Anzeigen aller Instrumente, die von der Außenluft umströmte Sensoren benut-zen, sind durch Vereisung gefährdet. Da-zu gehören Instrumente wie Fahrtmesser, Höhenmesser und Variometer ebenso wie die Überziehwarnanlage. Da bei einer Ver-eisung die augenblickliche Anzeige "ein-friert", ist der Instrumentenausfall vom Pi-loten kaum feststellbar, wenn er nicht auf Unregelmäßigkeiten und ungewohnte An-zeigen achtet (siehe auch Kapitel 4).

Starker Eisansatz gefährdet auch die An-tennen der Funkanlagen. Gewichtsüberla-stung und zu hoher Widerstand lassen z.B. ADF-Antennen abreißen. Ein Eispan-zer auf den Antennen für VOR-Empfänger und Sprechfunkgeräten kann derart dämp-fend wirken, daß diese Anlagen unbenutz-bar werden.

Zusammenfassung

Vereisung am Flugzeug kann folgende Auswirkungen haben:

- Verminderung des Auftriebs,
- Erhöhung der Überziehgeschwindigkeit,
- Erhöhung des Widerstandes,
- Gewichtszunahme,
- Änderung der Schwerpunktlage,
- Sichtverlust,
- Blockieren der Ruder,
- Abfall der Motorleistung,
- Ausfall von Instrumenten und
- Ausfall von Funkanlagen.

Schutz vor Vereisung

Als VFR-Pilot wird man selten mit einer Vereisung rechnen müssen, wenn man sich strikt an die Regeln hält und nie in Wolken einfliegt. Geschieht dies doch ein-mal versehentlich, dann werden Orientie-rungsverlust und zusätzliche Vereisung die Folge sein. Es gibt daher nur eine Ent-scheidung: Raus aus den Wolken und um-kehren.

Da im allgemeinen Vereisung nur unter-halb von 0° C auftritt, sollte man bei der Wetterberatung generell auch die 0° C-Grenze erfragen. Die automatische Wet-terberatung (GAFOR) gibt ebenfalls Aus-kunft über die Höhe dieser Grenze. Bei Gefahr von schwerer Vereisung (engl. Se-vere Icing) veröffentlicht der Wetterdienst über den Fluginformationsdienst (FIS) ein entsprechendes SIGMET (SIGnifikante METeorologische Erscheinung).

Wird gefrierender Regen vorhergesagt, sollte man auf gar keinen Fall fliegen. Dieser Regen kann äußerst gefährlich werden (im Luft- und auch im Straßenverkehr), da er schlagartig das ganze Flugzeug mit Eis überzieht. Selbst für Flugzeuge mit einer Enteisungsanlage besteht kein wirksamer Schutz vor gefrierendem Regen.

Zusammenfassung

- Fliegen Sie nie bei Gefahr von Vereisung!
- Denken Sie daran: Die kleinen einmotorigen Flugzeuge verfügen meist über keinerlei Art von Enteisungsanlage!

Maßnahmen bei Vereisung

Vor dem Start muß das Flugzeug sorgfältig von Eis oder Schnee befreit werden. Gegebenenfalls muß es in einen beheizten Hangar gestellt werden, damit Eis oder Schnee vollständig abtauen können.

Sollte trotz aller Vorsicht das Flugzeug plötzlich und unerwartet vereisen, befinden Sie sich in einer akuten Notlage:

- Suchen Sie sofort wärmere Luftmassen auf! Ein Abstieg in geringere Höhen ist meistens, aber nicht immer richtig und ausreichend. Eine sofortige Umkehr verhindert oft eine weitere Vereisung.

- Wenn nicht bereits geschehen, schalten Sie die Staurohrheizung (engl. Pitot Heat) und Vergaservorwärmung (engl. Carburetor Heat) ein.

- Schalten Sie auch die Windschutzscheibenentfrosteranlage ein. Sie hilft zwar nicht, die Windschutzscheibe von außen zu enteisen, aber sie verhindert

das Beschlagen bzw. das Vereisen der Frontscheibe von innen.

- Bei manchen Flugzeugen kann bei Vereisung der Öffnung für den statischen Druck auf Kabinendruck umgeschaltet werden. Der Schalter hierfür ist meist mit "Alternate Static" gekennzeichnet. Hierbei sind allerdings Anzeigefehler zu erwarten, über deren Größe das Flughandbuch Auskunft gibt. Nutzen Sie die Umschaltmöglichkeit, wenn Sie Zweifel an den Instrumentenanzeigen haben.

- Auswirkungen der Filtervereisung können Sie bei manchen Flugzeugmustern dadurch verhindern, daß Sie die Ausweichluftklappe öffnen. Der Schalter hierfür ist meist mit "Alternate Air" gekennzeichnet.

- Achten Sie besonders auf ausreichende Geschwindigkeit. Wenn Sie die Geschwindigkeit verringern, tun Sie dies langsam und vorsichtig, da Sie die (neuen) Grenzen des Flugzeuges noch nicht kennen und erst erfliegen müssen.

- Auch das Ausfahren der Klappen kann wegen der Erhöhung des Widerstandes zum Überziehen führen. Deshalb sollte man, wenn überhaupt, nur sparsam Landeklappen setzen.

- Reduzieren Sie bei Triebwerksvibrationen durch Propellervereisung die Drehzahl. Achten Sie jedoch auf ausreichende Fluggeschwindigkeit.

- Bewegen Sie, wenn Sie am Flugzeug Eisansatz bemerken, die Ruder, um das Zuwachsen der Ruderspalten hinauszuzögern oder zu verhindern.
- Auch wenn Sie eine Vereisungslage

glücklich durchgestanden haben, müssen Sie damit rechnen, daß die Steuerung durch Eisansatz im Bewegungsbereich eingeschränkt ist, da Sie im Reiseflug normalerweise mit geringer Ruderbetätigung fliegen. Zur Landung benötigen Sie aber den vollen Ruderausschlag. Überzeugen Sie sich deshalb vor Beginn der Landung von der vollen Beweglichkeit sämtlicher Ruder.

- Der Landeanflug mit einem vereisten Flugzeug sollte mit höherer Geschwindigkeit erfolgen (wegen der eventuell höheren Überziehgeschwindigkeit). Suchen Sie notfalls mit dem noch flugfähigen Flugzeug rechtzeitig einen Notlandeplatz auf.

- Zögern Sie nicht, bei mittlerer oder schwerer Vereisung über Funk den Notfall zu erklären.

Zusammenfassung

Starten Sie nie mit einem vereisten Flugzeug!

Bei Vereisung:
- Umkehren.
- Wärmere Luftschichten aufsuchen.
- Staurohrheizung anschalten.
- Vergaservorwärmung einschalten.
- Windschutzscheibenentfrosteranlage einschalten.
- Besonders auf Geschwindigkeit achten.
- Bei Vibrationen Drehzahl verringern.
- Mit höherer Geschwindigkeit landen.
- Ggf. Notfall erklären.

Vergaservereisung

Eine spezielle Vereisungsart ist die Vergaservereisung (engl. Carburetor Icing). Das Besondere ist, daß sie bei Temperaturen über 0° C, bei klarer Luft und nicht äußerlich sichtbar auftreten kann. Wie entsteht Vergaservereisung?

Bei einem Vergasermotor wird die Luft durch eine Verengung im Vergaser (Venturirohr) beschleunigt: Es entsteht ein Unterdruck. Dadurch wird aus der in dieses Venturirohr ragenden Düse Kraftstoff gesaugt. Dieser verdampft, und es bildet sich ein Kraftstoff/Luft-Gemisch, das zur Verbrennung zu den Zylindern weitergeleitet wird. Durch Expansion der Luft beim Passieren des Venturirohrs, aber insbesondere durch Verdunstung des Kraftstoffs wird der umgebenden Luft Wärme entzogen: Die Temperatur im Vergaser sinkt um bis zu 20° C. Ist die Luft, die in den Vergaser gelangt, sehr feucht, kondensiert bei Abkühlung die Feuchtigkeit und schlägt sich nieder. Sinkt die Temperatur unter 0° C, setzt sich die Feuchtigkeit in Form von Eis ab. Der Vergaser vereist, obwohl die Außenluft-Temperatur weit über 0° C liegt.

Die Vereisung tritt vor allem im Bereich der Drosselklappe und im nachfolgenden Krümmer des Vergasers auf. Der Eisansatz wirkt wie eine zusätzliche Drossel, die Motorleistung nimmt ab. Hält die Vereisung an, kann sich immer mehr Eis aufbauen und im schlimmsten Fall zum Motorausfall führen (siehe Abbildung 67).

Um diese Störung zu vermeiden, sind alle Vergasermotoren in Flugzeugen mit einem Vergaservorwärmsystem (engl. Carburetor Heat System) ausgestattet. Wird die Vergaservorwärmung vom Piloten eingeschaltet, erwärmt sich die angesaugte Luft in einem Wärmetauscher durch die Auspuffab-

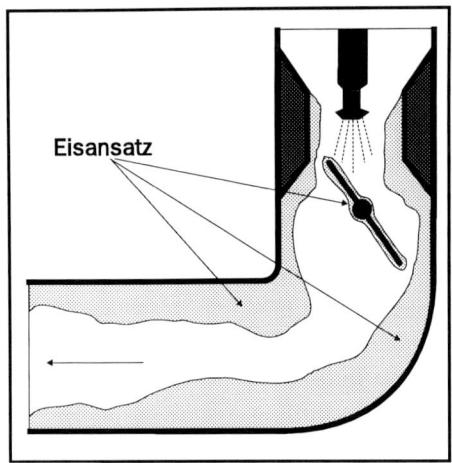

Eisansatz

Abb. 67: Vergaservereisung

gase und wird dann dem Vergaser zugeführt. Die warme Luft läßt das im Vergaser
entstandene Eis schmelzen und verhindert, solange die Vorwärmung eingeschaltet bleibt, einen neuen Eisansatz.

Vergaservereisung in der Anfangsphase
macht sich durch rauhen Motorlauf und
bei einem Motor mit Festpropeller durch
Abnahme der Motordrehzahl bemerkbar.
Bei einem Motor mit Verstellpropeller zeigt
sie sich durch Abnahme des Ladedruckes.
Vermutet man bei abfallender Drehzahl
oder sinkendem Ladedruck Vergaservereisung, sollte man auf keinen Fall nun die
Leistung erhöhen. Das würde nur die weitere Eisbildung beschleunigen.

Das einzig wirksame Mittel ist das Einschalten der Vergaservorwärmung. Steigt
die Drehzahl bzw. der Ladedruck wieder
an, war der Vergaser tatsächlich vereist.
Bleibt der Abfall längere Zeit bestehen,
dann hat sich sehr wahrscheinlich die
Stellung des Leistungshebels verschoben,
vielleicht durch Vibration.

Vergaservereisung kann bei Wetterlagen
mit hoher relativer Luftfeuchtigkeit und bei
Temperaturen bis zu etwa +20° C entstehen. Einen Hinweis auf den Grad der Luftfeuchtigkeit gibt die Differenz zwischen
Temperatur und Taupunkt, der "Spread".
Je geringer der Spread, desto höher die
relative Luftfeuchtigkeit. In starkem Dunst,
bei Nebelbildung, in der Nähe von Wolken
und bei Regen muß man mit Vergaservereisung rechnen.

Da wärmere Luft sehr viel mehr Feuchtigkeit als kalte enthalten kann, wird die Gefahr von Vergaservereisung mit abnehmender Temperatur immer geringer. Unter
-5° C bindet die Luft nur noch wenig Wasser, und es kommt kaum zu dieser Verei-
sungsform. Die Vereisungs-Wahrschein-
lichkeit ist in unseren Breiten also im Som-
merhalbjahr größer als im Winterhalbjahr.

Bei den ersten Anzeichen von Vergaservereisung (Abfall der Drehzahl bzw. des
Ladedruckes) muß die Vergaservorwärmung sofort voll gezogen werden. So fliegt
man so lange weiter, bis die Vereisungsgefahr vorbei ist. Zögert man den Einsatz
der Vergaservorwärmung zu weit hinaus,
kann sich schon so viel Eis im Vergaser
gebildet haben, daß es zu massiven Mo-
torstörungen kommt. Ist man gezwungen,
längere Zeit mit gezogener Vorwärmung
zu fliegen, muß ggf. die Gemischeinstellung korrigiert werden.

Die Ansaugluft, welche die Vorwärmungs-
anlage passiert, hat eine höhere Temperatur und damit eine geringere Dichte als
die normale Ansaugluft. Bei gleichem An-
saugvolumen steht also dem Motor eine
geringere Luftmasse zur Leistungserzeu-
gung zur Verfügung. Bei Betätigung der
Vergaservorwärmung wird daher die Drehzahl bzw. der Ladedruck etwas abneh-
men. Man könnte deshalb auf die Idee

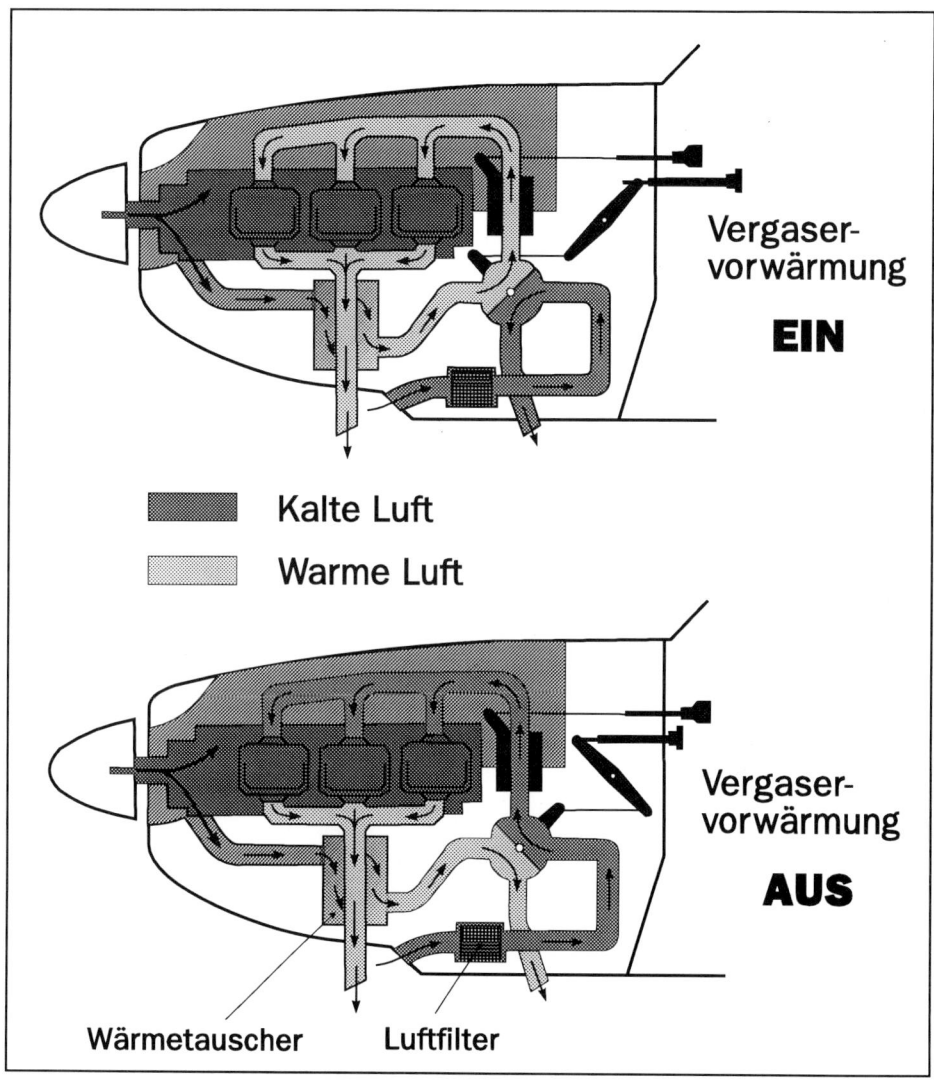

Abb. 68: So funktioniert die Vergaservorwärmung.

kommen, die Vorwärmung nur so viel zu ziehen, bis die Ansauglufttemperatur gerade über 0° C bleibt.

Das ist aber nur mit Hilfe einer Vergasertemperaturanzeige möglich. Ohne dieses

Anzeigegerät (leider verfügen viele einmotorige Flugzeuge nicht darüber) sollte es nur zwei Positionen bei der Betätigung der Vorwärmung geben: VOLL AN und GANZ AUS. Alle Zwischenpositionen können ohne Kontrolle der Vergasertempera-

151

tur an ungünstigen Stellen derartige Eisansammlungen im Ansaugtrakt verursachen (durch teilweises Abschmelzen und erneutes Frieren des Eises), daß auch ein nachträgliches volles Einschalten der Vorwärmanlage keine rechtzeitige Besserung mehr bringt. Der Motor fällt aus und läßt sich längere Zeit nicht mehr in Gang setzen.

Vergaservereisung ist ein Phänomen, mit dem jeder Pilot rechnen muß, der ein Flugzeug mit Vergasermotor fliegt. Da sie letztlich zum Ausfall des Motors führen kann, ist eine einwandfrei funktionierende Vergaservorwärmung sehr wichtig. Deshalb sollte man vor jedem Start ihre Funktion nach der Checkliste überprüfen.

Zusammenfassung

- Vergaservereisung kann bei hoher Luftfeuchtigkeit und Temperaturen zwischen -5° C und +20° C auftreten.
- Anzeichen für Vergaservereisung sind rauher Motorlauf und Drehzahlabfall (bei Festpropeller) bzw. Ladedruckabfall (bei Verstellpropeller).
- Maßnahmen gegen Vergaservereisung: Rechtzeitig Vergaservorwärmung voll ziehen (ohne dabei die Stellung des Leistungshebels zu verändern).
- Aus Sicherheitsgründen sollte man während des Sinkfluges und während des Landeanfluges die Vergaservorwärmung einschalten (siehe entsprechenden Hinweis im Flughandbuch).

Fliegen im Winter

Fliegen im Winter ist nicht kritisch, wenn man sich als Pilot und Luftfahrzeughalter auf die besonderen Wetterbedingungen einstellt. Die nächsten Hinweise zum Winterflugbetrieb sind der Flugsicherheitsmitteilung fsm 12/74 entnommen.

Allgemeine Regeln

Eis, Reif- oder Schneebelag auf Tragflügeln, Steuerflächen oder Propellern bedeutet Startverbot. Das Luftfahrzeug sollte vor dem Flug so abgestellt bzw. abgedeckt werden, daß ein Enteisen vor dem Flug entfallen kann. Sollte es trotzdem notwendig sein, das Luftfahrzeug mit Enteisungsflüssigkeit zu behandeln, muß diese Flüssigkeit wieder vollständig entfernt werden, da sie stark hygroskopisch ist und deshalb wiederum Wasser anzieht. Beim Start kann dann durch Verdunstungskälte eine erneute stärkere Vereisung auftreten.

Im Rahmen der Instandhaltung sollte der Winterflugbetrieb besonders berücksichtigt werden. Lüftungs-, Heizungs- und Abgasanlagen müssen vor dem Winterflug eingehend auf einwandfreien Zustand geprüft werden, um die Gefahr von Kohlenmonoxydvergiftungen auszuschließen.

Tiefe Temperaturen verursachen Viskositätsänderungen beim Motoröl. Verwenden Sie deshalb beim Ölwechsel ausschließlich die im Flughandbuch für den Winterbetrieb vorgeschriebenen Öle. Versäumen Sie es nicht, die entsprechende Beschriftung am Öleinfüllstutzen anzubringen.

Die Kapazität der Batterie vermindert sich durch niedrige Temperaturen. Ihr Ladezustand ist daher öfter als im Sommer zu prüfen. Eine erschöpfte Batterie muß durch eine leistungsfähige ersetzt werden. Die leere Batterie belastet den Generator oft so stark, daß dieser schließlich ausfällt. Diese Störung kann durchaus erst im Steigflug oder Reiseflug eintreten und bedeutet dann den totalen Ausfall der Stromversorgung. Diese Tatsache wird oft übersehen. Der Stromausfall hätte sich durch rechtzeitiges Nachladen der Batterie bzw. durch Batteriewechsel vermeiden lassen. Um eine übermäßige Batteriebeanspruchung beim Anlaßvorgang zu vermeiden, wird empfohlen, eine Fremdstromquelle über den Außenbordanschluß zu verwenden. Hierbei müssen alle elektronischen Geräte abgeschaltet sein.

Machen Sie sich mit dem Flugzeug und dessen Bedienungsanweisungen (z.B. Flughandbuch, Motorhandbuch) so gründlich vertraut, daß Sie alle Anlagen und Bedienungen genau kennen. Berücksichtigen Sie dabei besonders eingehend die Hinweise für den Winterflugbetrieb.

Die terrestrische Navigation über schneebedecktem Gelände ist erheblich schwieriger, da die meisten Geländemerkmale nicht erkennbar sind. Es wird daher dringend empfohlen, während einer Schneelage zuerst in der näheren Umgebung des Flugplatzes mit einem ortskundigen Piloten anhand einer Luftfahrtkarte Kleinorientierungsaufgaben zu üben. Dabei sollten Ziele vorbereitet angeflogen, andererseits aber auch Übungen zur Standortbestimmung nach kurzen Flügen ohne Gebrauch der Karte durchgeführt werden.

Die kurzen Zeiten hellen Tageslichtes zwingen zu besonders sorgfältiger Zeitplanung, wenn der Zielort nicht zu spät erreicht werden soll. Die Dämmerung kann durch geschlossene Bewölkung schon lange vor Sonnenuntergang eintreten. An-

dererseits kann es bei Sichtflügen über schneebedecktem Gelände und auch bei Schneefall zur Schneeblindheit kommen. Tragen Sie eine gute Sonnenbrille.

Pünktlicher Abflug muß sichergestellt sein. Berücksichtigen Sie vorab den erhöhten Zeitaufwand für die Flugvorbereitung und die Vorflugkontrolle. Flugsicherheit muß in jedem Fall Vorrang vor geschäftlichen oder privaten Interessen haben.

Flüge nach Sichtflugregeln bei Wetterbedingungen nahe den Sichtfluggrenzwerten sind im Winter besonders kritisch. Die Einhaltung des Flugweges oder das Anfliegen des Zielflugplatzes können unter ungünstigen Wetterbedingungen unmöglich werden. Auch wenn Ihr Luftfahrzeug mit Funknavigationsgeräten ausgerüstet ist, sollten Sie das Wetter laufend aufmerksam beobachten. Versuchen Sie auf keinen Fall, im Vertrauen auf Ihre Geräte ohne Sichtflugbedingungen weiterzufliegen - kehren Sie rechtzeitig um.

Auch bei guter Sicht können Ihre Instrumente zur Fluglagekontrolle über flachem, schneebedecktem Gelände hilfreich sein. Überprüfen Sie so oft wie möglich, ob Sie wirklich Ihre Fluglage sicher kontrollieren können.

Flüge unter Wetterbedingungen, bei denen Vereisung zu erwarten ist, dürfen nicht durchgeführt werden, wenn das Luftfahrzeug nicht mit Einrichtungen zur Beobachtung, zur Verhütung oder Beseitigung von Eisansatz ausgerüstet ist. Bitte beachten Sie: Es gibt viele Flugzeuge, die mit einer Eisverhütungs- oder Enteisungsanlage ausgerüstet sind. Trotzdem sind sie für Flüge in bekannten Vereisungsbedingungen nicht zugelassen, da eine ausreichende Wirksamkeit der Anlage nicht nachgewiesen ist.

Besondere Aufmerksamkeit erfordert die Vergaservereisung während des Winterflugbetriebes. Sie tritt vorwiegend bei höherer Luftfeuchtigkeit im Temperaturbereich von ca. - 5° bis + 20° C auf und ist am Nachlassen der Drehzahl und/oder des Ladedrucks sowie am unruhigen Lauf des Motors erkennbar. Die Gegenmaßnahmen: Vergaservorwärmung auf WARM stellen. Leistungshebel so lange unverändert stehen lassen, bis ruhiger Lauf oder Ausgangsdrehzahl wieder erreicht ist.

Dies kann je nach Grad der Vereisung einige Minuten dauern. Tritt nach dieser Maßnahme noch kein ruhiger, gleichmäßiger Motorlauf ein, sollte das Gemisch verarmt werden: Ziehen Sie den Gemischhebel langsam in Richtung ARM. Vorsicht: Schnellstop! Ist dabei Drehzahl- oder Ladedruckanstieg festzustellen, so war das Gemisch zu reich.

Tritt jedoch bei der Verarmung des Gemischs Drehzahl- oder Leistungsabfall ein, sollte man unbedingt mit der ursprünglichen Gemischeinstellung weiterfliegen. Eine gute Hilfe, Vergaservereisung von Beginn an zu vermeiden, ist eine Vergasertemperaturanzeige. Andernfalls sollten Sie im Reiseflug mit voll betätigter Vergaservorwärmung fliegen, wenn das Flughandbuch nichts anderes bestimmt. Der Kraftstoffverbrauch kann, wenn überhaupt, nur geringfügig zunehmen.

Bei einem Flug in größeren Höhen kühlt sich die Flugzeugzelle sehr stark ab. Deshalb besteht beim schnellen Sinkflug in feuchten Luftschichten erhebliche Vereisungsgefahr, und zwar auch dann, wenn die Wetterlage gar keine Vereisung erwarten läßt.

Flugvorbereitung

Der Kraftstoffvorrat sollte entsprechend den Angaben im Flughandbuch so groß wie möglich und gewichtsmäßig zulässig kalkuliert werden - auch bei Planung kürzerer Flüge. Das winterliche Wetter kann den Flug länger als beabsichtigt werden lassen.

Holen Sie jede verfügbare Wetterinformation ein, und prüfen Sie die voraussichtliche Entwicklung sehr sorgfältig. Lassen Sie sich besonders gründlich über mögliche Vereisungsgefahren informieren. Befragen Sie auch Piloten, die gerade auf Ihrem geplanten Flugweg oder in dem entsprechenden Gebiet geflogen sind, nach ihren Wetterbeobachtungen. Nutzen Sie bei Winterflügen möglichst häufig alle Chancen, Wetterinformationen über Funk einzuholen, sei es durch Abhören von Wettermeldungen und Wettervorhersagen oder über Kontakt mit Bodenfunkstellen. Auch die Fluginformationsdienste können Sie über Funk ansprechen. Die jeweiligen Frequenzen finden Sie im Luftfahrthandbuch (AIP).

Winterwetter kann durch Schneeschauer, Sichtrückgang u.ä. verhindern, daß Sie den Zielflugplatz erreichen. Sie sollten sich deshalb über alle im Bereich des Flugweges liegenden Flugplätze (Flughäfen, Landeplätze, Segelfluggelände) bereits bei der Flugvorbereitung gründlich über Lage, Anflugverfahren, Frequenzen usw. informieren.

Ermitteln Sie vor dem Start aus dem Flughandbuch so genau wie möglich die erforderliche Start- und Landestrecke unter Berücksichtigung der Verlängerungsfaktoren für nasse, schneebedeckte oder vereiste Bahnen. Ermitteln Sie den Punkt, bei dem Sie spätestens den Start abbrechen müssen, um noch vor dem Bahnende oder spätestens vor dem nächsten Hindernis zum Stehen zu kommen. Markieren Sie gegebenenfalls diesen Punkt mit doppelten Hüten, einem Reisigstecken oder anderen auffälligen Mitteln. Starten Sie nicht, wenn Ihre Startstreckenberechnung ergibt, daß Sie erst nach dieser Markierung freikommen. Erreichen Sie beim Startlauf trotzdem die markierte Stelle, ohne vollkommen abgehoben zu haben, brechen Sie den Start unverzüglich ab.

Fliegen Sie in kleineren Flugzeugen nicht hemdsärmelig. Scheiben sind sehr kalt. Im Flugzeug wie im Auto ist die Folge Rheumatismus. Angemessen warme Kleidung und eine mäßig eingestellte Heizung lassen Müdigkeit weniger aufkommen als die Zufuhr sehr warmer Luft oder überhitzte Kabinen.

Vorflugkontrolle

Die Vorflugkontrolle muß mit besonderer Sorgfalt und den Winterbedingungen entsprechend ausgeführt werden. Die Vorschriften der Hersteller sind zu beachten.

Hochgespritzter Matsch, nasse Grasreste, Wasser usw. können gefrieren und Steuerung, Klappen, Fahrwerk oder Bremsen blockieren. Kontrollieren Sie besonders Ruder- und Klappenspalten, Fahrwerk und Fahrwerksbuchten, Staurohr und statische Drucköffnung auf Eis und Wasser. Prüfen Sie eingehend die Funktionsfähigkeit von Steuerung und Klappen durch volle Ausschläge (elektrische Klappen ein- und ausfahren) im gesamten Bewegungsbereich und kontrollieren Sie die Anzeigen. Entwässern Sie stets das Kraftstoffsystem an der vorgeschriebenen Stelle, um das Kondensat zu entfernen oder festzustellen, ob es gefroren ist.

Prüfen Sie Abgas-, Heizungs- und Lüftungsanlagen auf äußeren Zustand, Enteisungs- und Heizungsanlagen, Bremsen und Vergaservorwärmung auf Funktion.

Reinigen Sie sorgfältig innen und außen die Windschutzscheiben. Starten Sie niemals, wenn sie verschmutzt, beschlagen, oder überfroren sind.

Anlassen und warmlaufen lassen

Sorgen Sie vor dem Anlassen dafür, daß wegen der erhöhten Gefahr eines Vergaserbrandes ein Feuerlöscher in unmittelbarer Nähe bereitsteht. Beim Warmlaufen sollte das Flugzeug auf einem Platz stehen, wo es trotz längeren Motorlaufes und Abbremsens niemanden gefährdet, behindert oder belästigt. Darüber hinaus sollte das Flugzeug bei Schnee und Eis durch geeignete Bremsklötze (mit Bodenkralle) gesichert sein.

Halten Sie sich genau an die Anlaßvorschriften der Hersteller für den Winterbetrieb (Flughandbuch).

Sollte das Flugzeug bei starker Kälte im Freien oder in einer unbeheizten Halle gestanden haben, wird vor dem Anlassen folgendes Verfahren empfohlen:

- Eine sachkundige Person muß sich im Führersitz befinden und das Luftfahrzeug durch Bremsklötze gesichert sein (Leistungshebel auf LEERLAUF, Gemischhebel voll gezogen auf ARM bzw. Schnellstop).
- Zünd- und Hauptschalter auf AUS.
- Motor an der Luftschraube entgegen der Drehrichtung durchdrehen, damit der Widerstand der starren Schmiermittel gelöst wird. Dabei sollte man sich vor der Propellerebene einen fe-

sten Stand verschaffen, eng anliegende Kleidung tragen und den Propeller nicht mit den Fingerspitzen umfassen, sondern die Handflächen flach auf das Blatt legen und durchziehen. Immer damit rechnen, daß der Motor anspringen könnte.

- Genau der Temperatur und der Feuchtigkeit entsprechend einspritzen (siehe Angaben im Flughandbuch). Zu viel bedeutet Brandgefahr im Vergaser. Nach dem Einspritzen den Pumpenhebel ordnungsgemäß verriegeln.

Sollte der Motor zu viel Kraftstoff erhalten haben, also "abgesoffen" sein, verfahren Sie gemäß Flug- bzw. Motorhandbuch des Herstellers. Ist dort nichts erwähnt, wird folgendes Verfahren empfohlen:

- Zündung beider Magnete auf AUS schalten.
- Schnellstop ziehen.
- Leistungshebel auf "Volle Leistung" setzen.
- Danach unter Beachtung der Vorsichtsmaßnahmen (wie beim Druchdrehen des Propellers) den Motor am Propeller rückwärts durchdrehen, bis jeder Zylinder mindestens zweimal ausgeblasen ist.
- Anlaßvorgang wiederholen.

Um die Kapazität der Batterie nicht zu erschöpfen und den Anlasser vor dem Verschmoren zu schützen, sollten nur drei Anlaßversuche mit je drei Sekunden Dauer durchgeführt werden. Nach jedem Anlaß legen Sie eine Pause von zehn Sekunden ein. Warten Sie anschließend mindestens fünf Minuten, bevor Sie die Prozedur wiederholen. Sollte die Kapazität der Batterie durch längere Benutzung oder durch Kälte so weit erschöpft sein, daß der Anlasser nicht mehr voll durchzieht, darf der Motor nicht von Hand an der Luft-

schraube angerissen werden. In diesem Fall müssen Sie die Batterie auswechseln, da ihr das nach dem Anreißen nunmehr laufende Triebwerk nicht so viel Energie liefert, um die Versorgung der elektrischen Anlagen im Flug sicherzustellen.

Eine ernstzunehmende Gefahr besteht darin, daß sich feuchte und kalte Luft auf der Windschutzscheibe niederschlägt. Durch Überfrieren wird diese undurchsichtig und provoziert geradezu Rollschäden - ganz abgesehen vom Start, den Sie bestimmt nicht unter derartigen "IFR"-Bedingungen durchführen wollen. Öffnen Sie die Cockpit-Fenster und warten Sie, bis Heizung und Belüftung beim Motorwarmlauf so warme und trockene Luft liefern, daß die Scheiben und Instrumentengläser nicht erneut beschlagen.

Lassen Sie den Motor so lange warmlaufen, bis die Öltemperaturanzeige im grünen Bereich ist. Halten Sie die Vorschriften des Flughandbuches genau ein. Vergewissern Sie sich, daß die Vergaservorwärmung funktioniert (Prüfung des Drehzahlabfalls). Prüfen Sie Leerlauf, Gasannahme beim Hochfahren und runden Motorlauf. Eine ausreichende Erwärmung ist für Motor und Kabine vor Beginn des Fluges unerläßlich.

Rollen

Bei Nässe, Schnee oder Eis kann das Flugzeug rutschen. Achten Sie darauf, daß vor und neben Ihrer rollenden Maschine ausreichende Freiräume vorhanden sind. Rollen Sie grundsätzlich langsam (zum Abstellplatz oder Warteplatz nur im Schritt-Tempo), und seien Sie immer bereit, den Motor jederzeit abzustellen, um schneller zum Stillstand zu kommen.

Vermeiden Sie das Rollen durch Nässe, Matsch, Eis und Wasser, da die anhaftenden Reste bereits kurz nach dem Start gefrieren und die Flugsicherheit beeinträchtigen können.

Prüfen Sie beim Rollen die Griffigkeit des Bodens, evtl. auch die der Start- und Landebahn. Ist die Bremswirkung ausreichend? Sind noch alle Ruder freigängig? Ist das Flugzeug noch eisfrei? Erst wenn Sie diese Fragen positiv beantwortet haben, können Sie Ihre Startentscheidung treffen. Nur bei guter Bremswirkung darf ein Start mit Seitenwind erfolgen.

Der Start

Kurz vor dem Start erfolgt nochmals eine Kontrolle der Tragflügel auf Schnee- oder Eisbelag (soweit dies vom Cockpit aus möglich ist) sowie der Rudergängigkeit. Während des Startvorganges muß man stets auf einen Startabbruch vorbereitet sein. Lassen Sie beim Start auf weichem oder schneebedecktem Boden das Bugrad zur Verminderung des Widerstandes so bald wie möglich ganz frei kommen, jedoch nicht mehr als notwendig, damit ein Sackflugzustand vermieden wird.

Der Flug

Beobachten Sie Ihr Luftfahrzeug besonders bei feuchten Wetterlagen auf Eisansatz, auch bei klarem Himmel ohne sichtbare Wolken.

Umfliegen Sie grundsätzlich Regen- oder Schneeschauer mit großem Abstand. Entscheiden Sie sich rechtzeitig zur Umkehr, bevor Sie die Bodensicht verlieren. Bei Flügen über einer geschlossenen Wolkendecke sind die Sichtflugbedingungen zu beachten. Im Winter kann sich eine unterbrochene Wolkendecke sehr schnell schließen und den Anflug zum Zielflugplatz bzw. die Landung unter Sichtflugbedingungen unmöglich machen.

Beachten Sie den Motorlauf (Drehzahl und Ladedruck) und - falls vorhanden - die Vergasertemperaturanzeige, um eine auftretende Vergaservereisung sofort erkennen zu können. Schalten Sie rechtzeitig die Vergaservorwärmung ein, um eine Motorstörung zu vermeiden. Führen diese Maßnahmen nicht zu einem normalen Motorlauf, sollten Sie den nächsten Ausweichflugplatz anfliegen oder notfalls mit noch laufendem Triebwerk eine Sicherheitslandung machen.

Bei starken Ermüdungserscheinungen besteht der Verdacht, daß die Heizungsanlage undicht geworden ist und Kohlenmonoxyd (sehr giftig!) in die Kabine eindringt. Stellen Sie sofort die Heizung ab und schalten Sie auf Frischluftzufuhr. Öffnen Sie, wenn möglich, die Fenster. Sollte keine Besserung des Befindens eintreten, sofort einen Ausweichplatz anfliegen oder eine Sicherheitslandung machen.

Wenn die Stromversorgung Ihres Flugzeuges auf "schwachen Füßen" steht, schalten Sie alle Geräte ab, die nicht unbedingt benötigt werden. Sie verbrauchen beim Sprechfunkverkehr z.B. weit mehr Energie zum Senden als zum Empfangen. Teilen Sie der Bodenfunkstelle mit, daß Sie nur noch auf Empfang sind und erst dann wieder senden, wenn es unvermeidlich ist, zum Beispiel unmittelbar vor der Landung.

Landevorbereitung

Lassen Sie sich vor der Landung über den Zustand der Landebahn und den Bodenwind genau informieren. Sehr schnell kann es zu Unfällen kommen, wenn Sie bei der Landung oder beim Ausrollen durch eine Eis- oder Harschschicht einbrechen oder von Seitenwind auf glatter Bahn "verweht" werden.

Sie müssen damit rechnen, daß Ihre Ruder durch Eisansatz im Bewegungsbereich eingeschränkt sind, da Sie im Reiseflug normalerweise mit geringer Ruderbetätigung fliegen. Zur Landung benötigen Sie aber den vollen Ruderausschlag. Überzeugen Sie sich deshalb vor Beginn der Landung von der vollen Ausschlagfähigkeit sämtlicher Ruder (soweit dies bei Ihrem Flug möglich und zulässig ist), und erzwingen Sie diese notfalls mit maßvollem Kraftaufwand, um die Ruder "loszubrechen".

Falls die Bahn mit Schnee und Eis bedeckt ist, sollten Sie durch einen Überflug feststellen, ob die sichtbaren Markierungen als Schätzhilfe bei der Landung ausreichen und ob Schneeverwehungen entstanden sind. Befürchten Sie Schwierigkeiten, sollten Sie vor der Landung über Funk eine Säuberung eventuell zugewehter Sichtzeichen und eine Räumung der Bahn anfordern.

Legen Sie Ihren Aufsetzpunkt so weit in die Landebahnfläche, daß der Beginn der Landebahn in ausreichender Höhe überflogen wird. Es ist damit zu rechnen, daß sich durch die Schneeräumung schwer erkennbare, eventuell gefrorene Schneewälle an den Bahnenden und -seiten befinden, die beim Zukurzkommen oder Abkommen von der Landerichtung zu erheblichen Beschädigungen des Luftfahrzeuges führen können.

Die Landung

Beim Sinken aus Reiseflughöhe wird der Motor im Winter schnell kalt, oft zu kalt, um beim Durchstarten volle Leistung verfügbar zu haben. Halten Sie die Vorschriften des Flughandbuches genau ein und verfahren Sie folgendermaßen: Schalten Sie die Vergaservorwärmung vor Abfall der Motorleistung ein. Betätigen Sie den Leistungshebel nie ruckartig. Kontrollieren Sie ständig die Ansaugluft- und Öltemperatur. Fliegen Sie bis kurz vor dem Aufsetzen mit Motorleistung an (z.B. durch Anflug mit geringem Sinken oder größerem Klappenausschlag).

Berücksichtigen Sie bei der Landung, daß Sie sich bei schneebedecktem Boden oder Blendung sehr leicht und erheblich in der Höhe verschätzen können. Landen Sie so, daß Sie beim Aufsetzen mit möglichst geringer Geschwindigkeit (großer Anstellwinkel) deutliche Markierungen wie Landekreuz, Schwelle, Dachreiter, Hüte, eingesteckte Reiser als Schätzhilfe zur Verfügung haben. Setzen Sie mit etwa einer Spannweite seitlichem Abstand von diesen Markierungen auf, niemals weiter davon. Erwarten Sie nach dem Aufsetzen auf glatter Start- und Landebahn eine schlechtere Bugradführung und geringere Bremswirkung der Reifen als üblich. Seien Sie bereit zum Durchstarten, und starten Sie unverzüglich durch, wenn Zweifel an einer sicheren Landung bzw. einwandfreiem Ausrollen bestehen.

Bereiten Sie die Landung nach der Klarliste so rechtzeitig vor, daß Sie sich im Endanflug voll auf den Landevorgang konzentrieren können. Besonders beim Winterflugbetrieb gilt die Grundregel, daß ein gleichmäßiger und ungestörter Endanflug die Voraussetzung für eine sichere Landung ist.

Verhalten nach dem Flug

Entfernen Sie hochgespritzten Matsch, nasse Grasreste und Wasser aus dem Bereich des Fahrwerks, der Klappen und Steuerungen usw. sehr sorgfältig, um Beschädigungen oder Funktionsbeeinträchtigungen durch Einfrieren zu vermeiden.

Notverfahren bei Vereisung

Fliegen heißt immer: Vorausdenken. Dies gilt besonders für die Einstellung auf Notfälle und die Maßnahmen zu deren Überwindung. Hier noch einige Erfahrungen aus der Flugpraxis:

Beim ersten Eisansatz an der Windschutzscheibe sofort Seitenfenster öffnen, damit die Bodensicht erhalten bleibt. Durch die Vereisung der Zelle verringert sich der Auftrieb, erhöht sich das Gewicht und das Luftfahrzeug wird meist schwanzlastig. Die Gefahr des ungewollten Überziehens und Abreißens der Strömung ist in erhöhtem Maße gegeben. Wenn sich die Ruderspalten zusetzen, ist eine Steuerung mit den Rudern nur schwer oder nicht mehr möglich. Was ist zu tun?

Wenn eine Enteisungsanlage vorhanden ist, diese sofort einschalten. Andernfalls umkehren oder je nach Schnelligkeit und Grad der Vereisung einen Ausweichplatz anfliegen, gegebenenfalls mit dem noch flugfähigen Luftfahrzeug rechtzeitig einen Notlandeplatz aussuchen und landen. Sollten dabei die Ruder schwergängig oder fest werden, kann mit Trimmung und Motorleistung begrenzt um die Querachse gesteuert werden. Allerdings ist bei der Trimmung eine Wirkungsumkehr zu erwarten. Um die Hochachse kann im Notfall durch Öffnen der jeweiligen Seitentür eine Drehbewegung erreicht werden.

Nur Sie als Pilot entscheiden, ob Start, Flug und Landung sicher durchführbar sind, oder ob auf einen Start verzichtet werden muß. Auch für den Winterflugbetrieb gilt:

Im Zweifel nie!

Zusammenfassung

Der Winterflugbetrieb stellt besondere Anforderungen an Pilot und Flugzeug:
- Beachten Sie die im Flughandbuch angegebenen Hinweise für den Winterflugbetrieb (insbesondere Anlassen des Motors bei Kälte).
- Starten Sie nie mit einem eis- oder schneebedeckten Flugzeug.
- Achten Sie vor dem Start auf eine ausreichende Betriebstemperatur des Motors.
- Führen Sie eine umfassende Flugplanung durch. Denken Sie daran, daß die Navigation über schneebedeckter Landschaft sehr viel schwieriger sein kann.
- Holen Sie eine ausführliche Wetterberatung ein, und beobachten Sie die Wetterentwicklung während des Fluges.
- Fliegen Sie nicht im Schneefall.
- Vermeiden Sie unter allen Umständen Vereisung. Herrschen am Boden Minusgrade, so besteht keine Aussicht, daß das Eis während des Fluges wieder abtauen wird.
- Starten und Landen auf eis- oder schneebedeckten Bahnen ist mit einem größeren Risiko verbunden. Deshalb starten und landen Sie nur auf geräumten Bahnen.
- Achten Sie darauf, daß die Heizung Ihres Flugzeuges einwandfrei funktioniert.
- Fliegen Sie mit warmer Kleidung.

Kontroll- und Übungsaufgaben

1. Welche Wettererscheinungen sind für die Luftfahrt besonders gefährlich?

2. Wie verhalten Sie sich, wenn während eines VFR-Fluges die Sicht durch starken Dunst immer mehr zurückgeht und schließlich der Boden und der Horizont nicht eindeutig zu erkennen sind?

3. Worin liegt für den VFR-Piloten die größte Gefahr bei starker Sichtverminderung während des Fluges?

4. In welchen Jahreszeiten müssen Sie mit Nebel rechnen?

5. Welche Temperaturangaben geben einen Hinweis auf Nebelbildung?

6. Fliegen im Schneefall ist gefährlich. Warum?

7. Während des Landeanfluges fängt es plötzlich stark an zu regnen. Welchen Einfluß hat der Regen auf die Flugeigenschaften des Flugzeuges?

8. Gewitter ist eine ausgesprochen gefährliche Wettererscheinung für die Luftfahrt. Worin liegen die besonderen Gefahren?

9. In welcher Jahreszeit treten am häufigsten Gewitter auf?

10. Sie befinden sich mit Ihrem Flugzeug 5 Minuten entfernt von Ihrem Zielflugplatz und bekommen über Funk mitgeteilt, daß über dem Flugplatz gerade ein lokales Gewitter niedergeht. Wie verhalten Sie sich?

11. Was bedeutet SIGMET?

12. Was ist die Manövergeschwindigkeit und in welchen Fällen muß man sie beachten?

13. Wie verhalten Sie sich, wenn Sie in ein Gebiet starker Turbulenz einfliegen?

14. Bei welchen Wetterlagen müssen Sie mit stärkster Turbulenz rechnen?

15. Wie führen Sie einen Anflug bei starker Turbulenz durch?

16. Windscherungen kommen in unseren Breiten nicht vor. Ist diese Aussage richtig?

17. Welche maximal zulässige Seitenwindkomponente hat Ihr Flugzeug?

18. Wie führen Sie einen Start bei starkem Seitenwind durch?

19. Landebahnrichtung 24, Wind 190° mit 20 kt. Wie groß ist die Seitenwindkomponente?

20. Nennen Sie die gefährlichsten Einflüsse, die Flugzeugvereisung auf das Flugverhalten haben kann!

21. Unter welchen Umständen ist mit Vergaservereisung zu rechnen?

22. Woran erkennt der Pilot Vergaservereisung?

23. Warum sollte man bei Vergaservereisung die Vergaservorwärmung immer voll einschalten?

24. Als VFR-Pilot wird man nicht oft mit Flugzeugvereisung rechnen müssen, da sie hauptsächlich in Wolken auftritt.

Es gibt aber auch Fälle, in denen das Flugzeug auch außerhalb der Wolken vereisen kann. Welche?

25. Es ist ein herrlicher Wintertag. Sie möchten fliegen. Ihr Flugzeug, das schon einige Tage im Freien steht, ist mit Schnee und teilweise sogar mit Eis bedeckt. Natürlich fliegen Sie nicht mit einem solchen Flugzeug. Was können Sie tun, um das Flugzeug von Schnee und Eis zu befreien?

Kapitel 6
Pilot

Gesundheit

Allgemeiner Gesundheitszustand

Piloten sind weit mehr als andere Verkehrsteilnehmer darauf angewiesen, körperlich und geistig fit zu sein. Persönliche Voraussetzungen für sicheres Fliegen sind Konzentrations- und Reaktionsvermögen, gutes Sehen und Aufmerksamkeit. Jeder Pilot sollte deshalb nur dann ins Flugzeug steigen, wenn er sich vollkommen wohlfühlt. Schon eine allgemeine Unpäßlichkeit, Kopfschmerzen, Kreislaufstörungen oder Müdigkeit können das persönliche Wohlbefinden so stark beeinflussen, daß die Leistungsfähigkeit beeinträchtigt ist.

Nachteilige Auswirkungen gibt es besonders dann, wenn mehrere Einflüsse zusammenkommen, so z.B. Sauerstoffmangel, Erkältung, Ermüdung und Ärger. Ganz besonders gilt dies bei gleichzeitiger Alkohol- und Medikamenteneinnahme.

Das allgemeine Wohlbefinden hängt auch davon ab, wie man mit seinem Körper umgeht. Gesunde Ernährung, körperliches und mentales Training helfen, Körper und Geist für die besonderen Anforderungen in der Luftfahrt fit zu halten.

Ermüdung

Ausreichender Schlaf ist die Grundlage für körperliche und geistige Fitness. Müdigkeit führt zu einer Leistungsverringerung und beeinträchtigt Aufmerksamkeit und Reaktionsvermögen. Unverständliche Fehlhandlungen sind oft die Folge. Auch können Arbeitsüberlastung, finanzielle Sorgen, Ärger oder familiäre Probleme zu Fehlverhalten führen.

Fliegen Sie daher nie unter dem Einfluß solcher negativen Vorzeichen. Halten Sie sich durch geeignete Tätigkeiten wie z.B. Lösen zusätzlicher Navigationsaufgaben wach, wenn Sie während des Fluges müde werden. Auf jeden Fall sollten Sie diesen Flug möglichst bald beenden.

Medikamente

Wer Medikamente einnimmt, muß daran denken, daß diese neben dem heilenden Effekt auch Nebenwirkungen haben. Diese können bei einigen Medikamenten so stark sein, daß die Tauglichkeit zur Führung eines Flugzeuges erheblich herabgesetzt wird. Gerade als Pilot (aber auch als Autofahrer) muß man daher die Medikamenten-Beipackzettel aufmerksam lesen. Erstaunlich viele Medikamente enthalten Hinweise darauf, daß sie die Fähigkeit zur Teilnahme am Straßenverkehr oder zum Bedienen von Maschinen, also auch von Flugzeugen, beeinträchtigen. Dies gilt in verstärktem Maße in Verbindung mit Alkohol. Man muß diese Hinweise sehr ernst nehmen. Im Zweifelsfall sollte man einen Arzt um Rat fragen.

Alkohol

Es versteht sich wohl von selbst, daß man unter Alkoholeinfluß kein Flugzeug fliegt. Das gilt sowohl für den verantwortlichen Piloten als auch für den Copiloten. Beherzigen Sie deshalb diesen Grundsatz:

Wer fliegt, trinkt nicht; wer trinkt, fliegt nicht.

Aus eigener Erfahrung weiß man bestimmt, daß selbst kleine Alkohol-Mengen die Konzentration und die Reaktions- und Entscheidungsfähigkeit herabsetzen. Beim

Fliegen kommt hinzu, daß mit zunehmender Höhe der Einfluß des Alkohols immer stärker wird. Untersuchungen haben gezeigt, daß der Alkoholgehalt von 2 Gläsern Bier in 15.000 ft Höhe beim Menschen die gleiche Wirkung hat wie der von 6 Gläsern Bier auf Meeresniveau.

Der menschliche Organismus baut Alkohol mit einer Rate von etwa 0,14 bis 0,16 Promille je Stunde ab, und keine noch so große Menge starken Kaffees oder andere "Mittel" können daran etwas ändern. Hierzu gibt es vor allem in bezug auf das Autofahren viele Untersuchungen. Beim Autofahren wird vom Gesetzgeber eine geringe Menge von Alkohol im Blut toleriert. Für den Privatpiloten gilt die sehr allgemein formulierte Vorschrift nach §1 der LuftVO: "Wer infolge des Genusses alkoholischer Getränke oder anderer berauschender Mittel... in der Wahrnehmung der Aufgaben als Führer eines Luftfahrzeuges oder sonst als Mitglied der Besatzung behindert ist, darf kein Luftfahrzeug führen und nicht als anderes Besatzungsmitglied tätig sein."

Um sicherzustellen, daß man nicht mit Alkohol im Blut ins Flugzeug steigt, sollte man sich angewöhnen, wie in der Verkehrsluftfahrt üblich, 24 Stunden vor dem Flug keinen Alkohol zu trinken.

Wohlbefinden der Fluggäste

Als Pilot trägt man nicht nur Verantwortung für sich selbst und das Flugzeug, sondern auch für seine Fluggäste. Diese Verantwortung hat man nicht nur für die Sicherheit, sondern zusätzlich für das Wohlbefinden der Passagiere. Man kann nicht generell davon ausgehen, daß die Passagiere genau so flugbegeistert sind und das Fliegen so gut vertragen wie man

selbst. Gerade auf Fluggäste, die zum ersten Mal in "so einem kleinen Flugzeug" mitfliegen, stürmen viele neue Eindrücke und Empfindungen ein, die hoffentlich zu Freude und Begeisterung führen, die aber auch Angstgefühle und allgemeines Unbehagen hervorrufen können.

Der Pilot ist an die Bewegungen eines Flugzeuges gewöhnt, zumal er sie selbst durch die Steuerung beeinflussen kann. Ein Flug in unruhiger oder gar böiger Luft macht ihm im allgemeinen nichts (mehr) aus. Für den Fluggast aber sind vielleicht schon Flugbewegungen wie kurven, steigen oder sinken neu und ungewohnt und rufen unangenehme Empfindungen hervor. In unruhiger Luft treten zusätzliche Beschleunigungen auf, die zu Unwohlsein, Schwindel und Erbrechen führen können. Der Fluggast kann aber auch im Einzelfall von heftigen Angstgefühlen befallen werden, hervorgerufen durch die ungewohnten Bewegungen, die Flughöhe oder das Gefühl des Ausgeliefertseins. Der verantwortliche Pilot muß dafür sorgen, daß es nicht so weit kommt.

Um die beim Fluggast vielleicht unterschwellig vorhandene Angst abzubauen (Übrigens: Kaum ein Passagier wird vor dem Flug zugeben, daß er Angst vorm Fliegen hat!), sollte man als Pilot viel erklären, warum man etwas macht, wo man sich gerade befindet usw. Das schafft Vertrauen und lenkt ab. Alle Steuerbewegungen leitet man langsam ein, Steig- und Sinkflug werden mit nur geringen Steig- und Sinkraten durchgeführt. Wer meint, er müßte seinen Fluggästen mit abrupten Steuerbewegungen, Sturzflügen und Steilkurven imponieren, ist kein guter Pilot. Gebiete mit starker Böigkeit sollte man meiden. Falls erforderlich, muß man die Flughöhe wechseln, um in ruhigerer Luft fliegen zu können.

In der Flugzeugkabine muß immer für frische Luft gesorgt sein, auf das Rauchen sollte man ganz verzichten. Wird einem Passagier übel oder bekommt er Angstgefühle, sollte man den Flug möglichst bald beenden. Zureden oder banale Sprüche wie "Das kenne ich, das geht wieder vorbei." helfen den Betroffenen dabei überhaupt nicht.

Wer meint, sich vor Übelkeit beim Fliegen durch einen leeren Magen schützen zu können, irrt. Raten Sie also Ihren Fluggästen, vor dem Flug etwas Leichtes zu essen. Bei beginnender Übelkeit im Fluge hilft auch das Kauen von Kaugummi oder Bonbons.

Zusammenfassung

- Piloten müssen körperlich und geistig gesund sein. Fühlen Sie sich einmal nicht fit, so sollten Sie auf das Fliegen verzichten. Krankheit, Unwohlsein, Müdigkeit, aber auch Ärger oder Streß können die Fähigkeit zum Fliegen erheblich herabsetzen. Gleiches gilt für die Einnahme von Medikamenten (Achtung: Beipackzettel immer genau lesen!).
- Alkohol und Fliegen passen nicht zusammen. Trinken Sie 24 Stunden vor dem Start keinen Alkohol.
- Achten Sie auch darauf, daß es Ihren Passagieren gut geht. Fliegen Sie so, daß Ihren Passagieren das Mitfliegen Spaß macht.
- Auf das Rauchen in der meist engen Flugzeugkabine sollte man verzichten.

Vertigo: Räumliche Desorientierung

Das Wort Vertigo ist schwer zu definieren. Für den Piloten bedeutet es, einfach ausgedrückt, daß er nicht mehr weiß, wo oben und unten ist. Er kann seine Lage, und damit die Lage des Flugzeuges im Raum nicht mehr eindeutig bestimmen. Die Folgen dieser räumlichen Desorientierung können fatal sein. Im schlimmsten Fall verliert der Pilot die Kontrolle über sein Flugzeug.

Die Lageorientierung erfolgt beim Menschen durch die Augen und den Vestibularapparat im Innenohr, zusätzlich durch Druck- und Zugempfindungen auf Haut, Muskeln und Gelenken. Diese "Gleichgewichtsorgane" vermitteln Position und Bewegung des Körpers in bezug zur Erdoberfläche und ermöglichen dadurch, die Balance zu halten.

Am Boden weiß man, wo oben und unten ist. Die Augen und die Erfahrung "sagen" es einem. Auch beim Sichtflug sind die Augen das wichtigste Sinnesorgan zur Orientierung im Raum. Sie stellen die Lage des Flugzeuges in Relation zur Umgebung und zum Horizont sowie die Bewegungen und die Bewegungsabläufe fest. Beim Einflug in Wolken oder Nebel und beim Nachtflug fehlen optische Fixpunkte wie z.B. der Horizont oder Bodenmerkmale. Hierbei stellt sich heraus, daß die Leistung der anderen Gleichgewichtsorgane ungenügend ist. Sie vermitteln jetzt Eindrücke, die mit der wirklichen Lage im Raum nicht immer übereinstimmen. Der Körper wird über die Lage und den Bewegungsablauf im Raum getäuscht, und der Pilot so zu falschen Steuerausschlägen verleitet.

Das sichere Führen des Flugzeuges unter diesen veränderten Bedingungen gelingt nur mit Hilfe von Instrumenten wie künstlichem Horizont, Fahrtmesser, Höhenmesser, Kurskreisel, Wendezeiger und Variometer. Deren Anzeigen liefern dem Piloten ein neues Bezugssystem. Sie zeigen die Lage im Raum, Geschwindigkeit, Höhe, Richtung sowie Steigen und Sinken an. Das Problem für den ungeübten Piloten besteht darin, diese Anzeigen richtig zu interpretieren und das Flugzeug nur nach diesen zu steuern und dabei falsche Lageempfindungen zu ignorieren. Ein solcher Instrumentenflug erfordert nicht umsonst eine spezielle Ausbildung. Als Sichtflugpilot aber muß man sich der besonderen Gefahr bei Desorientierung bewußt sein und darf daher nie in Wolken einfliegen. Das "Organ", das diese räumliche Desorientierung verursacht, ist der nahe dem Innenohr liegende Vestibularapparat. Er besteht aus drei Bogengängen, die Drehbeschleunigungen wahrnehmen, und dem Otolithenapparat, der Schwerkrafteindrücke vermittelt.

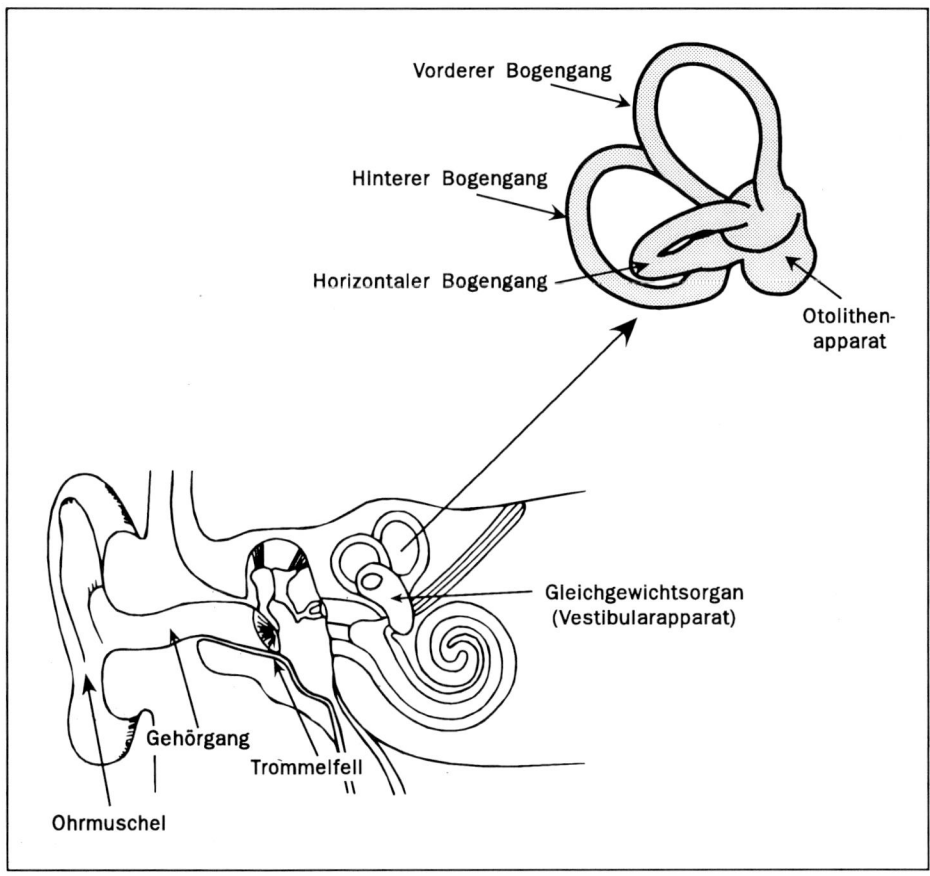

Abb. 69: Das Gleichgewichtsorgan (Vestibularapparat)

Die drei Bogengänge stehen in den Ebenen des Raumes senkrecht zueinander. Sie sind mit Flüssigkeit gefüllt. Am Boden jedes Bogenganges befindet sich eine Erweiterung, die Sinneszellen und Sinneshärchen enthält. Bei Drehbewegungen in der Ebene eines Bogenganges bleibt die Flüssigkeit aufgrund ihrer Trägheit hinter dieser Bewegung zurück und biegt hierbei die Sinneshärchen in die entgegengesetzte Richtung. Dieser Bewegungsreiz wird jetzt an das Zentralnervensystem gemeldet. Im Gehirn wird diese Drehbewegung anschließend richtig interpretiert.

Hält die Drehbewegung an, gerät auch die Flüssigkeit in Bewegung. Hat diese nun die gleiche Drehgeschwindigkeit wie der Bogengang erreicht, richten sich die Sinneshärchen wieder auf. Das Gefühl des Sichdrehens wird dadurch beendet, und die tatsächliche Drehung wird nicht mehr wahrgenommen. Wird die Drehbewegung gestoppt, fließt die Flüssigkeit aufgrund ihrer Trägheit weiter, biegt die Sinneshär-

chen in die andere Richtung und läßt damit den falschen Eindruck einer Gegendrehung entstehen. Wenn man beispielsweise bei bereits bestehender Beschleunigung Kopfbewegungen ausführt, bewegt sich die Flüssigkeit in mehreren Bogengängen gleichzeitig. Dadurch können schwere Schwindelerscheinungen auftreten, die zu völliger Desorientierung führen. Auf einem Drehstuhl läßt sich dieses (unangenehme) Gefühl nachempfinden: Man schließt die Augen und bewegt während der Drehung den Kopf auf und ab. Das Resultat ist der komplette Verlust des Gleichgewichts und das Gefühl des "Seitlich-aus-dem-Stuhl-Fallens".

Zusätzlich zu den drei Bogengängen befindet sich in einer Verdickung des Vestibularapparates der sogenannte Otolithenapparat. Es handelt sich dabei um eine Nervenzellschicht mit senkrecht nach oben stehenden Sinneshärchen, die durch eine mit winzigen Kalkkristallen besetzte dünne Membran hindurchragen.

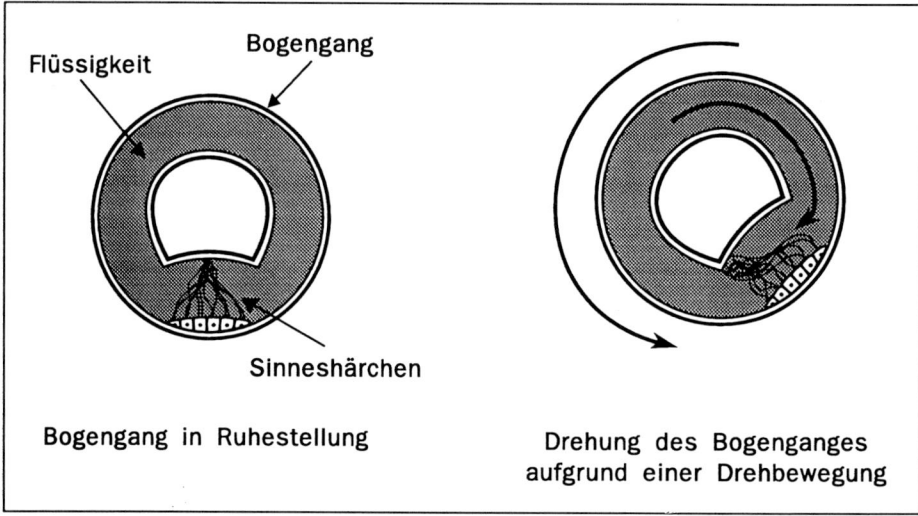

Abb. 70: *Bei einer Drehung bleibt die Flüssigkeit wegen ihrer Trägheit im Bogengang des Vestibularapparates zurück und biegt dadurch die Sinneshärchen um.*

Die relative Lage dieser Otolithenmembran und die von ihr ausgeübten Druckänderungen beim Bewegen des Kopfes liefern über das Zentralnervensystem die Information über die Stellung des Kopfes in bezug auf die Senkrechte (bzw. Erdbeschleunigung) und damit über das "Oben" und "Unten". Beim Fliegen jedoch treten Trägheits- und Fliehkräfte an die Stelle der Erdbeschleunigung. Sie wirken nicht in der Senkrechten. Eine Orientierung nach der Schwerkraft ist daher unmöglich - es sei denn mit Hilfe der Augen.

Fehlt der visuelle Bezug zum natürlichen Horizont und ist der Pilot nicht in der Lage, die Instrumentenanzeigen richtig zu interpretieren, können die hier beschriebenen "vestibularen Täuschungen" zu Fehleinschätzungen der Fluglage führen und den Piloten zu falschen und folgenschweren Steuerbewegungen veranlassen.

Vertigo kann für den Piloten zu einer tödlichen Gefahr werden. Davor kann man sich ganz leicht schützen: Man fliegt nur bei Wetterlagen, die eine genaue Beobachtung des natürlichen Horizonts und der unmittelbaren Umgebung zulassen und vor allem: Man fliegt niemals in Wolken ein. Gerät man doch einmal versehentlich hinein, müssen alle Steuerbewegungen langsam ausgeführt werden, um unnötige Drehbewegungen und Beschleunigungen zu vermeiden. Heftige Kopfbewegungen (z.B. den Kopf schnell nach hinten drehen), müssen vor allem im Kurvenflug unterbleiben. Der Blick folgt konzentriert den Instrumenten, denn nur sie allein geben Auskunft über die Lage und den Bewegungszustand des Flugzeuges. Durch eine Umkehrkurve sollte man die Wolken möglichst schnell wieder verlassen.

Zusammenfassung

- Vertigo verursacht den Verlust der räumlichen Orientierung. Der Pilot kann die Lage seines Flugzeuges im Raum nicht mehr genau erkennen, mehr noch, er wird in der Lagebeurteilung getäuscht und damit zu falschen Steuerausschlägen verleitet.

- Vertigo kann vor allem beim Flug in Wolken auftreten, wenn der Pilot den natürlichen Horizont als Maß für "Oben" und "Unten" nicht mehr sehen kann. Beim Flug in Wolken muß das Flugzeug daher strikt nach den Anzeigen der Instrumente gesteuert werden.

- Vertigo kann für den Piloten zu einer tödlichen Gefahr werden. Deshalb darf man ohne Instrumentenflugberechtigung und Instrumentenflugausrüstung nie in Wolken einfliegen.

Sauerstoffmangel

Die meisten leichten einmotorigen Flugzeuge erreichen Flughöhen von maximal 12.000 bis 15.000 ft. Selbst in solchen Höhen macht sich beim Menschen schon Sauerstoffmangel bemerkbar - der Organismus wird aufgrund des mit zunehmender Höhe abnehmenden Luftdrucks unzureichend mit Sauerstoff der Luft versorgt. Die Folgen dieses Mangels reichen von leichten Funktionsstörungen bis zum Tod in sehr großen Flughöhen (oberhalb von 22.000 ft).

Beim Aufstieg in die Höhe verhält sich der menschliche Körper gegenüber beginnendem Sauerstoffmangel bis ca. 5.000 ft indifferent, d.h., er zeigt keine Reaktion auf die leichte Unterversorgung. Erst ab etwa 6.000 bis 7.000 ft Höhe (Reaktionsschwelle) reagiert der Körper dann auf den Sauerstoffmangel mit ersten Kompensationsmaßnahmen, die sich vor allem in einer Zunahme der Herzfrequenz und einer Vertiefung und Beschleunigung der Atmung zeigen. Durch diese im Körper automatisch ablaufenden Kompensationsmaßnahmen wird der Sauerstoffmangel bis zu Höhen von etwa 10.000 bis 12.000 ft voll ausgeglichen. Dies gilt allerdings nur für den gesunden Menschen. Krankheit (dazu zählt schon eine Erkältung) oder Alkohol im Blut schwächt den Körper und verringert die Kompensationsfähigkeit. Ab etwa 10.000 bis 12.000 ft Höhe reichen die Kompensationsmaßnahmen des Körpers nicht mehr aus, d.h., der Mangel an Sauerstoff kann nicht mehr vollkommen ausgeglichen werden. Der Körper reagiert nun mit einzelnen Funktionsstörungen (Störschwelle).

Jeder Mensch reagiert verschieden auf Sauerstoffmangel. Die am häufigsten beobachteten Symptome sind zu Beginn Benommenheit, Müdigkeit, Hitze- oder Kältegefühl der Haut, Kopfschmerzen, Kribbeln in Fingern oder Zehen, Schwindel oder Sehstörungen (Flimmern). Diese Störungen treten nicht plötzlich, sondern allmählich und ohne Vorwarnung auf. Manchmal werden sie sogar von einer gewissen Euphorie begleitet, so daß die aufkommende Gefahr nicht erkannt wird.

Mit zunehmender Höhe werden die Sauerstoffmangelerscheinungen stärker und damit gefährlicher. Deshalb ist bei nichtgewerblichen Flügen von mehr als 30 Minuten Dauer oberhalb von 12.000 ft MSL generell eine Sauerstoffanlage mit genügend Sauerstoffvorrat vorgeschrieben, oberhalb 13.000 ft MSL sogar ohne zeitliche Beschränkung. Für gewerbliche Flüge liegt diese Grenze bei 10.000 ft, d.h. bereits oberhalb 10.000 ft muß mit Sauerstoffversorgung geflogen werden.

Auch wenn im nichtgewerblichen Luftverkehr bis 12.000 ft ohne zusätzliche Sauerstoffversorgung geflogen werden darf, können schon unterhalb dieser Höhe Sauerstoffmangelsymptome auftreten. Die Höhe der Störschwelle ist individuell verschieden. Bei starken Rauchern liegt sie im allgemeinen höher. Eine Erkältungskrankheit aber kann die individuelle Störschwelle absenken. Auf jeden Fall sollte der Pilot bei einem Flug in großen Höhen vollkommen gesund sein. Im Flugzeug muß immer für frische Luft gesorgt werden. Das Rauchen sollte man unterlassen, denn verbrauchte, besonders mit Rauch angereicherte Luft enthält weniger Sauerstoff.

Bemerkt man erste Anzeichen von Sauerstoffmangel an sich selbst oder bei einem Passagier, sollte man sofort auf eine Flughöhe unterhalb von 10.000 ft sinken.

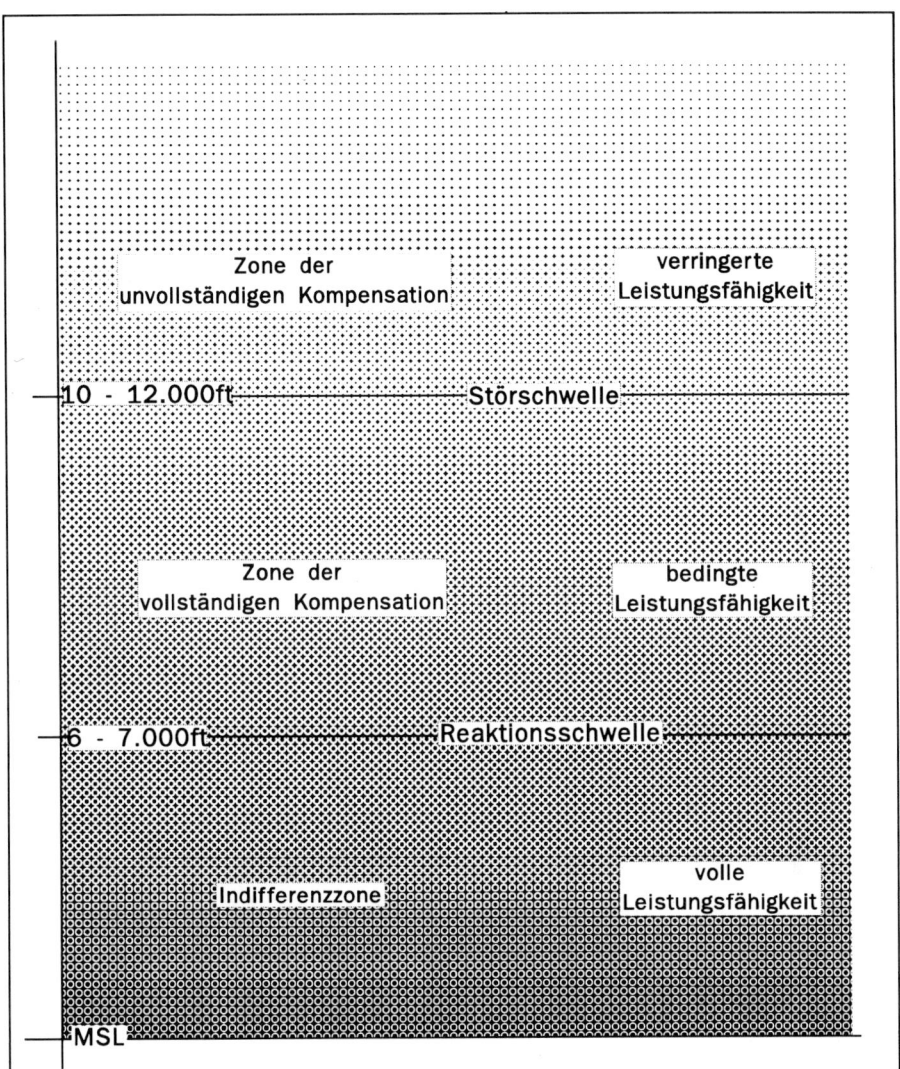

Abb. 71: Auswirkungen des Sauerstoffmangels

Zusammenfassung

Symptome einer beginnenden
Sauerstoffmangelkrankheit:
- Müdigkeit, Benommenheit
- Wärme-, Hitze- o. Kältegefühl auf der Haut

- Hitze im Kopf, Kopfdruck
- Kribbeln in Fingern und Zehen
- Sehstörungen
- Schwindel

Druckschmerzen in Nasennebenhöhlen und Mittelohr

Der menschliche Körper besitzt verschiedene "Hohlräume" wie Magen, Darm, Nasennebenhöhlen, Stirnhöhlen, Kiefernhöhlen und Mittelohr. Diese stehen im allgemeinen unter dem gleichen Druck wie die sie umgebende Luft. Bei einem Steigflug auf größere Höhe sinkt der Außenluftdruck, die in den Körperhöhlen befindliche Luft dehnt sich aus und sucht einen Druckausgleich mit der Außenluft. Beim Sinkflug auf eine geringere Höhe ist der umgekehrte Effekt festzustellen.

Diese Druckänderungen im Körper können in großen Höhen erhebliche Probleme machen. Aber auch schon in geringen Höhen können sich die Druckschwankungen vor allem in den Nasennebenhöhlen und den Ohren durch Schmerzen äußern. Besonders stark und häufig treten die Beschwerden beim Sinkflug auf. Selbst bei Talfahrten mit dem Auto im Gebirge sind solche Druckbeschwerden schon spürbar.

Die Nasennebenhöhlen sind Hohlräume im Knochen. Sie können sich nicht ausdehnen und somit Druckänderungen nicht ausgleichen. Diese Höhlen stehen jedoch mit dem Nasenraum durch Gänge in Verbindung, so daß unter normalen Bedingungen ein ständiger Druckausgleich gewährleistet ist. Das bedeutet, daß beim Steigflug die Luft nach außen abfließen und beim Sinkflug wieder in die Höhlen eindringen kann. Durch die spezielle Anatomie ist das Herausströmen der Luft nahezu problemlos. Das Hineinströmen in die Nebenhöhlen allerdings kann beim Sinkflug behindert sein. Entzündungen des Nasenraumes und damit Schwellung der Schleimhäute können den Druckausgleich weiter erschweren. Die Folge sind starke Schmerzen in den Nasennebenhöhlen.

Ähnlich liegen die Verhältnisse in der Paukenhöhle des Mittelohres, das über die Eustachische Röhre mit dem Rachen verbunden ist. Auch hier macht sich vor allem beim Abstieg aus der Höhe der mangelhafte Druckausgleich unangenehm bemerkbar, vor allem bei Entzündungen im Rachenbereich. Druckgefühl in den Ohren, Verschlechterung des Hörens und sogar starke Schmerzen können die Symptome sein.

Man kann sich und seinen Passagieren solche unangenehmen Druckbeschwerden weitgehend ersparen, wenn man mit geringer Sinkrate sinkt. Dies verhindert auch das bei einem schnellen Abstieg auftretende flaue Leeregefühl in der Magengegend. Kommt es trotzdem zu Druckbeschwerden, kann man den Druckausgleich durch Schluck-, Kau- oder Gähnbewegungen einleiten und so diese Beschwerden mindern. Meist hilft auch ein Kaugummi. Eine besondere Art des Druckausgleichs ist der Valsalvasche Handgriff: Man atmet tief ein, hält sich die Nase zu und erzeugt bei geschlossenem Mund einen Überdruck im Nasen-Rachenraum.

Zusammenfassung

- Mangelnder Druckausgleich, vor allem beim Sinkflug aus größerer Höhe, kann in den Nasennebenhöhlen und im Mittelohr Druckgefühl und auch Schmerzen hervorrufen. Dagegen helfen bewußt herbeigeführte Schluck-, Kau- oder Gähnbewegungen. Den Sinkflug sollte man deshalb nur mit einer geringen Sinkrate durchführen.

Kohlenmonoxyd-vergiftung

Kohlenmonoxyd ist ein farb-, geruch- und geschmackloses Gas, das u.a. in Abgasen von Verbrennungsmotoren enthalten ist. Es ist sehr giftig. Auch geringste Mengen können nach längerem Einatmen schwere Gesundheitsschäden oder sogar den Tod verursachen. Dieses Gas hat eine größere Fähigkeit als Sauerstoff, sich mit dem Hämoglobin im Blut zu verbinden und verhindert völlig dessen Sauerstoffaufnahme.

Die Heizungen in fast allen Leichtflugzeugen verwenden über die Auspuffrohre geführte erwärmte Luft. Ist der Auspuff bzw. der Heizschlauch undicht, gelangt folglich auch das giftige Kohlenmonoxyd über die Heizung in die Flugzeugkabine. Beim Einsatz der Kabinenheizung muß man daher immer auf Abgas-Geruch achten. Die anfänglichen Symptome einer Kohlenmonoxydvergiftung sind Unwohlsein, Schwindel, Benommenheit und Unfähigkeit zu klarem Denken, später treten auch Kopfschmerzen auf.

Bei einem Verdacht auf Kohlenmonoxyd in der Kabine oder beim ersten Anzeichen einer Kohlenmonoxydvergiftung muß sofort die Heizung abgestellt werden. Führen Sie umgehend Frischluft in die Kabine und landen Sie auf dem nächsten Flugplatz. Wenn Sie eine Kohlenmonoxydvergiftung vermuten, müssen Sie umgehend einen Arzt aufsuchen. Es kann Tage dauern, bis sich der Körper von einer solchen Vergiftung erholt hat.

Zusammenfassung

- Kohlenmonoxyd ist ein sehr giftiges Gas. Bei defekter Heizanlage kann es in die Flugzeugkabine gelangen. Bei ersten Anzeichen einer Kohlenmonoxydvergiftung: Heizung ausstellen, Frischluft zuführen, auf dem nächsten Flugplatz landen und einen Arzt aufsuchen.

Panik

Angst oder Furcht sind völlig normale Reaktionen des Menschen auf oder in bedrohlichen Situationen. Auch ein Pilot reagiert in brenzligen Flugsituationen mehr oder weniger stark ängstlich oder furchtsam. Panik aber ist eine unnormale Reaktion, die unlogische und falsche Handlungen hervorrufen und im schlimmsten Fall zur Katastrophe führen kann.

In einer kritischen Lage muß der Pilot Panik vermeiden. Es ist tatsächlich möglich, sich mit Willensanstrengung zur Ruhe zu zwingen und keine Panik aufkommen zu lassen. Dabei helfen auch Ablenkung und eiserne Konzentration auf eine bestimmte Aufgabe.

Zusammenfassung

- Panik muß nicht sein. Überlegtes Handeln und Konzentration auf die Führung des Flugzeuges helfen, in kritischen Flugsituationen ruhig zu bleiben und die richtigen Entscheidungen zu treffen.

Kontroll- und Übungsaufgaben

1. Nach einem längeren Flug durch schlechtes Wetter sind Sie sehr müde und abgespannt. Sie haben noch einen 3-stündigen Rückflug vor sich. Wie verhalten Sie sich?

2. Darf ein Pilot vor Antritt des Fluges ein Glas Bier trinken?

3. Wieviel Alkohol hat man nach dem Genuß von 2 Gläsern Bier im Blut?

4. Mit welcher Rate baut der menschliche Körper den Alkohol im Blut ab?

5. Sie sind mit Fluggästen über die Alpen nach Italien geflogen. Vor dem Rückflug essen sie alle etwas. Natürlich trinken Sie als Pilot keine alkoholischen Getränke. Ihre Fluggäste dagegen sprechen nicht wenig dem Alkohol zu. Sollten Sie etwas dagegen tun?

6. Sie machen mit drei Fluggästen einen längeren Rundflug. Während zwei der Fluggäste bester Laune sind und den Flug sichtlich genießen, ist der dritte sehr still, hat Schweißperlen auf der Stirn und ist im Gesicht ganz bleich. Was unternehmen Sie?

7. Sie fliegen aus Versehen in Wolken ein. Sie wissen, es besteht Gefahr, die räumliche Orientierung zu verlieren. Wie verhalten Sie sich?

8. Ab welcher Höhe muß man bei nichtgewerblichen Flügen in der Bundesrepublik Deutschland eine Sauerstoffanlage mit ausreichendem Sauerstoffvorrat mitführen?

9. Was sind die ersten Anzeichen von Sauerstoffmangel beim Menschen?

10. Sie bemerken bei einem Ihrer Fluggäste Anzeichen von Sauerstoffmangel. Ihnen selbst geht es gut. Was machen Sie?

11. Druckschmerzen im Mittelohr treten nur bei Flügen in großen Höhen auf. Ist diese Aussage richtig?

12. Wie können Sie das Auftreten von Druckschmerzen während des Fluges verhindern?

13. Es ist Winter. Sie chartern ein Flugzeug. Der Vercharterer erwähnt, daß die Kabinenheizung "irgendwie" defekt sei. Wie verhalten Sie sich?

14. Nennen Sie die Symptome einer Kohlenmonoxydvergiftung.

15. Während des Fluges fällt der Motor aus. Sie sind sehr aufgeregt. Zu allem Übel ertönt noch die Überziehwarnung. Es besteht Gefahr, daß Sie in Panik geraten. Wie verhalten Sie sich?

Kapitel 7
Notlandung

Notlandung - Sicherheitslandung

Es gibt verschiedene Gründe, eine Landung außerhalb eines sicheren Flugplatzes in unbekanntem Gelände durchzuführen. Aber nicht jede Landung außerhalb eines Flugplatzes ist eine Notlandung.

Wenn schon eine Notlandung erforderlich ist, kann man sich weitere Überlegungen sparen - man muß sofort landen. Aufgrund technischer Störungen (z.B. Motorausfall, Brand), wegen Treibstoffmangels oder aber wegen akuter gesundheitlicher Probleme des Piloten ist ein Flug zum nächsten Flugplatz nicht mehr möglich.

Eine Sicherheitslandung, eine vorsorgliche Außenlandung also, ist etwas anderes. Sie ist zwar keine Notlandung, aber eine aus Gründen der Sicherheit für das Flugzeug und seine Insassen notwendige Landung. Z.B. kann überraschend auftretendes Schlechtwetter den Weiterflug, aber auch den Rückflug unmöglich machen. Dann ist eine Außenlandung auf einer Wiese oder auf einem anderen geeigneten Gelände sehr viel sicherer als der Einflug in schlechtes Wetter mit vielleicht tragischen Konsequenzen.

Bei einer Notlandung bleibt wenig Spielraum für eine Entscheidung. Sinkt das Flugzeug mit ausgefallenem Motor, muß der Pilot innerhalb kürzester Zeit ein geeignetes Notlandegelände finden. Die Sicherheitslandung läßt hier mehr Spielraum. Der Motor läuft noch, und man hat mehr Zeit und Ruhe, eine Außenlandung vorzubereiten. So hat man z.B. die Chance, das Landegebiet erst zu überfliegen und in Augenschein zu nehmen. Allerdings muß auch bei einer Sicherheitslandung schnell entschieden und gehandelt

werden. Sehr schnell kann nämlich die Möglichkeit einer Sicherheitslandung vertan werden - und plötzlich wird daraus eine echte Notlandung. Ein typisches Beispiel ist Treibstoffmangel. Man versucht, mit dem letzten Tropfen Treibstoff noch den Zielflugplatz zu erreichen, aber einige Meilen vorher fällt der Motor aus. Dann bleibt nur noch eine Notlandung übrig. Unfalluntersuchungen zeigen, daß in vielen Fällen eine Notlandung (mit all ihren Konsequenzen) vermeidbar gewesen wäre, wenn sich der Pilot rechtzeitig zu einer Sicherheitslandung entschieden hätte.

Warum ist die Unterscheidung zwischen Notlandung und Sicherheitslandung so wichtig? Bei einer Notlandung ist ein Wiederstart, soweit technisch bzw. vom Gelände her möglich, nur nach Genehmigung der entsprechenden Luftfahrtbehörde des Landes zulässig. Bei einer Sicherheitslandung aber ist keine behördliche Wiederstarterlaubnis erforderlich. Nach Überprüfung des Geländes (z.B. Oberflächenbeschaffenheit, Hindernisfreiheit, Startstrecke) darf der Pilot wieder starten - nur ohne Passagiere. Ob Not- oder Sicherheitslandung: In beiden Fällen müssen fast die gleichen Maßnahmen ergriffen werden.

Zusammenfassung

- Eine Notlandung ist eine erzwungene Landung, da der eingetretene technische Schaden am Flugzeug oder die Beeinträchtigung des Piloten einen Weiterflug zum nächsten Flugplatz unmöglich macht.

- Unter einer Sicherheitslandung versteht man eine vorsorgliche Außenlandung aus Gründen der Sicherheit (das Flugzeug ist noch funktionstüchtig) oder eine Landung zur Hilfeleistung bei Gefährdung von Leib und Leben von Personen.

Durchführung der Notlandung

Fällt der Motor aus, und alle Versuche, ihn wieder anzulassen, scheitern, dann bleibt nur noch die Notlandung. Nun sind in Ruhe, aber entschlossen, die richtigen Maßnahmen zu treffen. Das ist leichter gesagt als getan. Der Gedanke, in Kürze ungewollt auf unbekanntem Gelände landen zu müssen, und die Angst vor einer Verletzung und dem Bruch des Flugzeuges können schnell Panik aufkommen lassen.

Dazu besteht aber kein Grund, denn Untersuchungen haben gezeigt, daß Notlandungen mit einmotorigen Flugzeugen in den meisten Fällen, selbst bei schwierigem Gelände, glimpflich verlaufen.

Zunächst muß man innerlich die Notlandung akzeptiert haben und bereit sein, notfalls das Flugzeug zu opfern. Dann bereitet man sich und seine Fluggäste in aller Ruhe auf die Notlandung vor und richtet sich konsequent nach den im Flughandbuch aufgeführten und in der Ausbildung gelernten Maßnahmen. Wenn Sie so verfahren, haben Sie gute Chancen, unversehrt davonzukommen.

Ist der Motor ausgefallen, so gilt das erste Augenmerk der richtigen Geschwindigkeit, also der Geschwindigkeit für bestes Gleiten. Sie garantiert unter den gegebenen Umständen die größtmögliche Reichweite. Eine Cessna 172 z.B. kommt im Gleitflug aus 5.000 ft Höhe mit einer Sinkrate von etwa 700 ft/min noch etwa 8 NM weit.

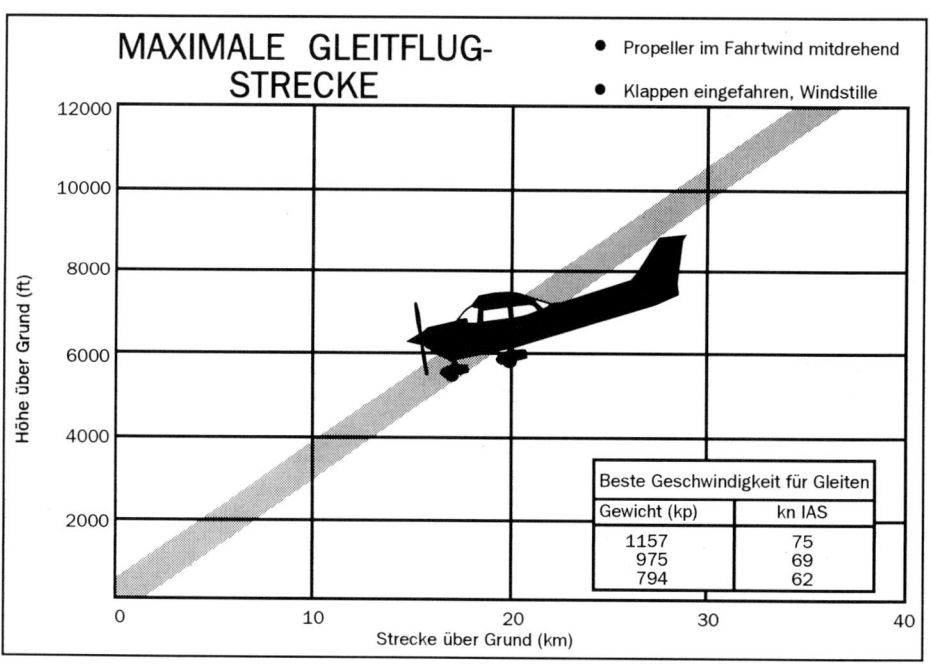

Abb. 72: Dieses Bild aus dem Flughandbuch sollte man sich gut einprägen. Es gibt die maximal mögliche Gleitstrecke bei Motorausfall an.

177

Während des Sinkfluges wird man vielleicht versuchen, die Motorstörung zu beheben, besonders dann, wenn man die Ursache des Problems erkannt hat. Man sollte dies aber nur dann versuchen, wenn dafür noch genügend Zeit zur Verfügung steht. In den meisten Fällen wird der Pilot mit der Kontrolle des Flugzeuges und der Vorbereitung der Notlandung vollauf beschäftigt sein.

Bei einer Notlandung ist Ihre vordringlichste Aufgabe die Führung des Flugzeuges. Behalten Sie es unter Kontrolle und achten Sie auf Fluggeschwindigkeit und Fluglage. Fliegen Sie mit einem Copiloten, geben Sie ihm Aufgaben wie z.B. Absetzen des Notrufs und Vorbereitung der Passagiere auf die Notlandung. Konzentrieren Sie sich voll auf die Notlandung.

Auswahl des Notlandegeländes

Das ideale Notlandegelände wäre ein Flugplatz, ein Segelfluggelände, eine Wiese oder eine andere große ebene Fläche. Aber nur selten wird man solche idealen Bedingungen finden. Vielleicht muß man mangels anderer Möglichkeiten mit einem Maisfeld, einem gepflügten Acker oder einem Hang am Berg vorliebnehmen oder sogar in einen Wald hinein landen. Breite Straßen können für eine Notlandung geeignet sein. Aber auch in größter Not sollte man andere nicht unnötig gefährden und daher Straßen mit starkem Autoverkehr nicht anfliegen.

Das Notlandegelände muß nicht so lang wie eine Landebahn auf einem Flugplatz sein. Man wird erstaunt sein, wie kurz die Landestrecke sein kann, wenn man mit geringstmöglicher Geschwindigkeit landet. Wichtig ist, daß das Gelände hindernisfrei anfliegbar ist, denn Möglichkeiten, im An-

flug ohne Motorleistung auch noch Hindernissen auszuweichen, gibt es kaum.

Bei der Wahl des Notlandegeländes spielt auch die Windrichtung eine wichtige Rolle. Ohne Zweifel ist eine Landung direkt gegen den Wind am günstigsten, denn sie garantiert die geringste Aufsetzgeschwindigkeit und die kürzeste Ausrollstrecke und verringert damit das Risiko bei einer Bruchlandung.

Selbstverständlich muß das Notlandegelände im Gleitflug erreichbar sein. Auch wenn die Flughöhe noch einige tausend Fuß beträgt und im Gleitflug noch einige Meilen zurückgelegt werden können, sollte man das Gelände doch in nächster Umgebung suchen. Wie leicht kann man sich in der Entfernung verschätzen. Zuviel Höhe läßt sich immer noch abbauen. Ist das Notlandegelände zu weit entfernt, gibt es keine Möglichkeit, den Anflug zu strecken.

Hat man sich für ein Notlandegelände entschieden, sollte man möglichst bei dieser Entscheidung bleiben und nicht statt des guten Geländes in letzter Minute ein vermeintlich besseres wählen. Der Spielraum für Korrekturen ist sehr gering.

Andererseits kann sich ein aus großer Höhe ausgewähltes Gelände beim Näherkommen als ungeeignet erweisen (z.B. Hochspannungsleitung im geplanten Anflugbereich), und man entdeckt in unmittelbarer Nähe ein viel besseres. Dann sollte man sich nicht scheuen, seine Entscheidung zu revidieren und das geeignetere Gelände anfliegen. Eine weitere Korrektur allerdings würde den Spielraum immer mehr einengen. Schließlich bliebe nur eine völlig unvorbereitete Landung an irgendeiner Stelle.

Notruf

Auf jeden Fall sollte man versuchen, über Funk einen Notruf abzusetzen - entweder bei der Funkstelle, mit der man gerade in Sprechfunkverbindung steht, oder auf der internationalen Notfrequenz 121,50 MHz. Der Transponder wird auf den Notfall-Code 7700 gerastet. Auf den Radarschirmen der Flugsicherung wird dadurch die Flugzeugposition mit einem auffälligen Symbol dargestellt. Die Fluglotsen können so gezielt die Polizei in dem voraussichtlichen Notlandegebiet bzw. den Such- und Rettungsdienst (engl. Search And Rescue, SAR) informieren. Für die Flugzeuginsassen kann schnelles Auffinden des notgelandeten Flugzeuges lebenswichtig sein.

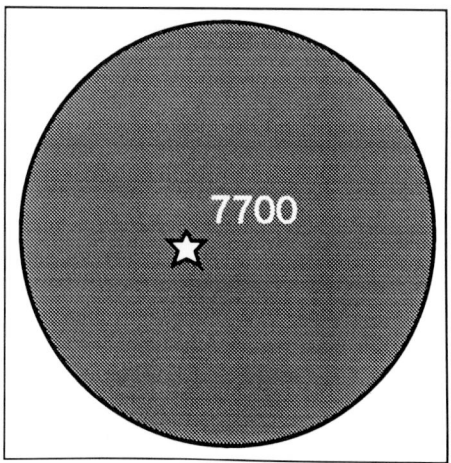

Abb. 73: Sendet der Transponder den Code 7700 (Notfall), wird die Position des Luftfahrzeuges auf dem Radarschirm besonders auffällig dargestellt.

Anflug

Die Einteilung des Anfluges zum Notlandegelände hängt entscheidend von der zur Verfügung stehenden Höhe ab. Hat das Flugzeug noch sehr viel Höhe, sollte man sie möglichst in der Nähe des Notlandegeländes abbauen und anschließend einen langen Anflug planen. Dabei kann man sich allerdings sehr leicht verschätzen, so daß die verbleibende Höhe vielleicht nicht mehr für den Anflug reicht. Sicherer ist, die Höhe über dem Notlandegelände abzufliegen, am besten in Linkskurven. Dabei kann man das Landegebiet beobachten und nach Zäunen, Leitungen oder anderen Gefahren Ausschau halten. Aus der Position über dem Notlandegelände ist es sehr viel einfacher, den Anflug zu planen, und man kann dann ziemlich sicher sein, das Gelände auch zu erreichen (siehe Abbildung 74).

Die Landeklappen werden je nach Bedarf ausgefahren. Denken Sie daran, daß sie den Gleitwinkel verschlechtern und damit die Gleitdistanz verringern. Volle Klappen sollte man erst setzen, wenn man sich im Endanflug befindet und das Gelände sicher erreichen kann. Hier zahlt sich aus, wenn man das Flugverhalten seines Flugzeuges sehr genau kennt und in der Vergangenheit regelmäßig Notlandungen geübt hat. Man muß ein Gefühl dafür entwickelt haben, wie sich das Flugzeug im motorlosen Gleitflug verhält und wie sich vor allem Sinkrate und Gleitwinkel beim Ausfahren der Landeklappen verändern, ohne daß man mit dem Gashebel den Anflug korrigieren kann (siehe Abbildung 75).

Maßnahmen vor der Landung

Das elektrische Bordnetz und die Treibstoffzufuhr sollten vor der Landung unterbrochen werden. Damit wird die Wahrscheinlichkeit eines nachträglich ausbrechenden Brandes reduziert.

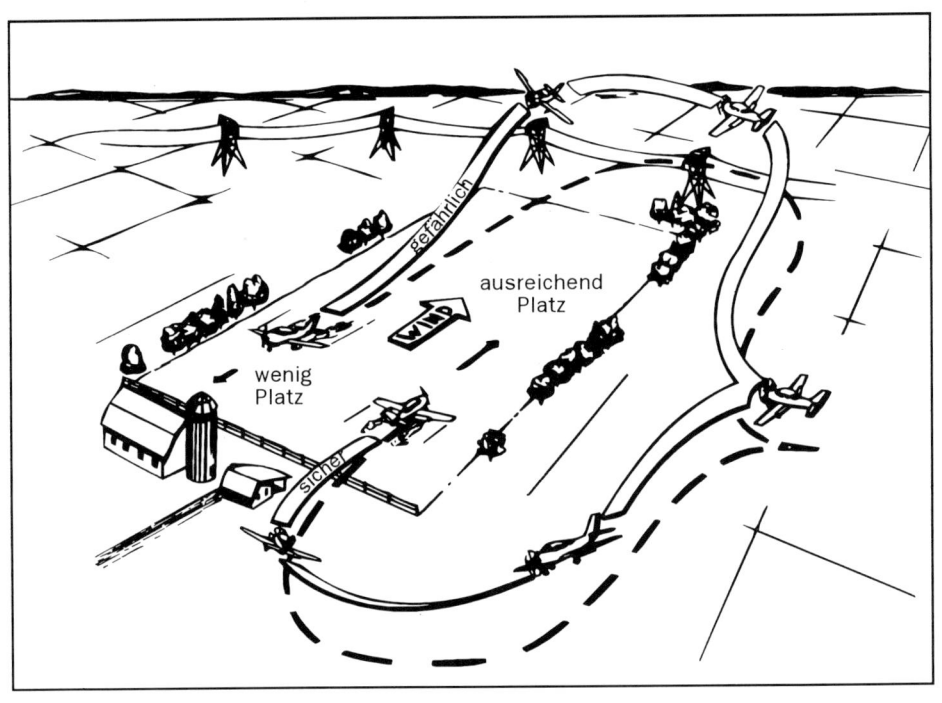

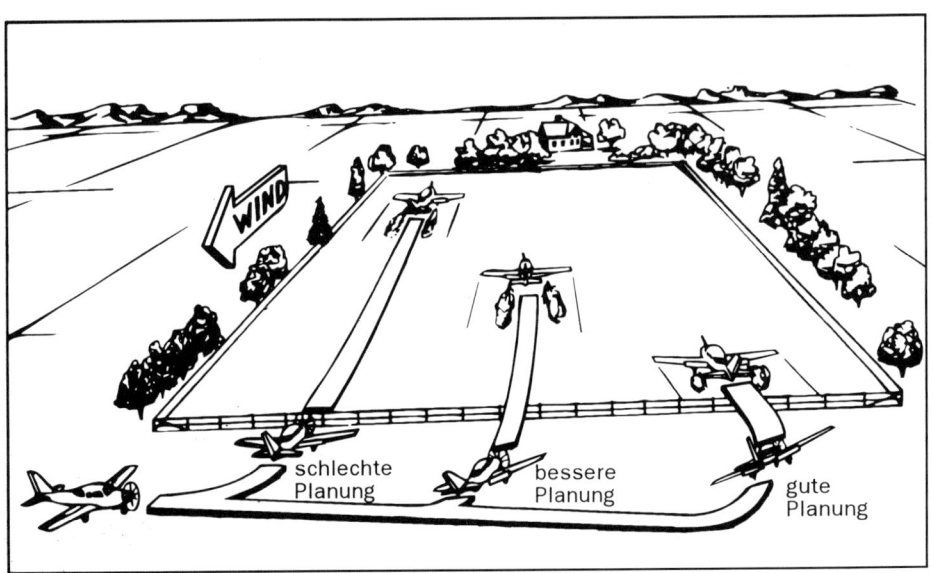

Der Batterieschalter muß allerdings so lange eingeschaltet bleiben, bis man keine elektrische Energie mehr benötigt (z.B. für das Bedienen der Landeklappen).

Alle Flugzeuginsassen müssen angeschnallt und lose Gegenstände nach Möglichkeit verstaut sein. Die Kabinentüren sollten entriegelt werden, damit nach der Landung eine schnelle und ungehinderte Evakuierung des Flugzeuges möglich ist.

Alle diese Maßnahmen lassen sich nur durchführen, sofern Zeit und Umstände dies zulassen. Priorität vor allen anderen Maßnahmen hat - und das sei hier bewußt noch einmal betont - die Kontrolle über das Flugzeug und die Einhaltung der richtigen Geschwindigkeit bis zur Landung.

Landung

Um das Risiko für die Flugzeuginsassen und das Flugzeug zu minimieren, muß mit nur geringer Sinkrate und mit der geringstmöglichen Geschwindigkeit (d.h. voll ausgefahrene Landeklappen) aufgesetzt werden - wenn möglich gegen den Wind. Ist das Notlandegelände kurz, dann empfiehlt es sich, das Flugzeug so schnell wie möglich auf den Boden zu "zwingen" und stark zu bremsen.

Abb. 74 (links oben): Bei der Auswahl der Anflugrichtung spielt nicht nur die Windrichtung, sondern auch die Hindernissituation eine wichtige Rolle (aus "Flight Training Handbook", FAA).

Abb. 75 (links unten): Der Endanflug zum Notlandegelände muß genau geplant werden (aus "Flight Training Handbook", FAA).

Bei einem Flugzeug mit Einziehfahrwerk wird sich die Frage stellen, ob die Notlandung mit ausgefahrenem oder mit eingefahrenem Fahrwerk durchgeführt werden sollte. Eine allgemein gültige Regel hierzu kann es nicht geben. Bei weichem oder sehr unebenem Untergrund besteht bei der Landung mit ausgefahrenem Fahrwerk die Gefahr, daß sich das Flugzeug überschlägt oder daß das Fahrwerk abreißt, und das Flugzeug dann aus der Landerichtung ausbricht.

In vielen Fällen hat sich gezeigt, daß die Schäden bei einer Notlandung mit eingefahrenem Fahrwerk geringer sind. Ist der Untergrund fest und eben, kann mit ausgefahrenem Fahrwerk gelandet werden. Aber wie kann man so genau die Beschaffenheit des Untergrundes erkennen? Selbst eine unproblematisch aussehende Wiese kann von kaum sichtbaren Entwässerungsgräben durchzogen sein, in die das Fahrwerk bei der Landung oder beim Rollen einsinkt.

Bei der Landung sollten die Passagiere und möglichst auch der Pilot Kopf und Gesicht schützen, z.B. durch Vorhalten von Kissen oder Kleidungsstücken, zumindest aber durch Vorhalten der Arme. Besteht beim Ausrollen Kollisionsgefahr mit Hindernissen (z.B. Bäume), muß alles versucht werden, um nicht frontal auf diese zu prallen. Erkennt man beim Anflug auf der vorgesehenen Landefläche Hindernisse, muß die Anflugrichtung entsprechend korrigiert werden. Tun Sie alles, um sich und die Flugpassagiere vor Verletzungen zu schützen, auch wenn dabei das Flugzeug stark beschädigt wird.

Bei einer Notlandung auf einem bewirtschafteten Feld sollte man versuchen, in Richtung der Furchen zu landen. Muß man auf einem Kornfeld landen, ist nicht der Boden, sondern die Bewuchsoberfläche als Landefläche zu betrachten. Getreidehalme wirken übrigens wie Fangseile und verzögern schlagartig die Geschwindigkeit.

Muß in einen Wald hinein gelandet werden, gilt umso mehr, mit der geringstmöglichen Geschwindigkeit über Grund, also gegen den Wind, anzufliegen und mit nur geringer Sinkrate auf den Baumspitzen aufzusetzen. Ein niedriger, dichter Baumbestand ist für eine Notlandung besser geeignet als hohe, schlanke Bäume, denn hier besteht die Gefahr, daß das Flugzeug nach der Baumberührung mehrere Meter tief fällt. Kann eine Kollision mit Baumstämmen nicht vermieden werden, sollte das Flugzeug nach Möglichkeit so gesteuert werden, daß der Rumpf und damit die Flugzeugkabine zwischen zwei Baumstämme gelangt und nur die Tragflächen dagegen prallen.

Eine Notlandung im Gebirge ist bestimmt nicht leicht durchzuführen, weil nicht zuletzt nur schwer ein ideales Notlandegelände gefunden werden kann. Andererseits gibt es auch im Gebirge große ausgedehnte Wiesen, die sich für eine Notlandung gut eignen. Diese Wiesen sind meist nicht eben wie im Flachland, sondern haben oft ein mehr oder weniger starkes Gefälle, das bei der Notlandung beachtet werden muß.

Ein Anflug auf ansteigendes Gelände verleitet den Piloten leicht dazu, tiefer anzufliegen, weil er die Illusion eines zu hohen Anflugwinkels hat (s.a. Kapitel 2). Auf einem Hang sollte man nach Möglichkeit immer hangaufwärts landen. Handelt es sich um einen Steilhang, dann sollte man mit einer kleinen Geschwindigkeitsreserve anfliegen, um kurz vor dem Aufsetzen aus dem Sinkflug in einen Steigflug parallel zur Hangfläche übergehen zu können.

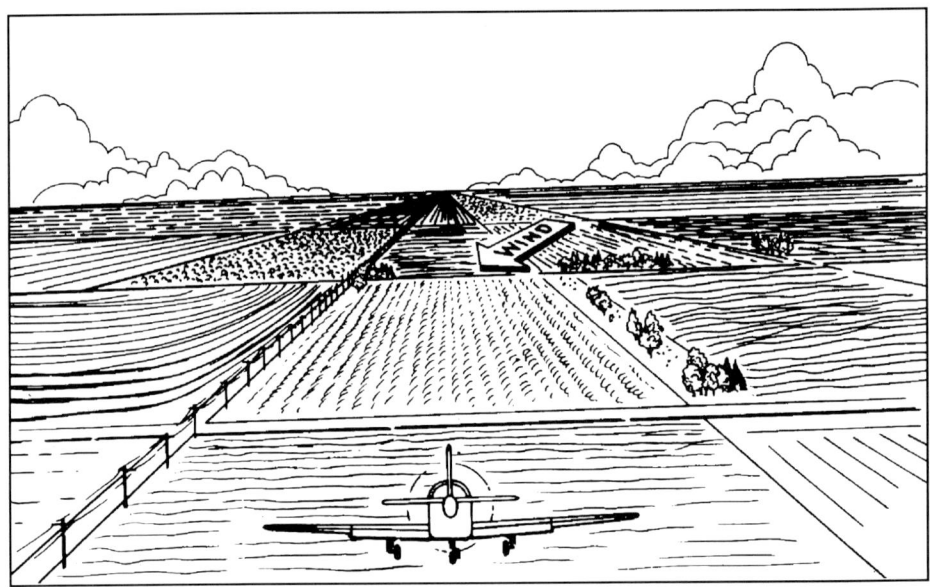

Abb. 76: Die Landung auf einem Feld erfolgt in Richtung der Furchen (aus "Flight Training Handbook", FAA).

Verhalten nach der Notlandung

Nach der Notlandung muß alles getan werden, um eventuell Verletzte zu versorgen und Hilfe zu holen. Denken Sie daran, daß Sie der verantwortliche Pilot sind und alle für das Überleben und die Rettung der Flugzeuginsassen notwendigen Maßnahmen treffen müssen.

Nach einer Notlandung an einem Steilhang besteht die Gefahr, daß das Flugzeug abrutscht. Deswegen müssen alle Insassen das Flugzeug sofort verlassen. Sie können danach versuchen, das Flugzeug vor dem Abrutschen zu sichern. Auch bei Brand oder Explosionsgefahr müssen alle Insassen schnell aus dem Flugzeug und sich in eine sichere Entfernung begeben.

Bei einer Notlandung in unbekanntem oder unwegsamem Gelände, weit weg von der nächsten Ortschaft, sollte man in der Nähe des Flugzeuges bleiben - es sei denn, es gibt zwingende Gründe, die Notlandestelle zu verlassen. Konnte man vor der Landung einen Notruf absetzen, wurde ein Flugplan aufgegeben oder bei der Notlandung ein Notsender aktiviert, kann man davon ausgehen, daß Such- und Rettungsmaßnahmen eingeleitet werden. Die Suche wird sich dabei auf das im Notruf genannte oder durch den Notsender markierte Gebiet konzentrieren. Es wird aber auch entlang der im Flugplan angegeben Route gesucht. Wichtig ist in diesem Fall, das Flugzeug bzw. die Landestelle auffällig zu markieren, damit sie von Suchflugzeugen gesehen werden kann. Die beste Methode, um eine Suchmannschaft auf sich aufmerksam zu machen, ist immer noch Rauch. Zu einer Notausrüstung für einen Flug über unbewohntem Gelände gehören also auch Streichhölzer oder ein Feuerzeug.

Bei betriebsbereitem Funkgerät sollte man auf der Notfrequenz 121,50 MHz Notrufe mit Angabe der Position senden. Vielleicht wird dieser Notruf von einem Suchflugzeug oder einem anderen Luftfahrzeug empfangen.

Zusammenfassung

Grundsätzliches:

- Beachten Sie die Notlandeanweisungen im Flughandbuch!
- Prägen Sie sich die einzelnen Punkte für eine Notlandung ein!
- Üben Sie immer wieder gemeinsam mit einem Fluglehrer Notlandungen!

Notlandung mit stehendem Motor:

- Geschwindigkeit besten Gleitens erfliegen.
- Notlandegelände festlegen.
- Notruf senden, Transponder auf 7700 schalten.
- Anflug einteilen und Landeklappen entsprechend setzen.
- Sitzgurte festziehen, lose Gegenstände sichern.
- Gemischbedienknopf herausziehen.
- Brandhahn schließen.
- Zündung ausschalten.
- Hauschalter nach Erfordernis ausschalten.
- Kabinentüren entriegeln.
- Kopf und Gesicht schützen.
- Landung mit geringstmöglicher Geschwindigkeit (volle Landeklappen).
- Stark bremsen.
- Flugzeug verlassen.
- Ggf. Verletzte versorgen und Hilfe holen.

Notlandung
kurz nach dem Start

Ein Motorausfall kurz nach dem Start unterscheidet sich wesentlich von einem Motorausfall in der Reiseflughöhe. Die Flughöhe ist sehr gering, und es bleibt daher kaum Zeit zu langen Überlegungen. Alle Entscheidungen müssen sofort getroffen werden. Wegen des großen Anstellwinkels während des Steigfluges ist der Widerstand besonders groß.

Fehlt nun der Vortrieb, dann baut sich die Geschwindigkeit rasch ab und erreicht sehr schnell die Überziehgeschwindigkeit. Deshalb kann es nur diese sofortige Reaktion geben:

Drücken und Geschwindigkeit des besten Gleitens bzw. 1,3 V_S halten.

Für die Wahl des Notlandegeländes bleibt in der geringen Höhe nicht viel Zeit. Sicherlich wäre die Startbahn, von der man gerade abgehoben hat, ideal.

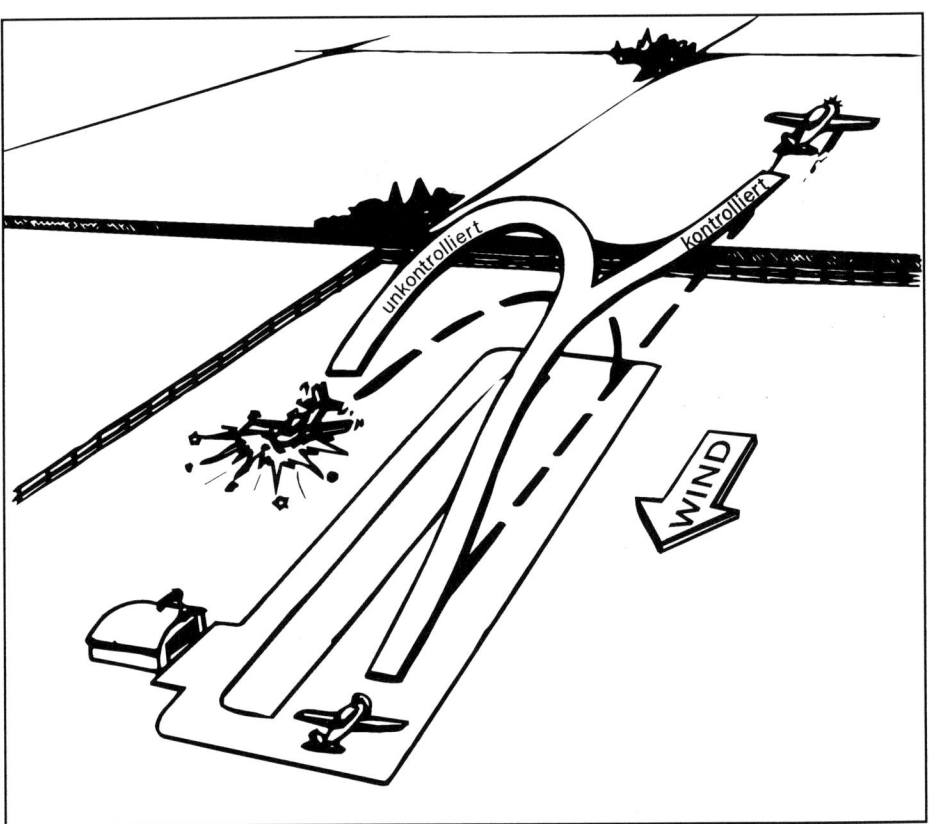

Abb. 77: Motorausfall kurz nach dem Start: Die unkontrollierte "Krampfkurve" zurück zum Flugplatz ist gefährlich. Sicherer ist die kontrollierte Notlandung geradeaus (aus "Flight Training Handbook", FAA).

Eine Umkehr aber wäre falsch, wenn die in diesem Moment erflogene Höhe nicht ausreicht, im Gleitflug den Flugplatz wieder zu erreichen. Allzu leicht ist man versucht, die fehlende Höhe durch Ziehen auszugleichen: Die Überziehgeschwindigkeit wird unterschritten, die Strömung reißt ab, und die Notlandung mißlingt.

Bei der Rückkehr zur Startbahn ist ein Teilkreis zwischen 180° und 270° zu fliegen. Der Höhenverlust dabei hängt von den aerodyamischen Eigenschaften des Flugzeuges und von der Querneigung, die den Kreisradius und damit die im Gleitflug zurückzulegende Strecke bestimmt, ab. Die Querneigung ist allerdings begrenzt, da mit ihr auch die Überziehgeschwindigkeit ansteigt.

Es ist also sehr schwer festzulegen, ab welcher Höhe man eine Umkehrkurve zurück zur Startbahn wagen kann. Das ist von Flugzeugtyp zu Flugzeugtyp verschieden. Es hängt auch von der bereits zurückgelegten Entfernung von der Startbahn und schließlich vom eigenen fliegerischen Können ab. Auf jeden Fall sollte man als Pilot eine Vorstellung davon haben, welche Höhe das Flugzeug beim Kreisen im Gleitflug verliert.

In geringer Höhe bleibt nur die Notlandung geradeaus. Das bedeutet aber nicht, nun exakt in Flugrichtung zu landen. Je nach Gelände und Hindernissen sind Abweichungen nach beiden Seiten bis zu 60° durchaus vertretbar. Es gehört daher zu einer guten Startvorbereitung, sich über das Gelände in Startrichtung im Hinblick auf eine eventuelle Notlandung zu orientieren. Wer vorausdenkt und während des Starts auf einen eventuellen Triebwerksausfall eingestellt ist, hat ohne Frage bei einer Notlandung größere Chancen.

Zusammenfassung

Triebwerksausfall nach dem Start:

- Drücken, Geschwindigkeit des besten Gleitens bzw. 1,3 V_S halten.
- Prüfen, ob die Höhe für eine Umkehrkurve zurück zur Startbahn ausreicht.
- Wenn die Höhe für eine Umkehrkurve nicht ausreicht, eine Notlandung geradeaus durchführen.

Notwasserung

Eine Notlandung auf dem Waser ist keine einfache Angelegenheit. Entscheidend für das Gelingen ist nicht nur das Können des Piloten, sondern vor allem auch die Beschaffenheit der Wasseroberfläche. Die See kann ruhig und glatt wie eine Betonfläche sein, aber auch aufgewühlt mit meterhohen Wellen.

Bei ruhiger Wasseroberfläche sollte man gegen den Wind landen. Bei größeren Wellen muß man versuchen, parallel zu ihnen aufzusetzen, wenn möglich auf ihren Kämmen, auch wenn man dabei nicht gegen den Wind landet. Bei einer Landung in die Wellenkämme hinein kann das Flugzeug durch die dort auftretenden großen Kräfte zerstört werden.

Wie sich das Flugzeug beim Aufsetzen auf dem Wasser verhält, ist vorher schwer zu beurteilen. Das hängt u.a. von der Rauhigkeit und dem Wellengang ab. Auf jeden Fall sollte man mit möglichst geringer Geschwindigkeit, nur geringer Sinkrate und in horizontaler Fluglage (Dreipunktlage) auf dem Wasser aufsetzen, um die Gefahr eines Überschlages oder einer Zerstörung zu verringern.

Auf das Abfangen des Flugzeuges kann man verzichten, da es sehr schwer ist, die Höhe über Wellen genau abzuschätzen. Besser ist es, das Flugzeug mit einer gleichmäßigen Sinkrate kontrolliert aufzusetzen. Ein Einziehfahrwerk bleibt bei einer Notwasserung natürlich eingefahren. Kurz vor dem Aufsetzen werden die Kabinentüren entriegelt, eine schnelle Evakuierung muß vorbereitet sein. Erst nach Verlassen der Kabine werden die Schwimmwesten und das Rettungsfloß (falls vorhanden) aufgeblasen.

Das Überleben im Wasser hängt von einer schnellen Rettung ab. Deshalb ist es gerade bei einer Notwasserung so wichtig, rechtzeitig eine Notmeldung mit genauer Angabe der Position (z.B. "20 Seemeilen nördlich der Insel ...") abzusetzen. Im Wasser sollte man als Gruppe zusammenbleiben. Man kann sich so gegenseitig helfen, und das schnelle Auffinden und die Rettung aller werden erleichtert.

Zusammenfassung

Maßnahmen bei einer Notwasserung:

- Notruf senden, Transponder auf 7700 schalten.
- Anflug mit der im Flughandbuch angegebenen Geschwindigkeit.
- Landeklappen ausfahren.
- Anflug gegen den Wind; bei starkem Wellengang parallel zu den Wellen.
- Sitzgurte festziehen, lose Gegenstände sichern.
- Kabinentüren entriegeln.
- Kopf und Gesicht schützen.
- Flugzeug mit geringstmöglicher Geschwindigkeit und mit geringer Sinkrate auf dem Wasser aufsetzen.
- Flugzeug sofort verlassen, wenn nötig, Fenster öffnen, um Wasser in die Kabine hereinzulassen, so daß sich der Druck ausgleichen kann und die Türen geöffnet werden können.
- Schwimmwesten und (falls vorhanden) Rettungsfloß aufblasen.

So setzen Sie eine Notmeldung ab

- Mayday, Mayday, Mayday
- Rufzeichen der Bodenfunkstelle, falls eine bestimmte Stelle gerufen wird
- Rufzeichen des Luftfahrzeuges
- Art der Notlage
- Absichten des Piloten
- Art der gewünschten Hilfe, falls erforderlich
- Angaben über Standort, Kurs und Flughöhe
- Notfrequenz 121,50 MHz
- Transponder 7700

Beispiele (Deutsch)

MAYDAY MAYDAY MAYDAY
DENCG
Motorbrand
Beabsichtige Notlandung
Position 10 Seemeilen südlich Darmstadt
Steuerkurs 180
Flughöhe 1.500 Fuß

MAYDAY MAYDAY MAYDAY
Erfurt Turm
DEFXQ
Motorausfall
Versuche Erfurt zu erreichen
Erbitte Feuerwehr an der Landebahn
Position nördlich Erfurt Flugplatz
Steuerkurs 200
Flughöhe 5.000 Fuß

Beispiele (Englisch)

MAYDAY MAYDAY MAYDAY
DENCG
Engine on fire
Intend to make an emergency landing
Position 10 miles south of Darmstadt
Heading 180
Altitude 1500 Feet

MAYDAY MAYDAY MAYDAY
Erfurt Tower
DEFXQ
Engine failure
Trying to reach Erfurt
Request firebrigade at the runway
Position north of Erfurt airport
Heading 200
Altitude 5.000 Feet

Englische Begriffe
für den Notfall

Wenn Sie im Ausland fliegen und in Not geraten, dann müssen Sie Ihre Notlage auf Englisch erklären können. Hier finden Sie die wichtigsten englischen Begriffe für Notfälle:

Absturz > crash

Ausfall > failure
Ausfall der Elektrik > electrical failure
Ausfall des Höhenruders > elevator failure
Ausfall des Seitenruders > rudder failure
Ausfall der Landeklappen > flaps failure
Fahrwerksausfall > landing gear failure
Funkausfall > radio failure
Motorausfall > engine failure

Beinahezusammenstoß > nearmiss

Brand > fire
Motorbrand > engine fire

Durchstarten > go-around
Starte durch - going around

Fahrwerksausfall > landing gear failure
Fahrwerk läßt sich nicht ausfahren > landing gear blocked
Fahrwerksanzeige unsicher > landing gear indication unsafe

Flugunfall > air accident

Funkausfall > radio failure

Gefährliche Begegnung > airmiss

Hilfe > help
Erbitte sofortige Hilfe > request immediate help

Höhenruder blockiert > rudder blocked

Kraftstoffdruckverlust > loss of fuel pressure

Motorausfall > engine failure

Motorbrand > engine fire
Motor brennt > engine on fire

Motorprobleme > engine trouble

Notlandung > emergency landing
> oder: forced landing

Notmeldung > distress message

Notruf > distress call; emergency call

Notverfahren > emergency procedure

Notwasserung > ditching, oder: emergency landing on water

Öldruckverlust > loss of oil pressure

Orientierungsverlust > loss of position
Habe Orientierungsverlust, erbitte Unterstützung > loss of position, request assistance
Standort ungewiß, erbitte navigatorische Unterstützung > unsure of position, request navigational assistance

Person > person
Kranke Person an Bord > sick person on board
Verletzte Person > injured person

Sauerstoffmangel > hypoxia

Schwimmweste > life vest; life jacket

Sicherheitslandung > safety landing

Sprechfunkausfall > radio communication failure

Treibstoffmangel > low on fuel

Trudeln > spin

Vergaservereisung > carburetor icing

Vereisung > icing

Zusammenstoß mit Vogel > bird strike

Abb. 78 (rechts und nächste Seite): Notfall-Codes

Kodes der optischen Boden/Bord-Zeichen zur Benutzung durch Überlebende

Ground/Air Visual Signal Codes for Use by Survivors

A. Internationaler Boden/Bord-Notkode

A. International Ground/Air Emergency Code

Benötige Hilfe	Benötige ärztliche Hilfe	Nein (Verneinung)	Ja (Bestätigung)	Gehe in dieser Richtung
Require assistance	Require medical assistance	No (Negative)	Yes (Affirmative)	Proceeding in this direction

Hinweise für die Anwendung der Signale:

1. Signale sollen mindestens 8 ft (2,5 m) groß sein.
2. Signale sind sorgfältig gemäß Muster anzulegen.
3. Farbkontraste zwischen Signalen und Untergrund sollen so stark wie möglich sein.
4. Es soll jeder Versuch unternommen werden, die Aufmerksamkeit durch andere Mittel, wie Funk, Leuchtkugeln, Rauch oder reflektiertes Licht zu erregen.

Instructions for Use:

1. Make signals not less than 8 ft (2.5 m).
2. Take care to lay out signals exactly as shown.
3. Provide as much colour contrast as possible between signals and background.
4. Make every effort to attract attention by other means such as radio, flares, smoke, reflected light.

B. Auslegsignale aus Luftfahrzeug-Abdeckplanen

B. Paulin Signals

Benötige ärztliche Hilfe	Benötige Erste-Hilfe-Zubehör	Benötige warme Kleidung	Benötige Lebensmittel und Wasser	Benötige bezeichnetes Gerät	Benötige Benzin und Öl – Luftfahrzeug fliegbar
Require medical assistance	Require first-aid supplies	Require warm clothing	Require food and water	Require equipment as indicated	Require gas and oil – aircraft flyable

Benötige Werkzeug – Luftfahrzeug fliegbar	Sollen wir auf Rettung warten?	Erbitte Richtung zu besiedeltem Gebiet	Verlasse Luftfahrzeug – gehe in diese Richtung	Gut für Landung – Pfeil zeigt Richtung	Nicht landen
Require tools – aircraft flyable	Should we wait for rescue?	Indicate direction of civilization	Abandoning aircraft – proceeding in this direction	o.k. to land – arrow shows direction	Do not land

Anmerkung:

Die Anwendung des Internationalen Boden/Bord-Notkodes ist vorzuziehen. Die Symbole können größer und dadurch aus der Luft erkennbarer gemacht werden. Auslegsignale aus Luftfahrzeug-Abdeckplanen sind so zu falten, daß sie das im Muster gezeigte Signal darstellen. Eine Luftfahrzeug-Abdeckplane ist ebenfalls äußerst wertvoll als Schutzdach, Umhang, Unterlage, Schlafsackdecke, Sonnenschutz oder zum Auffangen von Regenwasser.

Note:

It is preferable to use the International Ground/Air Emergency Code. The symbols may be made larger and hence more recognizable from the air. Paulins should be folded to form the signals shown. A paulin is also an extremely valuable survival shelter, poncho, ground sheet, sleeping-bag cover, sunshade, or rain collector.

C. Körpersignale　　　　　　　　　　　　**C. Body Signals**

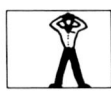

Benötige
ärztliche Hilfe
Require
medical assistance

Alles in Ordnung,
nicht warten
All o.k.
do not wait

Unser Empfänger
arbeitet
Our receiver
is operating

Nachricht abwerfen
Use drop message

Benötige
Mechaniker
oder Ersatzteile
Require
mechanical help
or parts

Kann bald
weiterfliegen –
möglichst warten
Can proceed
shortly –
wait if practical

Holt uns ab –
Flugzeug
aufgegeben
Pick us up –
plane abandoned

Hier landen
Land here

Nicht versuchen,
hier zu landen
Do not attempt
to land here

Bestätigung
(ja)
Affirmative
(yes)

Verneinung
(nein)
Negative
(no)

Kontroll- und Übungsaufgaben

1. Worin liegt der wesentliche Unterschied zwischen einer Sicherheitslandung und einer Notlandung?

2. Während des Fluges stellen Sie fest, daß der Treibstoff bald zu Ende geht. Ein Flugplatz ist nicht in sicherer Entfernung anfliegbar. Sie entscheiden sich daher zu einer Sicherheitslandung. Wie gehen Sie vor?

3. Auf welcher Frequenz würden Sie einen Notruf senden?

4. Was bewirkt die Einstellung des Transponders auf den Code 7700?

5. Kennen Sie den Höhenverlust Ihres Flugzeuges bei motorlosem Gleitflug?

6. Bei einer Notlandung ist viel zu tun. Was muß die vordringlichste Aufgabe des Piloten bei der Durchführung einer Notlandung sein?

7. Nach welchen Kriterien sollte man ein Notlandegelände auswählen?

8. Warum ist es so wichtig, bei einer Notlandung nach Möglichkeit gegen den Wind zu landen?

9. Straßen sind in vielen Fällen für Notlandungen nicht geeignet. Warum?

10. Warum sollte man überschüssige Flughöhe nach Möglichkeit oberhalb des Notlandegeländes abfliegen?

11. Sie bereiten eine Notlandung vor. Das Notlandegelände ist ausgewählt, der Notruf abgesetzt und es bleibt noch Zeit, sich um die Fluggäste zu kümmern. Welche "Anweisungen" würden Sie Ihren Fluggästen geben?

12. Welche Maßnahmen sind kurz vor der Notlandung erforderlich?

13. Wie ist eine Notlandung auf einem weichen Acker durchzuführen?

14. Warum sollte man bei einer Notlandung auf einem Hang nach Möglichkeit hangaufwärts landen?

15. Sie haben Motorausfall. Vor dem Notlandegelände entdecken Sie ein Hindernis. Wie reagieren Sie richtig?

16. Was ist bei einer Notlandung in einen Wald besonders zu beachten?

17. Wie verhalten Sie sich, wenn kurz nach dem Start der Motor ausfällt?

18. Wann müssen bei einer Notwasserung die Schwimmwesten aufgeblasen werden?

19. Welches sind nach einer Notlandung Ihre ersten Maßnahmen?

20. Sie haben in unwegsamem Gelände eine Notlandung durchgeführt. Über dem Gelände fliegt ein Flugzeug, offenbar ein Suchflugzeug. Was können Sie tun, um auf sich aufmerksam zu machen?

Kapitel 8
Unfall

Anzeige von Flugunfällen und sonstigen Störungen beim Betrieb von Luftfahrzeugen

Störungen beim Betrieb eines Luftfahrzeuges hat der Luftfahrzeug-Halter gemäß § 5 LuftVO dem LBA innerhalb von 3 Tagen schriftlich anzuzeigen. Störungen sind:

- Flugunfälle, bei denen eine Person getötet oder schwer verletzt worden ist oder ein Luftfahrzeug einen schweren Schaden erlitten oder verursacht hat;
- Bedrohung von Besatzungsmitgliedern während des Fluges;
- Ausfall eines Mitgliedes der Flugbesatzung durch gesundheitliche Störungen während des Fluges;
- Feuer oder Explosion beim Betrieb eines Luftfahrzeuges;
- Funktionsstörungen und Schäden an Steuerungsanlagen (einschließlich Flügelklappen und sonstigen aerodynamischen Einrichtungen);
- Schäden an Triebwerken, die zu einem Triebwerkswechsel führen;
- Abkommen von Start- oder Landebahnen einschließlich Zukurz- oder Zuweitkommen;
- unkontrollierte Fluglagen;
- besondere meteorologische Phänomene wie extrem starke Turbulenz, extreme Vereisung, statische Aufladung und Blitzeinschläge in das Luftfahrzeug;
- Störungen in der Ausrüstung des Luftfahrzeuges oder an Bodenanlagen, die zum Abbruch eines Landeanfluges führen;
- Schäden an tragenden Bauteilen, die die Festigkeit der Zelle beeinträchigen können;
- Zusammenstöße mit Vögeln;

- Zusammenstöße von Luftfahrzeugen und gefährliche Begegnungen zwischen Luftfahrzeugen;
- sonstige Störungen, deren Bekanntwerden der Flugunfallverhütung dienlich sein kann, z.B. Notlandungen.

Störungen bei dem Betrieb eines Luftfahrzeugs, bei denen eine Person getötet oder schwer verletzt worden ist oder ein Luftfahrzeug einen schweren Schaden erlitten oder verursacht hat, hat der Luftfahrzeugführer, bei dessen Behinderung ein anderes Besatzungsmitglied oder, sofern keine dieser Personen dazu in der Lage ist, der Halter des Luftfahrzeuges unbeschadet der Anzeigepflicht unverzüglich der nächst erreichbaren Polizeidienststelle zur Weiterleitung an folgende Stellen anzuzeigen:

- Luftfahrtbehörde des Landes
- Luftfahrt-Bundesamt
- Nächste Flugsicherungsdienststelle

Hat sich die Störung auf einem Flugplatz oder in der unmittelbaren Nähe eines Flugplatzes ereignet, kann die Anzeige auch bei der Luftaufsichtsstelle erstattet werden, die sie an die Polizei weiterleitet. Bei einem schweren Flugunfall mit einem deutschen Luftfahrzeug im Ausland ist die Anzeige unmittelbar an das Luftfahrt-Bundesamt zu erstatten.

Unbeschadet der sofortigen Anzeige bei schweren Störungen muß der Luftfahrzeughalter innerhalb von drei Tagen dem Luftfahrt-Bundesamt eine schriftliche Störungsmeldung zusenden.

Als schwere Verletzung gilt eine Verletzung, die

- einen Krankenhausaufenthalt von mehr als 48 Stunden erforderlich macht,

- Knochenbrüche zur Folge hat, mit Ausnahme einfacher Brüche von Fingern, Zehen oder der Nase,
- schwere Blutungen, Nerven-, Muskel- oder Sehnenschäden zur Folge hat,
- an inneren Organen entsteht oder
- zu Verbrennungen zweiten oder dritten Grades oder von mehr als fünf Prozent der Körperoberfläche führt.

Als schwerer Schaden am Luftfahrzeug gilt eine Beschädigung, die den Festigkeitsverband der Zelle, die Flugleistungen oder die Flugeigenschaften nachteilig beeinflußt und die normalerweise eine größere Instandsetzung oder das Auswechseln des betreffenden Bauteils erforderlich macht. Ausgenommem sind Motorausfälle, auf Triebwerke beschränkte Schäden, verformte Verkleidungen oder Hauben, eingebeulte Beplankungen, kleine Löcher in der Beplankung, Rollschäden an Propellerblättern, Schäden an Bereifung, Motorzubehörteilen, Bremsen oder Flügelspitzen.

Als schwerer Drittschaden gilt ein Schaden von mehr als 1.000 DM.

Die Anzeige eines Flugunfalls bzw. einer Störung soll außer Namen und Aufenthaltsort des Anzeigenden soweit wie möglich folgende Einzelheiten enthalten:

1 Datum und Uhrzeit der Störung.
2 Ort der Störung.
3 Eintragungszeichen des Luftfahrzeuges.
4 Muster des Luftfahrzeuges.
5 Eigentümer und ggf. Halter oder Charterer des Luftfahrzeuges.
6 Name des Luftfahrzeugführers.
7 Anzahl der Personen an Bord des Luftfahrzeuges (Besatzung/Fluggäste).
8 letzter Startflugplatz und Startzeit.
9 Bestimmungsflugplatz.

10 Art des Flugplanes (IFR-, VFR-, Sonder-VFR-Flugplan oder ohne Flugplan).
11 Betriebsart (z.B. Fluglinienverkehr, gewerblicher Gelegenheitsverkehr, gewerblicher Arbeitsflug, Geschäftsverkehr, Privatverkehr, Ausbildung, sonstige).
12 Anzahl der getöteten Personen (Besatzung/Fluggäste/Außenstehende).
13 Anzahl der verletzten Personen (Besatzung/Fluggäste/Außenstehende).
14 Sachschaden am Luftfahrzeug (zerstört, schwer, leicht, nicht beschädigt).
15 Sachschaden Dritter.
16 Betriebsphase, in der die Störung eintrat (z.B. Stand, Rollen, Start, Reiseflug, Landung).
17 Art der Störung (z.B. Ausbrechen, Bauchlandung, Fahrwerksbruch, harte Landung, Kopfstand, Überschlag, Zukurzkommen, Landung neben der Landebahn, Zuweitkommen, Berührung mit Hindernissen, Zusammenstoß, Brand oder Explosion im Fluge, unkontrollierte Fluglage, Notlandung),
18 Angabe über beförderte explosive oder radioaktive Stoffe und andere gefährliche Güter.

Schriftliche Anzeigen über Störungen, für die bereits eine Sofortanzeige erstattet worden ist, sollen auf einem vom LBA herausgegebenen Formblatt erfolgen. Die Vordrucke können vom LBA und den Luftaufsichtsstellen bezogen werden. Die übrigen schriftlichen Anzeigen können ohne besondere Form erfolgen.

Abb. 79 (nächste Seite): Mit diesem Vordruck des LBA wird die Anzeige einer Störung beim Betrieb eines Flugzeuges aufgegeben.

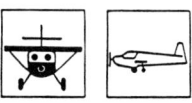

Name, Vorname des Anzeigenden		
Straße und Hausnummer		
Postleitzahl, Wohnort		
Datum	Fernruf	
Unterschrift		(Eingangsstempel)

Flugunfalluntersuchungsstelle
beim Luftfahrt—Bundesamt
Postfach 30 54

3300 Braunschweig

Anzeige einer Störung bei dem Betrieb eines Flugzeuges oder Motorseglers nach § 5 LuftVO

Kennziffer	
00 01	Klassifizierung des Unfalles / der Störung
00 02	Aktenzeichen
00 03	Jahr der Störung
00 04	Luftfahrzeug - Hersteller
00 05	Luftfahrzeug - Muster
00 06	Luftfahrzeug - Eintragungszeichen
00 07	Eintragungsstaat
00 08	Datum der Störung Tag Monat Jahr
00 09	Uhrzeit der Störung (Ortszeit - 24 Stunden)
00 10	Ort der Störung (Ortsübliche Schreibweise)
00 13	Regierungsbezirk

196

Zur Vereinfachung der Anzeige von gefährlichen Begegnungen zwischen Luftfahrzeugen genügt es, wenn diese Anzeigen nur bei der Deutschen Flugsicherung (DFS) erstattet werden. Die DFS wird diese Anzeigen, soweit erforderlich, an das Luftfahrt-Bundesamt weiterleiten. Um eine weitgehende Einheitlichkeit dieser Meldungen sicherzustellen, bittet die Flugsicherung, folgendes zu beachten:

1. Im Falle der Begegnung zweier Luftfahrzeuge, bei der sich einer der beteiligten oder auch beide Piloten gefährdet fühlen, wird der mit einer Flugverkehrskontrollstelle in Funkverbindung stehende Pilot dieser eine entsprechende Meldung (Airmiss Report) übermitteln. Die sofortige Mitteilung des Ereignisses ist deshalb wichtig, weil so eine erfolgversprechende Fahndung nach dem beteiligten, in aller Regel zunächst unbekannten Luftfahrzeug möglich ist.

2. Die Meldung sollte deshalb möglichst detaillierte Angaben sowohl über das andere Luftfahrzeug, als auch über den Ablauf der Geschehnisse enthalten. Eine wertvolle Hilfe stellt hierbei das hierzu von der Flugsicherung in Zusammenarbeit mit weiteren Luftfahrtbehörden und anderen betroffenen Stellen erarbeitete Formblatt dar, das bei allen Flugberatungsstellen (AIS) ausliegt. Es wird angeregt, einige dieser Formblätter an Bord mitzuführen. Unabhängig davon können ergänzende Einzelheiten auch von den Flugverkehrskontrollstellen erfragt werden. Bei Übermittlung von Angaben zum geringsten Abstand zwischen "meldendem" und "gemeldetem" Luftfahrzeug wird gebeten, auf Angaben wie "nah" und "sehr nah" zu verzichten; für die Beurteilung einer solchen

Begegnung sind vielmehr entsprechende Entfernungsangaben in Fuß, Nautischen Meilen oder Meter von großer Bedeutung.

Nach erfolgter Landung empfiehlt es sich, die über Funk abgegebene Meldung schriftlich zu bestätigen. Durch zusätzliche bedeutende oder richtigstellende Einzelheiten wird die Aussicht größer, das beteiligte Luftfahrzeug zu identifizieren und die Ursache qualifiziert zu erforschen. Eine nachträgliche Bestätigung eines solchen Vorfalls ist auch deswegen zu empfehlen, weil die Flugsicherung nur dann die Piloten über das Ergebnis der Untersuchungen benachrichtigen kann, wenn sie eine schriftliche Bestätigung erhalten hat.

Zusammenfassung

- Flugunfälle und sonstige Störungen beim Betrieb von Luftfahrzeugen hat der Luftfahrzeughalter dem LBA innerhalb von 3 Tagen schriftlich anzuzeigen.
- Zusätzlich sind Flugunfälle, bei denen eine Person getötet oder schwer verletzt worden ist oder ein Luftfahrzeug einen schweren Schaden erlitten oder verursacht hat, unverzüglich der nächst erreichbaren Polizeidienststelle zur Weiterleitung an die Landesluftfahrtbehörde, das Luftfahrt-Bundesamt und die nächste Flugsicherungsdienststelle anzuzeigen.
- Die Anzeigepflicht gilt auch bei Flugunfällen bzw. Störungen deutscher Luftfahrzeuge im Ausland!
- Meldungen über gefährliche Begegnungen zwischen Luftfahrzeugen sind unmittelbar an die Flugsicherung zu richten.

Abb. 80 (nächste Seite): Dieses Formblatt der Flugsicherung dient zur Meldung über Zwischenfälle im Flugverkehr wie z.B. gefährliche Begegnungen zwischen Luftfahrzeugen.

Nichtzutreffendes bitte streichen

Bundesanstalt für Flugsicherung	Datum	Meldende Stelle	Name und Anschrift des Luftfahrzeugführers oder Luftfahrzeughalters

MELDUNG ÜBER ZWISCHENFÄLLE IM FLUGVERKEHR

durch Luftfahrzeugführer: gefährliche Begegnung zwischen Luftfahrzeugen ☐   **durch FVK-Stelle:** Beobachtung mittels Radar ☐

andere Vorfälle ☐   anderweitig festgestellt ☐

---

1.   ANGABEN ÜBER DAS MELDENDE LUFTFAHRZEUG

A Rufzeichen   B Luftfahrzeugmuster   C Flugregeln   IFR/VFR

D Startflugplatz   E Zielflugplatz   F Standort z.Z. des Vorfalls

G Kurs   H Flughöhe .... FL/m/ft   Steig- Sink- Horizontalflug   I Höhenmessereinstellung QFE/QNH .... hPa   STD

K in Funkverbindung mit: Frequenz   L Radar erfaßt: ja/nein   SSR-Code:

---

2.   ANGABEN ÜBER DAS ANDERE LUFTFAHRZEUG

A Rufzeichen   B Luftfahrzeugmuster und Markierungen

C Farbe und/oder Lichter   Tarnanstrich ja/nein   D Form des Luftfahrzeugs

E Tief-/Hoch-/Schulterdecker   F Anzahl und Anordnung der Triebwerke   G Geschätzter Kurs

H Steig-/Sink-/Horizontalflug   Links- Rechts- Kurve   I Zusätzlich verfügbare Angaben: SSR-Codes:

---

3.   EINZELHEITEN ÜBER DEN VORFALL

A Zeit des Vorfalls .... Uhr (UTC)   B Zeit zwischen erster Sichtung und geringstem Abstand

C POSITION DES ANDEREN LUFTFAHRZEUGS

a Bei erster Sichtung   kreuzend links/rechts l/r - r/l   horizontal .... m/ft/sm   voraus/hinter   vertikal .... m/ft/über/unter   zusammenlaufend überholend Gegenkurs

b Zur Zeit des Vorfalls   kreuzend links/rechts l/r - r/l   horizontal .... m/ft/sm   voraus/hinter   vertikal .... m/ft/über/unter   zusammenlaufend überholend Gegenkurs

D Ausweichbewegungen des meldenden Luftfahrzeugs ja/nein   ggf. wie ....   Ausweichbewegungen des anderen Luftfahrzeugs ja/nein   ggf. wie ....

Begründung wenn keine Ausweichbewegung:

F   WEITERE ANGABEN BITTE AUF EXTRABLATT VERMERKEN

---

4.   WETTERBEDINGUNGEN ZUR ZEIT DES VORFALLS

A Flugwetterbedingungen allgemein: VMC/IMC   B Flugwetterbedingungen im einzelnen: über/unter/in/zwischen Wolken teilweise in Wolken/wolkenlos

C Flugsicht: .... km/sm   D in die/aus der Sonne in Dunst/Rauch   E Abstand von Wolken vertikal .... m/ft horizontal .... m/ft/sm   F Bedeckung

---

5.   ANGABEN DER FLUGVERKEHRSKONTROLLSTELLE

A Schilderung des Vorfalls durch den FV-Lotsen

B Verkehrsinformation erteilt ja/nein   Begründung bei Nichterteilung: C Inhalt der erteilten Information: Richtung .... Entfernung .... Kurs ....

D Geringster beobachteter Abstand zwischen den Zielen   E Örtliche Nachforschungen   Namenszeichen des Meldenden

F Ergänzender Bericht folgt: ja/nein   Beweismittel sichergestellt: ja/nein   G Datum und Zeit der Übermittlung   H Aufgenommen durch:

102 - 1003 - 8.87

Notsender

Viele Flugzeuge sind heute mit einem automatisch auslösenden Notsender, einem ELT (engl. Emergency Locator Transmitter) - auch ELBA (engl. Emergency Location Beacon Aircraft) genannt - ausgerüstet. Dieser Notsender wird bei hohen Belastungen, wie sie z.B. bei einer Bruchlandung oder bei einem Absturz entstehen, automatisch aktiviert und sendet danach auf der internationalen Notfrequenz 121,50 MHz kontinuierlich einen Ton.

Diese Notfrequenz wird ständig von allen Flugsicherungsstellen und vom Such- und Rettungsdienst abgehört. Daneben werden die ELT-Signale von Satelliten (SAR-SAT) empfangen und geortet.

Über eine Alarmzentrale (für Europa befindet sich diese in Toulouse, Frankreich) wird der zuständige Such- und Rettungsdienst informiert, der dann die entsprechenden Such- und Rettungsmaßnahmen einleitet. So ist es möglich, rasch die Unfallstelle zu finden und Hilfe zu leisten. Gerade in unwegsamem Gelände wie z.B. in den Alpen, wo es mitunter Tage oder sogar Wochen dauert, bis man ein verunglücktes Flugzeug findet, bietet das ELT eine erheblich größere Chance, gerettet zu werden. In einigen Staaten wie z.B. den USA und bei Alpen-Flügen ist das Mitführen eines ELT bereits Pflicht.

Da bei einer Bruchlandung oder einem Absturz mit einer weitgehenden Zerstörung der Flugzeugstruktur gerechnet werden muß, ist das ELT einschließlich An-

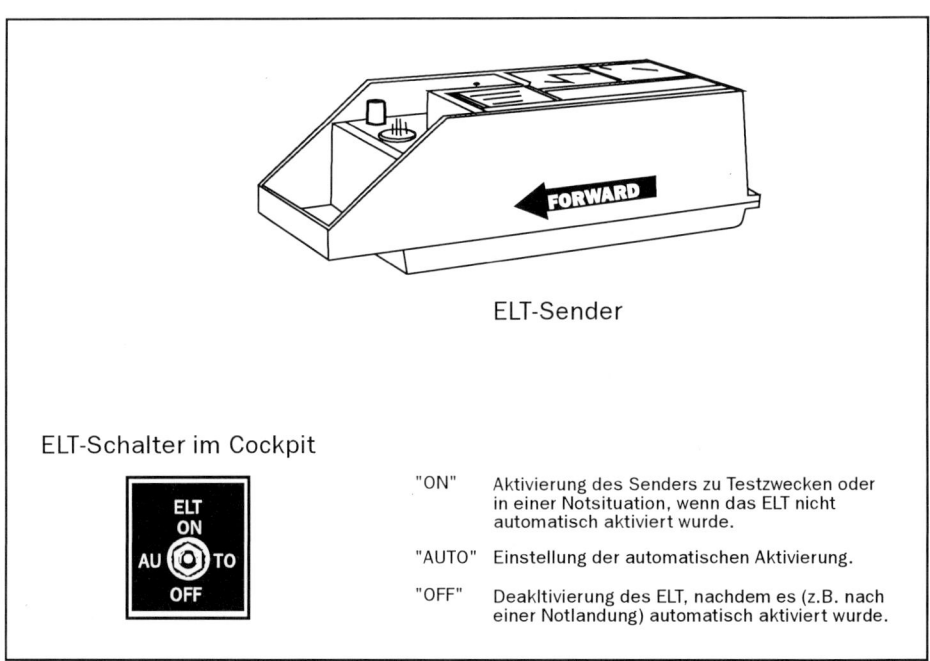

ELT-Sender

ELT-Schalter im Cockpit

"ON"   Aktivierung des Senders zu Testzwecken oder in einer Notsituation, wenn das ELT nicht automatisch aktiviert wurde.

"AUTO" Einstellung der automatischen Aktivierung.

"OFF"   Deaklitivierung des ELT, nachdem es (z.B. nach einer Notlandung) automatisch aktiviert wurde.

Abb. 81: Notsender ELT

tenne bei Motorflugzeugen meist im hinteren Rumpfbereich oder in der Nähe des Leitwerkes fest eingebaut, da es dort bei einer Bruchlandung erfahrungsgemäß zu den geringsten Schäden kommt. Der Einbauort des ELT ist an der Außenseite des Flugzeuges durch eine Aufschrift oder einen Aufkleber markiert.

Das ELT ist nicht mit dem elektrischen Bordnetz des Flugzeuges verbunden, sondern arbeitet unabhängig über eine eigene Batterie. Fest eingebaut ist es also immer betriebsbereit. Der Sender wird erst bei einer Beschleunigung von 5 bis 6 g (g = Erdbeschleunigung) aktiviert. Darüber hinaus läßt er sich über einen Schalter im Cockpit einschalten, z.B. zu Testzwecken oder bei einer Notlandung, bei der das ELT nicht automatisch aktiviert wurde. Kunstflugmanöver, harte Landungen, starkes Bremsen nach der Landung oder heftige Turbulenzen führen nicht zu einer Aktivierung.

Das ELT darf nur im akuten Notfall ausgelöst werden. Leider jedoch ist die Anzahl der durch ELTs ausgelösten Fehlalarme sehr hoch. Ursachen sind entweder fehlerhafter Einbau oder mißbräuchliche Benutzung. Fliegt man ein mit einem ELT ausgerüstetes Flugzeug, sollte man vor dem Start und nach jeder Landung am Sprechfunkgerät kurz die Notfrequenz 121,50 MHz abhören. Ist ein Piepton oder ein an- und abschwellender Ton hörbar, kann man ziemlich sicher sein, daß es sich um das bordeigene ELT handelt. Es nützt nun nichts, den Hauptschalter auszuschalten und für den nächsten Tag einen Werkstattbesuch zu planen. Da das ELT unabhängig vom Bordnetz mit eigener Stromversorgung arbeitet, muß es sofort ausgeschaltet werden. Danach sollte man aber unbedingt noch einmal in die Notfrequenz 121,50 MHz hineinhören, um sicherzugehen, daß das ELT tatsächlich nicht mehr sendet. Anschließend ist die nächste Flugsicherungsstelle über diese Störung zu informieren.

Zusammenfassung

● Ein ELT (engl. Emergency Locator Transmitter) ist ein Notsender, der bei einem Aufschlag des Flugzeuges automatisch ausgelöst wird und dann auf der Notfrequenz 121,50 MHz einen kontinuierlichen Ton aussendet. Dadurch ist bei einem Flugzeugabsturz schnelle und gezielte Hilfe möglich. Ist Ihr Flugzeug mit einem ELT ausgerüstet, machen Sie sich mit dem Gebrauch vertraut und achten Sie darauf, daß das Gerät ordnungsgemäß arbeitet.

Flugunfalluntersuchung und Unfallverhütung

Für die Untersuchung von Flugunfällen und Störungen beim Betrieb von Luftfahrzeugen ist die Flugunfalluntersuchungsstelle des Luftfahrt-Bundesamtes zuständig. Sie wird in ihren Aufgaben von der Flugsicherung, den Luftfahrtbehörden der Länder und anderen Behörden und Institutionen unterstützt. Ziel der Flugunfalluntersuchung ist nicht nur die Registrierung der Unfälle und die lückenlose Aufklärung des Unfallherganges, sondern auch das Umsetzen der Untersuchungsergebnisse in Empfehlungen zur Unfallverhütung.

Das Luftfahrt-Bundesamt (LBA) betreibt eine intensive Flugsicherheits- und Öffentlichkeitsarbeit. Neben Vorträgen, Seminaren, Ausstellungen und Artikeln in Fachzeitschriften gibt das LBA in unregelmäßigen Zeitabständen Flugsicherheitsmitteilungen (fsm) und Lehrfilme heraus, die sich überwiegend an Piloten der Allgemeinen Luftfahrt richten. Inzwischen sind über 50 Flugsicherheitsmitteilungen und einige Flugsicherheitsfilme erschienen, die über das LBA und den Deutschen Aeroclub e.V. (DAeC) bezogen werden können.

Nicht nur auf bundesbehördlicher Ebene, sondern auch im Rahmen der Aufgaben der Luftfahrtbehörden der Länder und des DAeC wird an der Unfallverhütung gearbeitet. Sie ist aber nicht nur Sache der Behörden und der Vereine, sondern in erster Linie Aufgabe jedes einzelnen Piloten.

Die Flugunfalluntersuchungen des LBA zeigen eindeutig, daß die meisten Unfälle auf menschliches Versagen zurückzuführen sind. Sie wären in den meisten Fällen bei gewissenhafter Flugvorbereitung und richtiger Einschätzung der eigenen fliegerischen Fähigkeiten vermeidbar gewesen. Unfälle wegen nicht vorhersehbarer technischer Störungen sind äußerst selten.

Die meisten Unfälle passieren in der Start- und Landephase. Ein Grund mehr, Starten und Landen immer wieder zu üben und seine fliegerischen Fähigkeiten ab und zu von einem Fluglehrer überprüfen zu lassen. Man hat es als Pilot weitestgehend selbst in der Hand, sicher und unfallfrei zu fliegen.

Noch ein Tip zum Schluß: Auch Ihnen als Pilot kann einmal schlecht werden, Sie können sich während des Fluges oder bei einer Notlandung verletzen und nicht mehr handlungsfähig sein. Dann kann Ihnen nur noch Ihr Mitflieger helfen. Deshalb sollten Sie diesem zumindest einmal zeigen, wie man das Sprechfunkgerät bedient, den Transponder auf 7700 schaltet und das ELT aktiviert.

Zusammenfassung

- Die Verhütung von Flugunfällen ist in erster Linie Aufgabe jedes einzelnen Piloten.
- Nutzen Sie als Pilot die vielfältigen Möglichkeiten, sich über Flugunfallursachen und Möglichkeiten der Unfallverhütung zu informieren.

Tips zur Flugunfallverhütung

- Fliegen Sie niemals mit einem Flugzeug, das Sie nicht genau kennen und nicht voll beherrschen.

- Bereiten Sie den Flug immer anhand eines Flugdurchführungsplans vor. So können Sie sicher sein, nichts vergessen zu haben.

- Sie sind nur für das Fliegen nach Sicht ausgebildet. Lassen Sie sich daher auf keine faulen Kompromisse ein, fliegen Sie nur bei einwandfreien Sichtflugwetterbedingungen. Im Zweifelsfall verschieben Sie den Flug.

- Lassen Sie die Vorflugkontrolle nie zu einer lästigen Routine "verkommen". Viele Flugunfälle hätten durch eine gewissenhafte Vorflugkontrolle vermieden werden können.

- Fliegen Sie immer mit Klarliste (engl. Checklist).

- Prägen Sie sich die verschiedenen Geschwindigkeiten Ihres Flugzeuges ein.

- Denken Sie immer ein bißchen voraus.

- Überlegen Sie beim Start, was Sie im Fall eines Startabbruchs oder bei Motorausfall nach dem Start machen würden.

- Unterschreiten Sie nie die Sicherheitsmindesthöhe (außer zum Starten und Landen).

- Überprüfen Sie immer wieder den Kraftstoffvorrat.

- Notieren Sie während des Fluges die Kontrollpunkt-Überflugzeiten im Flugdurchführungsplan und überprüfen Sie ständig Ihre Navigation. Sie sollten immer wissen, wo Sie gerade sind.

- Kehren Sie rechtzeitig um, wenn das Wetter schlecht wird und der Flug nicht nach Sichtflugregeln fortgesetzt werden kann. Fliegen Sie nie in Wolken ein.

- Bei Störungen während des Fluges: Entscheiden Sie sich rechtzeitig zur Landung auf dem nächsten Flugplatz oder machen Sie im kritischen Fall eine Sicherheitslandung. Seien Sie immer auf eine Notlandung vorbereitet.

- Denken Sie daran: Sie fliegen nach dem Prinzip "Sehen und gesehen werden". Halten Sie also Ausschau nach anderen Luftfahrzeugen.

- Machen Sie bei der Landung keine Experimente. Stellen Sie über der Landebahnschwelle fest, daß das Flugzeug zu schnell oder zu hoch ist, starten Sie durch.

- Fliegen Sie nur, wenn Sie sich wohlfühlen.

- Fliegen im Gebirge stellt besondere Anforderungen an den Piloten. Informieren Sie sich vor dem Flug über die Besonderheiten der Gebirgsfliegerei. Machen Sie am besten eine Alpeneinweisung bei einem routinierten Piloten.

- Lesen Sie immer wieder das Flughandbuch Ihres Flugzeuges, vor allem das Kapitel über Notverfahren.

- Lassen Sie Ihr fliegerisches Können in regelmäßigen Abständen von einem erfahrenen Fluglehrer überprüfen.

Kontroll- und Übungsaufgaben

1. Wer führt in der Bundesrepublik Deutschland die Flugunfalluntersuchung durch?

2. Sie machen eine Notlandung auf einer Wiese. Dabei wird das Flugzeug nicht beschädigt und keine Person verletzt. Welche Maßnahmen ergreifen Sie nach der Notlandung?

3. Sie machen eine Notlandung. Dabei wird das Flugzeug schwer beschädigt und ein Fluggast leicht verletzt. Wen müssen Sie sofort informieren?

4. Bei der Landung platzt der Reifen des Bugfahrwerks. Muß dieser Vorfall gemeldet werden?

5. Während des Fluges prallt ein Vogel gegen das Flugzeug und beschädigt die Tragfläche. Muß dieser Vorfall gemeldet werden?

6. Sie möchten eine gefährliche Begegnung mit einem anderen Flugzeug melden. Bei welcher Stelle tun Sie das?

7. Sie chartern ein Flugzeug. Woran erkennen Sie, daß das Flugzeug mit einem ELT ausgerüstet ist?

8. Sie stellen mit Erstaunen fest, daß der ELT-Schalter im Cockpit auf ON steht. Offenbar sendet das ELT zur Zeit. Was tun Sie?

9. Nach einer längeren fliegerischen Winterpause beginnen Sie im Frühjahr wieder mit dem Fliegen. Wie bereiten Sie sich auf den ersten Flug vor?

10. Woher können Sie die Flugsicherheitsmitteilungen beziehen?

Kapitel 9
Anhang

Lösungen zu den Kontroll- und Übungsaufgaben

Kapitel 2

1. Die Landebahnschwelle muß mit mindestens $1,3 \times V_{SO}$, also mit $1,3 \times 44 = 57$ kt überflogen werden. Langsamer sollten Sie auf keinen Fall sein. In den Flughandbüchern wird für Kurzlandungen meist eine etwas höhere Geschwindigkeit angegeben. In diesem Beispiel, es handelt sich um eine Piper Cadet PA28, wird anstelle von 57 kt eine Geschwindigkeit von 63 kt empfohlen.

2. Bei einer Landung auf einer kurzen Bahn muß man das Flugzeug möglichst unmittelbar nach der Schwelle aufsetzen. Das ist kein Problem, wenn das Gelände vor der Landebahn hindernisfrei ist. Steht ein Hindernis vor der Bahn, in diesem Fall eine hohe Baumgruppe, ist man gezwungen, höher anzufliegen bzw. einen größeren Anflugwinkel zu wählen. Dadurch kommt man über der Landebahnschwelle zu hoch an und setzt schließlich sehr viel weiter entfernt von der Schwelle auf. Dann reicht vielleicht die Landebahnlänge nicht mehr aus. Man muß also nach dem Passieren der Baumgruppe den Anflug bewußt auf einen Punkt kurz hinter der Landebahnschwelle ausrichten. Dabei besteht die Gefahr, daß die Geschwindigkeit wieder zunimmt. Stellt man über der Schwelle fest, daß man zu hoch oder zu schnell ist, sollte man sich zum Durchstarten entschließen.
Da die Landebahn sehr kurz ist, wird man vielleicht versuchen, die Baumgruppe in nur geringem Abstand zu überfliegen. Aber Achtung: Im Bereich von Bäumen können sich Turbulenzen bilden, die einem nahe und mit geringer Geschwindigkeit überfliegenden Flugzeug gefährlich werden.

3. Das vorgelagerte ansteigende Gelände verleitet dazu, unbewußt einen höheren Anflugwinkel zu wählen. Das Resultat daraus kann eine größere Überflughöhe und eine höhere Geschwindigkeit über der Landebahnschwelle sein - keine günstigen Voraussetzungen für eine Landung auf einer kurzen Bahn.
Die Sichtanflugkarten und teilweise auch die Flugplatzkarten geben Auskunft über das Gelände und die Geländehöhen in der Umgebung der Flugplätze. Man kann sich also auf die Geländegegebenheiten einstellen und bewußt einen Anflugwinkel "wie gewohnt" wählen, d.h. in diesem Fall gezielt in einer geringeren Höhe über Grund anfliegen (siehe Abbildung 82).

4. Durchstarten. Erneuten Anflug durchführen.

5. Die beste Bremswirkung erzielt man einmal dadurch, daß man die Radbremsen kräftig, aber dennoch maßvoll einsetzt, um ein Blockieren zu verhindern. Zum anderen läßt sich die Bremswirkung durch einen möglichst großen Rollwiderstand steigern. Dazu sollte man nach dem Aufsetzen des Hauptfahrwerks bald auch das Bugfahrwerk aufsetzen. Durch Einfahren der Landeklappen kann man ebenfalls den Rollwiderstand noch erhöhen. Beachten Sie hierzu die entsprechenden Hinweise im Flughandbuch.

6. Nein! Die erforderliche Klappenstellung kann von Flugzeugtyp zu Flugzeugtyp verschieden sein. Für eine Cessna 172 z.B. wird eine Klappenstellung von 10° empfohlen.

7. V_X Geschwindigkeit für besten Steigwinkel (engl. Best Angle Of Climb Speed).
V_Y Geschwindigkeit für bestes Steigen (engl. Best Rate Of Climb Speed).
Mit V_X erzielt das Flugzeug den größten Höhengewinn in kürzestmöglicher Horizontalentfernung. Mit V_Y erzielt das Flugzeug den größten Höhengewinn in kürzestmöglicher Zeit (siehe Abbildung 83).

8. Die Geschwindigkeiten bei einem Kurzstart und einer Kurzlandung liegen nahe der Überziehgeschwindigkeit. Deshalb muß in beiden Fällen eine sichere Geschwindigkeit eingehalten werden.

9. Das Abheben des Flugzeuges vor Erreichen der sicheren Abhebegeschwindigkeit ist eine heikle Angelegenheit, denn das Flugzeug ist noch gar nicht richtig flugfähig. Nach dem Abheben darf deshalb auf keinen Fall sofort in den Steigflug übergegangen werden.

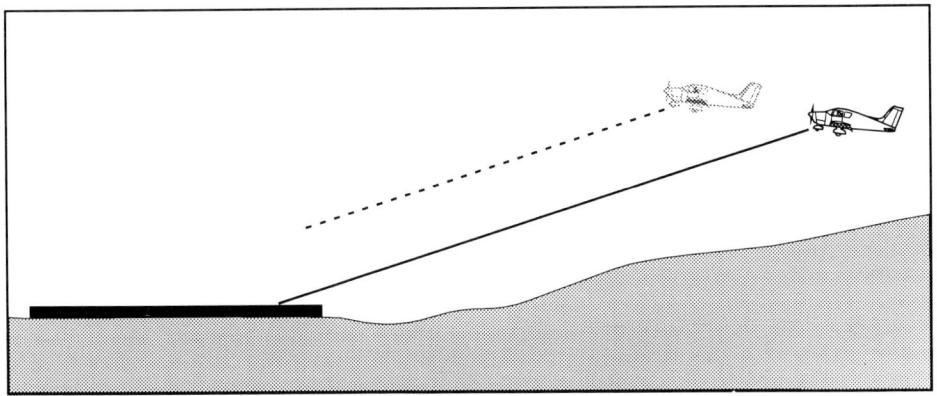

Abb. 82: Anflug auf eine kurze Bahn mit vorgelagertem ansteigenden Gelände.

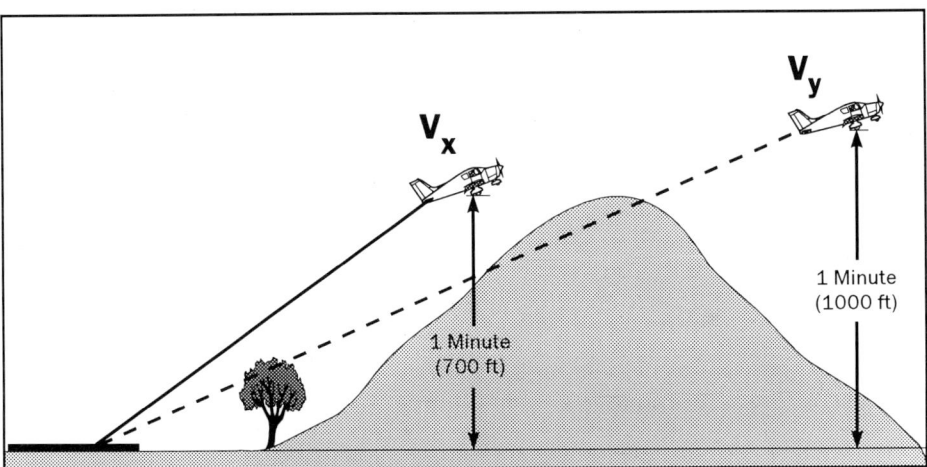

Abb. 83: Geschwindigkeiten für besten Steigwinkel und bestes Steigen.

Vielmehr muß unter Ausnutzung des sogenannten Bodeneffektes im bodennahen Horizontalflug erst einmal auf die Steigflug-Ge-
schwindigkeit beschleunigt werden.

10. Im Prinzip ist ein Kurzstart auf einer Grasbahn wie ein Kurzstart auf einer befestigten
Bahn durchzuführen, d.h.: Gesamte Bahnlänge
ausnutzen, Klappen in Startstellung gemäß Anweisung im Flughandbuch, Flugzeug mit Bremsen halten und Vollgas geben, Bremsen lösen,
Flugzeug beschleunigen und dabei Bugrad

entlasten, bei der im Flughandbuch angegebenen Geschwindigkeit abheben. Achtung: Bei einem Start auf einer Grasbahn kann die erforderliche Startstrecke über 20% länger als die
vergleichbare Startstrecke auf einer Asphalt-
oder Betonbahn sein.

11. Eine abfallende Bahn kann dem Piloten die
Illusion geben, daß der Anflugwinkel zu flach
sei. Er wird daher vielleicht einen höheren Anflugwinkel wählen, dabei die Landebahnschwelle zu hoch überfliegen und erst weit nach der

Schwelle aufsetzen. Auch beim Ausschweben über der Bahn muß bedacht werden, daß die Bahn abfällt. Schwebt man wie gewohnt aus, wird das Flugzeug aufgrund der abfallenden Bahn etwas durchsacken und härter aufsetzen. Das kann man vermeiden, wenn man bis zur Landung etwas Triebwerksleistung "stehen" läßt und beim Ausschweben nicht ganz so stark wie gewohnt am Höhensteuer zieht. Schließlich muß bei einer abfallenden Bahn die längere Landestrecke beachtet werden.

12. Liegt das Gelände vor der Landebahn tiefer als die Landebahn, besteht die Gefahr, daß man sich in der Höhe verschätzt und zu tief anfliegt. Erst im letzten Teil des Anfluges stellt man dann vielleicht fest, daß man viel zu niedrig fliegt. Jetzt darf auf keinen Fall "vor Schreck" das Höhensteuer gezogen werden. Richtig ist, mit Triebwerksleistung die Flughöhe bzw. den Anflugwinkel zu korrigieren.

13. Die meist breiten Start- und Landebahnen der internationalen Verkehrsflughäfen verleiten den ungeübten Piloten dazu, das Flugzeug zu hoch abzufangen. Fliegen Sie deshalb bewußt an den Boden heran und landen Sie wie gewohnt. Achten Sie auch auf Wirbelschleppen der großen Verkehrsflugzeuge.

14. Die Differenz zwischen beiden Schwellenhöhen beträgt 41 ft = 12,3 m. Dieser Höhenunterschied, bezogen auf 570 m Länge der Start- und Landebahn, entspricht 2,16% Längsneigung (12,3 x 100 : 570 = 2,16).

15. Sowohl beim Start als auch bei der Landung ist es für den Piloten sehr schwer festzustellen, wieviel Bahnlänge das Flugzeug bereits zurückgelegt hat bzw. noch zurücklegen kann. Die Halbbahnmarkierung soll dem Piloten bei der Abschätzung der Bahnlänge helfen.

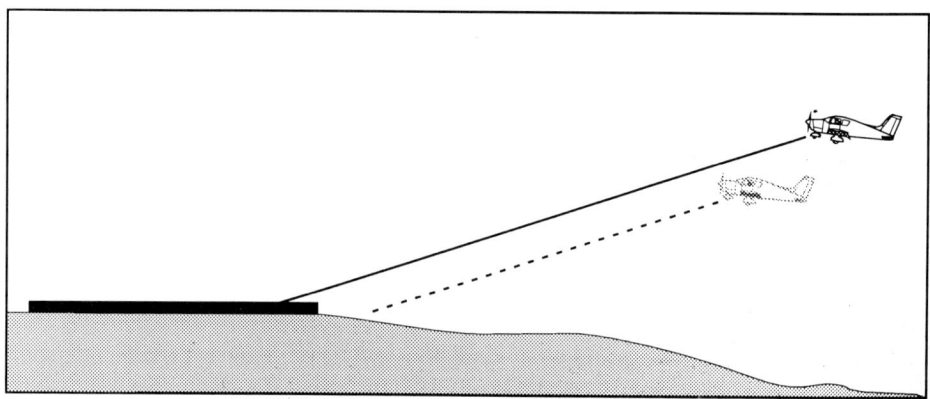

Abb. 84: Anflughöhe und Anflugwinkel sind immer in bezug zur Landebahn festzulegen.

Um diesen Fehler zu vermeiden, sollte man sich vorher anhand der Sichtanflug- und Flugplatzkarte über das Gelände vor der Landebahn informieren und die Anflughöhe bzw. den Anflugwinkel nicht nach dem Gelände, sondern bewußt nach der Landebahn festlegen. Liegt der Flugplatz auf einer Bergkuppe mit seitlich abfallendem Gelände, ist im Anflug auf Leewinde (Abwinde und Turbulenzen) zu achten (siehe Abbildung 84).

16. Beim Rollen, besonders beim schnellen Rollen über unebenen Grasboden, kann es zur Bodenberührung des Propellers kommen. Deshalb sollte man auf einem solchen Untergrund sehr langsam und mit großer Umsicht rollen. Beim Start muß das Bugrad möglichst früh vom Boden abgehoben werden. Bei der Landung ist es dagegen möglichst spät aufzusetzen.

17. Bei stark aufgeweichtem Rollweg kann man vermuten, daß auch die Grasbahn in diesem

Zustand ist. Kehren Sie daher um und laufen Sie in Abstimmung mit der Luftaufsicht die Start- und Landebahn ab. Bilden Sie sich persönlich ein Urteil über deren Zustand. Denken Sie daran: Aufgeweichter Boden hat eine sehr große Bremswirkung, so daß sogar ein Start unmöglich werden kann.

18. Ja, Aquaplaning kann auch für Flugzeuge gefährlich werden. Starten oder landen Sie deshalb nicht bei Aquaplaninggefahr. Warten Sie ab, bis das Wasser von der Start- und Landebahn abgeflossen ist.

19. Schneematsch erzeugt einen sehr großen Widerstand. Dieser kann so groß werden, daß das Flugzeug beim Start nicht die erforderliche Abhebegeschwindigkeit erreicht. Außerdem kann hochspritzender Matsch gefrieren und die Flugeigenschaften des Flugzeuges gefährlich beeinflussen.

20. Landung auf verschneiter Landebahn:
- Die Konturen der Landebahn können durch Schnee nicht genau erkannt werden.
- Es ist schwierig, über schneebedecktem Boden die Höhe richtig einzuschätzen.
- Schnee kann den Piloten blenden und die Orientierung erschweren.
- Bremsen auf Schnee kann mit einer gefährlichen "Rutschpartie" enden, deshalb mit möglichst geringer Geschwindigkeit anfliegen (Kurzlandetechnik) und soweit wie möglich Bremsen vermeiden.

21. Der Sicherheitsstreifen ist eine hindernisfreie Zone um die Start- und Landebahn. Er soll die Gefahr vermindern, daß ein Flugzeug beim Abkommen von der Start- und Landebahn oder beim Überrollen der Bahn unmittelbar mit Hindernissen (z.B. abgestellten Flugzeugen) kollidiert.

22. Die Start- und Landebahn des Flugplatzes Albstadt-Degerfeld hat eine Längsneigung von über 1%. Der Anflug ist auf beiden Seiten durch Hindernisse (Bäume) beschränkt. Um eine weitestgehend hindernisfreie Anflugfläche von 1:20 (= 2,9°) zu erreichen, wurden die Schwellen in beiden Landerichtungen um mehrere hundert Meter nach innen verlegt. Im Anflug auf die Lan-

debahn 27 ragen jedoch noch einige Bäume in die Hindernisfreifläche hinein.

23. Folgende Faktoren verlängern die Landestrecke:
- Hohe Temperatur
- Tiefer Luftdruck
- Rückenwind
- Großes Flugzeuggewicht
- Zu hohe Anfluggeschwindigkeit
- Große Flugplatzhöhe
- Abfallende Landebahn
- Ungünstige Oberflächenbeschaffenheit der Bahn, z.B. Schnee, Wasser, feuchter Grasboden usw.

24. Diese Faktoren verkürzen die Startstrecke:
- Niedrige Temperatur
- hoher Luftdruck
- Gegenwind
- geringes Abfluggewicht
- Anwendung der Kurzstarttechnik
- geringe Flugplatzhöhe
- abfallende Startbahn
- günstige Oberflächenbeschaffenheit der Bahn (wie z.B. trockene Asphalt- oder Betonbahn)

25.

Startstrecke aus Flughandbuch	405 m
30% Neigungszuschlag	+ 122 m
	= 527 m
20% Grasbahnzuschlag	+ 105 m
Startstrecke	= 632 m

Die erforderliche Startstrecke beträgt 632 m.

Kapitel 3

1. Der bevorstehende Stall kann erkannt werden an:
- Fahrtmesseranzeige
- Überziehwarnhorn
- Hoher Anstellwinkel
- "Weiche" Ruderreaktion
- Vibration des Flugzeuges

2. Höhenruder nachlassen bzw. nachdrücken und Triebwerksleistung erhöhen.

3. V_{S0} Überziehgeschwindigkeit bzw. geringste Fluggeschwindigkeit, bei der das Flugzeug in der Landekonfiguration (Landeklappen voll ausgefahren) noch steuerbar ist.
V_{S1} Überziehgeschwindigkeit bzw. geringste Fluggeschwindigkeit, bei der das Flugzeug noch steuerbar ist.

4. Bei der "Besucherkurve" kreist der Pilot ständig um einen Punkt am Boden. Da er diesen genau beobachten möchte, fliegt er langsam und in nur geringer Höhe sehr enge Kurven. Dadurch wird er abgelenkt und achtet nicht auf die abnehmende Fluggeschwindigkeit und die in Schräglagen zunehmende Überziehgeschwindigkeit. Die Gefahr ist sehr groß, in einen überzogenen Flugzustand und dann ins Trudeln zu geraten - und das in nur geringer Flughöhe!

5. Um ca. 40%.

6. Beenden des Trudelns:
- Seitenruder voll gegen die Trudelrichtung ausschlagen.
- Querruder in Normalstellung.
- Höhenruder nachlassen bzw. drücken (um aus dem überzogenen Flugzustand herauszukommen).
- Motorleistung zurücknehmen.

7. Wendezeiger.

8. Nach Beenden des Trudelns muß das Seitenruder in Normalstellung gebracht werden. Bleibt es voll ausgeschlagen, besteht die Gefahr, daß sich der Trudelvorgang in die andere Richtung fortsetzt.
Da das Flugzeug beim Trudeln mit einer großen Sinkrate sinkt, muß darauf geachtet werden, daß es aus dem Sinkvorgang weich in den Horizontalflug übergeführt wird. Dabei wird die Motorleistung wieder gesteigert. Würde das Sinken des Flugzeuges durch starkes Ziehen am Höhensteuer abrupt beendet werden, könnte dies zu einer Überbelastung und im schlimmsten Fall zur Zerstörung des Flugzeuges führen.

9. Beim Trudeln (engl. Spin) reißt die Strömung ab. Damit ist das Flugzeug nicht oder nur bedingt steuerbar. Bei einer Steilspirale (engl. Spiral) läßt sich das Flugzeug durch die anliegende Strömung steuern (siehe Abbildungen 85 A und 85 B).

10. Das Flugzeug wird sich bei Vollgas mehr oder weniger stark "aufbäumen" wollen. Drücken Sie sofort mit angepaßter Kraft das Höhensteuer, um die Fluglage zu halten. Danach sollte man den Druck "wegtrimmen".

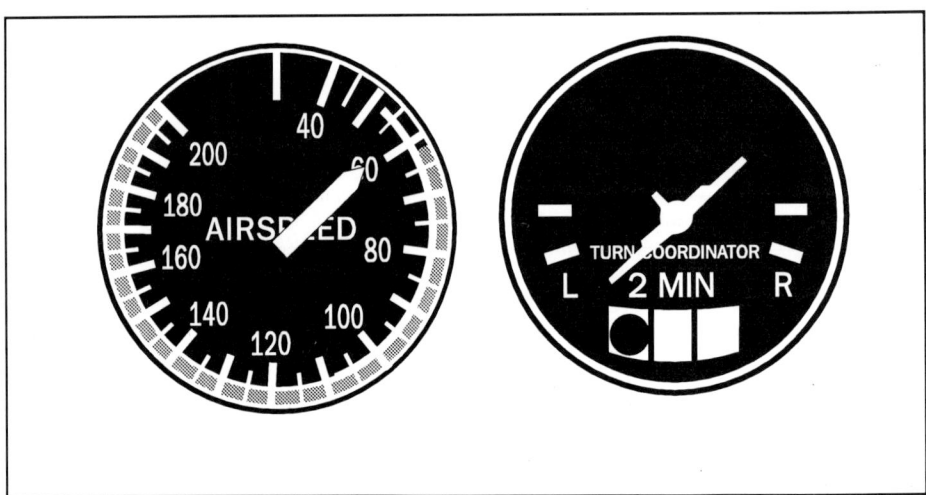

Abb. 85 A: Trudeln

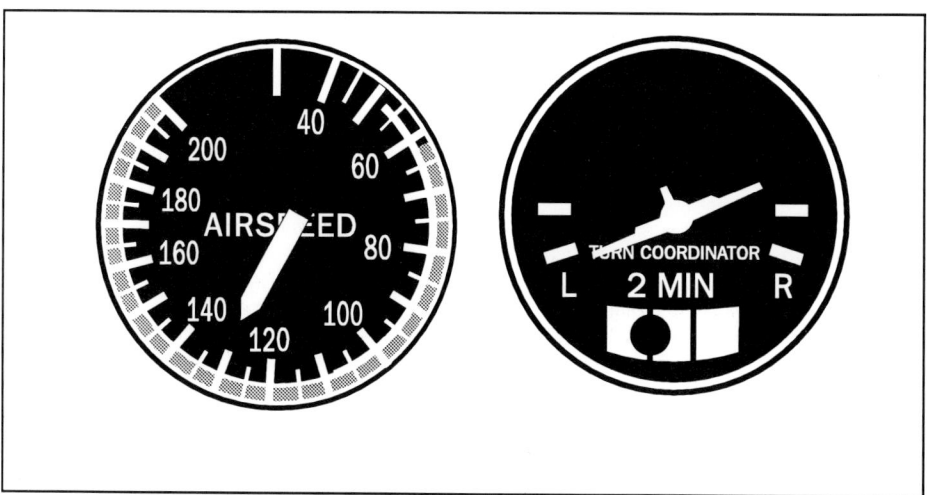

Abb. 85 B: Steilspirale

11. Der plötzliche Auftriebsverlust läßt das Flugzeug durchsacken. Es besteht die Gefahr der Bodenberührung.

12. Gründe für einen Startabbruch:
- Motorausfall
- Motorstörung (z.B. Drehzahlabfall, Motorstottern)
- Motorbrand
- Zu lange Startrollstrecke, d.h. die Startbahn reicht für den Start nicht aus
- Abkommen von der Startbahn
- Sicherheitsgurt klemmt in der Tür und klappert an der Flugzeugzelle (keine schlimme Sache, aber ein furchtbares Geräusch)
- Platzen eines Reifens
- Plötzliches Hindernis auf der Bahn (z.B. rollt unerwartet ein Flugzeug auf die Startbahn)
- Vogelschlag

13. Einflug in schlechtes Wetter ist meist verbunden mit einem Verlust der Sicht und damit des natürlichen Horizonts. Die Folge ist räumliche Desorientierung: Der Pilot kann die Lage des Flugzeuges im Raum nicht mehr eindeutig beurteilen. Hier hilft nur striktes Fliegen nach den Fluglageinstrumenten.

14. Da Sie in Wolken fliegen, müssen Sie die Umkehrkurve mit Hilfe der Instrumente durchführen. Sie sollte nur mit geringer Querneigung (10° bis 15°) geflogen werden, Flughöhe und Geschwindigkeit müssen konstant bleiben. Behalten Sie den künstlichen Horizont, Fahrtmesser, Höhenmesser und Kurskreisel im Auge. Merken Sie sich den augenblicklichen Steuerkurs, bevor Sie die Kurve beginnen. Sonst kurven Sie ziellos umher.

15. Wetterinformationen während des Fluges:
- Fluginformationsdienst (FIS)
- VOLMET
- ATIS
Die zugehörigen Frequenzen finden Sie am Rand der Luftfahrtkarte ICAO 1:500.000.

16. Führen Sie, solange es noch hell ist, eine Sicherheitslandung auf einem geeigneten Gelände durch (es sei denn, Sie haben eine Nachtflugberechtigung und Ihr Flugzeug ist für den Nachtflugbetrieb ausgerüstet).

17. Es gibt verschiedene Möglichkeiten, sich neu zu orientieren:
- Weiterflug bis zur nächsten Auffanglinie
- Zurückfliegen zum letzten Kontrollpunkt
- Nach geographischen Orientierungspunkten suchen

- Flug zur nächsten Funknavigationsanlage
- Kreuzpeilung
- QDM anfordern

18. Hilfen am Flugplatz bei Orientierungsverlust:
- Peilung mit Hilfe eines Peilers
- Einschalten des Flugplatzleuchtfeuers
- Einschalten der Landebahnbefeuerung

19. Mittel der Flugsicherung bei Orientierungs-verlust:
- Radar
- Peiler

20. Bei einem Flug über Wolken:
- Die Einhaltung der Sichtflugregeln muß zu jeder Zeit gewährleistet sein, auch im An-flug zum Zielflugplatz.
- Auf die Wetterentwicklung ist deshalb wäh-rend des Fluges besonders zu achten.
- Die Navigation (Koppel- und Funknavigati-on) bedarf einer besonderen Sorgfalt. Auch über den Wolken müssen Sie wissen, wo Sie sich gerade befinden.
- Nehmen Sie eine ausreichende Menge Kraftstoff mit, denn eventuell können Sie den Zielflugplatz nicht anfliegen und müs-sen dann auf einem weit entfernten Aus-weichflugplatz landen.

21. Es gibt nur eine Entscheidung: Umkehren bzw. zu einem Flugplatz fliegen, der nach Sicht-flugregeln anfliegbar ist. Versuchen Sie nie, durch die Wolken zu "stoßen". Dieser Versuch kann tödlich enden.

22. Flug in großer Höhe:
- Abnehmende Flugleistung
- Kraftstoff/Luft-Gemisch der Höhe anpassen (Gemischregulierung).
- Gefahr von Sauerstoffmangel
- Terrestrische Navigation mit Hilfe großer, aus der Höhe gut erkennbarer Land-schaftsmerkmale durchführen.

23. In großen Höhen trifft man verstärkt auf IFR-Verkehr. Meldet man sich bei FIS, ist der Fluglotse in der Lage, Verkehrsinformationen zu geben und damit (unbeabsichtigte) Annäherun-gen mit anderen Flugzeugen zu verhindern.

24. Der Motor erhält zu wenig Kraftstoff (im Verhältnis zur Luft) und fängt vielleicht an zu stottern.

25. Besondere Gefahren im Gebirge:
- Starke Abwinde (welche die Steigleistung des Flugzeuges überschreiten können)
- Starke Turbulenzen
- Schnelle Wetteränderungen

26. Mit mindestens 1.000 ft, bei starkem Wind mit mindestens 2.000 ft.

27. Durch den "schrägen" Anflug kann der Pilot bei Gefahr (z.B. plötzliche Abwinde, starke Tur-bulenzen) schnellstens vom Berg wegfliegen.

28. Flug in einem Tal:
- Das Tal muß so breit sein, daß man mit einer normalen 180°-Kurve umkehren kann.
- Entlang einer Talseite fliegen, damit man das ganze Tal für eine Umkehrkurve zur Verfügung hat.
- Auf Abwinde entlang der Talseite achten.
- Auf das Tal überspannende Leitungen und auf Seilbahnen achten.
- Bei schlechter Sicht oder tiefen Wolken nicht ins Tal einfliegen.
- Nie über einer geschlossenen Wolkendecke in ein Tal einfliegen.

29. Diese Aussage ist falsch. Fliegt man z.B. in 500 ft mit 80 kt IAS an, wird das Flugzeug auch z.B. in 5.000 ft mit 80 kt IAS angeflogen. Aller-dings ist in 5.000 ft die TAS höher als in 500 ft.

30. Vor dem Start wird der Motor auf volle Lei-stung eingestellt. Danach wird das Gemisch auf beste Triebwerksleistung nach den Angaben im Flughandbuch verarmt. Mit dieser Gemischein-stellung wird gestartet.

31. Die Abnahme der Steigleistung mit der Hö-he ist von Flugzeugtyp zu Flugzeugtyp leicht unterschiedlich. Bei der Cessna 172 beträgt die Abnahme in 4.000 ft etwa 26% (laut Flughand-buch), bei der Piper PA 28 etwa 29%.

32. Flug Wilhemshaven-Mariensiel - Helgoland:
- "Peinlich genaue" Vorflugkontrolle durch-führen.

- Flugzeug mit ausreichender Menge Kraftstoff betanken (für Hin- und Rückflug plus mind. 30 Minuten Reserve). Besser noch wäre Volltanken, wenn es die Beladung und Bahnlänge in Helgoland erlauben.
- Flugplan aufgeben.
- Schwimmwesten mitnehmen, vor dem Flug anlegen und Passagiere mit dem Gebrauch vertraut machen.

33. Der Transponder darf (bzw. muß) nur dann auf den Code 7600 geschaltet werden, wenn bei einem Flug, für den Sprechfunkverbindung mit der Flugsicherung vorgeschrieben ist, der Sprechfunk ausfällt.

34. Länger andauernde Störungen bzw. Ausfälle findet der Pilot im VFR-Bulletin veröffentlicht. Über kurzfristig eingetretene Störungen bzw. Ausfälle informieren NOTAMs oder auf Anfrage der Flugberatungsdienst (AIS).

35. Bord-VOR-Gerät in Ordnung, trotzdem kein VOR-Empfang:
- VOR-Anlage am Boden ausgefallen.
- Außerhalb des Empfangsbereiches der VOR (vielleicht aufgrund einer zu geringen Flughöhe).

36. Großes Fluggewicht, Langsamflug bzw. großer Anstellwinkel, Landeklappen ausgefahren.

37. Den Einflug in Wirbelschleppen kann man vermeiden, indem man über dem Flugweg des anderen Flugzeuges fliegt.

38. Sie fliegen etwas höher an und richten den Anflug auf einen Punkt hinter dem Aufsetzpunkt des Airbus aus. Dadurch fliegen Sie über dessen Anflugweg und oberhalb der Wirbelschleppen.

39. Vögel fliegen überwiegend in Bodennähe. In geringer Flughöhe ist daher die Vogelschlaggefahr am größten.

40. Diese Frage ist nicht eindeutig zu beantworten. Soll man durchstarten oder doch landen? Entscheidend ist u.a., wo auf der Landebahn sich die Vögel befinden. Beim Durchstarten kann es passieren, daß man mit den auffliegenden Vögeln kollidiert. Das gleiche gilt für die Landung. Allerdings ist beim Landen die Fluggeschwindigkeit und damit auch die Auswirkung des Vogelschlages geringer.

Kapitel 4

1. Ursachen für das Blockieren von Rudern und Klappen:
- Gerissenes Steuerseil
- Gebrochener Verbindungsbolzen
- Vereisung
- Blockieren des Steuergestänges durch lose Gegenstände
- Elektrischer Ausfall des Landeklappenmotors

2. Gewiß ist das Blockieren des Höhenruders gefährlich, vor allem bei der Landung. Aber auch das einseitige Blockieren eines Ruders kann zu kritischen Situationen führen: Ist z.B. das nach links ausgeschlagene Seitenruder blockiert, sind nur Linkskurven möglich. Ist das nach oben ausgeschlagene Höhenruder blockiert, besteht durch den hohen Anstellwinkel Überziehgefahr. Einseitig ausgefahrene und blockierte Landeklappen verursachen ein starkes Drehmoment.

3. Bitte starten Sie zu Ihrer eigenen Sicherheit und der Sicherheit der Fluggäste nicht! Offenbar haben Sie keine Sicherungen an Bord. Vielleicht fallen unterwegs noch andere Sicherungen aus? Vielleicht müssen Sie am Zielflugplatz eine kurze Landung durchführen, dafür brauchen Sie die Landeklappen. Oder Sie können am Zielflugplatz z.B. wegen des schlechten Wetters nicht landen und müssen nun einen Ausweichflugplatz mit einer sehr kurzen Bahn anfliegen. Und was machen Sie im Falle einer Notlandung? Da brauchen Sie auf jeden Fall funktionsfähige Landeklappen.

4. Bei blockierter Höhensteuerung läßt sich das Flugzeug mit Hilfe der Höhenrudertrimmung in begrenztem Umfang um die Querachse steuern. Dabei ist auf die umgekehrte Wirkungsweise der Höhentrimmung zu achten. Im Anflug behutsam Triebwerksleistung reduzieren und

Landeklappen ausfahren, denn jede Veränderung der Leistung und der Landeklappenstellung verursacht eine Fluglageänderung um die Querachse. Möglichst im flachen Winkel anfliegen und das Flugzeug mit geringer Sinkrate an die Landebahn führen. Erst nach dem Aufsetzen Motorleistung auf Leerlauf zurücknehmen.

5. Die Funktion des Seitenruders läßt sich weitestgehend durch die Funktion der Querruder ersetzen. Ist das Seitenruder mit einer Seitenrudertrimmung ausgestattet, kann man das Flugzeug in begrenztem Umfang mit Hilfe der Seitenrudertrimmung um die Hochachse steuern. Eine Landung mit starkem Seitenwind muß allerdings vermieden werden, da die Gefahr besteht, daß das Flugzeug von der Landebahn abkommt.

6. Offenbar hat die Unterdruckpumpe oder die Druckleitung einen Defekt. Der erzeugte Unterdruck reicht nicht aus, um die Kreiselgeräte ordnungsgemäß anzutreiben. Die Kreiselgeräte werden falsche Werte anzeigen.

7. Start sofort abbrechen!

8. Mit diesem Schalter kann beim Blockieren der statischen Druckentnahmeöffnungen ein Notventil für den statischen Luftdruck geöffnet werden. Den Druckinstrumenten wird dabei der Luftdruck der Flugzeugkabine zugeführt.

9. Die Gefahr ist trotz starken Ziehens am Höhensteuer groß, daß das Flugzeug mit dem Bugrad zuerst aufsetzt. Ist eine Bugradlandung unvermeidlich, sollte man versuchen, mit möglichst geringer Sinkrate und Motorunterstützung sanft auf der Landebahn aufzusetzen.

10. Versuchen Sie, Gepäck aus dem hinteren Gepäckraum nach vorne zu laden und die vorderen Sitze so weit wie möglich nach vorne zu schieben. Falls der vordere Passagiersitz nicht besetzt ist, sollten Sie einen Passagier von der hinteren Sitzbank nach vorne setzen (falls dies in der engen Kabine überhaupt möglich ist). Bitten Sie die Passagiere auf der hinteren Sitzbank, sich weit nach vorne zu beugen und die Arme auf die Rückenlehnen der vorderen Sitze zu legen.

11. Die mit BAT beschriftete Hälfte des Schalters dient zum Ein- und Ausschalten des gesamten Bordnetzes, die linke mit GEN oder ALT beschriftete Hälfte zum Ein- und Ausschalten des Generators. Normalerweise werden beide Hälften des Schalters gleichzeitig bedient. Soll nur der Generator (z.B. bei einer Störung oder einem Ausfall) ausgeschaltet werden, so wird die Schalterhälfte mit der Beschriftung GEN bzw. ALT auf AUS gestellt.

12. Überprüfen Sie die elektrische Sicherung für den Antriebsmotor der Landeklappen.

13. Offenbar liegt ein Defekt im Bordnetz vor, sehr wahrscheinlich ist der Generator ausgefallen. Die gesamte elektrische Belastung trägt nun die Batterie. Das Amperemeter zeigt die Stromentnahme aus der Batterie an. Alle nicht benötigten elektrischen Verbraucher sollten ausgeschaltet und der Flug so bald wie möglich beendet werden.

14. Da automatische Sicherungen thermisch arbeiten, muß die Sicherung erst abkühlen, bevor sie wieder eingedrückt wird. Andernfalls kann der Sicherungsautomat beschädigt und die Sicherung unwirksam werden.

15. Sehr wahrscheinlich ist die Ölschmierung ausgefallen (aus welchen Gründen auch immer). Reduzieren Sie die Triebwerksleistung so weit wie möglich und führen Sie eine Sicherheitslandung durch - je eher desto besser.

16. Bei Ausfall der Ölschmierung müßte die Öltemperatur sehr schnell ansteigen. Dies ist aber nicht der Fall. Deshalb können Sie vermuten, daß nur die Öldruckanzeige defekt ist. Trotzdem sollten Sie aus Sicherheitsgründen den nächstgelegenen Flugplatz anfliegen und die Störung untersuchen lassen.

17. Versuchen Sie, eine Motordrehzahl einzustellen, bei der die Vibration geringer wird. Wenn dies nicht zum Erfolg führt, Drehzahl soweit wie möglich verringern. Den nächstgelegenen Flugplatz anfliegen oder - bei extrem starker Vibration - eine Sicherheitslandung machen.

18. Tankschaltung überprüfen.

19. Für VFR-Flüge im nichtgewerblichen Verkehr ist lediglich die Mitnahme einer ausreichenden Kraftstoffmenge vorgeschrieben. Das Luftfahrt-Bundesamt empfiehlt allerdings, zusätzlich zum Kraftstoff für die Strecke eine Kraftstoffreserve für mindestens 30 Minuten Flugzeit und den Flug zum Ausweichflugplatz mitzunehmen.

20. Die Entscheidung ist schwierig: Vorsorgliche Sicherheitslandung mit laufendem Triebwerk durchführen oder versuchen, den nächsten Flugplatz zu erreichen? Ihr Risiko ist allerdings, daß der Motor plötzlich ausfällt.
Sollten Sie sich zum Weiterflug zum nächsten Flugplatz entscheiden, informieren Sie auf jeden Fall die Luftaufsicht bzw. Flugsicherung über Ihr Treibstoffproblem, damit Sie den Flugplatz auf dem kürzesten Weg und ohne Verzögerung anfliegen können.
Geht der Anflug zum nächsten Flugplatz allerdings nur über bebautes Gebiet (z.B. Anflug zum Verkehrsflughafen Hamburg), müssen Sie das Risiko eines plötzlichen Triebwerksausfalls einkalkulieren. Sie würden nicht nur sich selbst und die Flugpassagiere gefährden, sondern auch Personen am Boden.

21. Ursachen für Wasser im Kraftstoff:
● Kondensation von Wasserdampf im Tank (Kondenswasser)
● Regenwasser beim Betanken im Regen.
● Eindringen von Wasser durch undichte Tankverschlüsse
● Tanken von bereits wasserhaltigem Kraftstoff

22. Maßnahmen bei Brandgeruch in der Flugzeugkabine:
● Ursache feststellen.
● Entdecken Sie ein offenes Feuer in der Kabine (z.B. Kabelbrand), Feuer löschen (Feuerlöscher, Decken), danach Kabine entlüften und umgehend landen.
● Kommt der Brandgeruch offensichtlich aus dem Motorraum (Feuer oder Rauch ist nicht zu sehen), Kabinenheizung abstellen, Kabine belüften und umgehend landen.

23. Motorbrand während des Fluges:
● Sofort die Kraftstoffzufuhr unterbrechen.

● Elektrische Anlage ausschalten.
● Kabinenheizung ausschalten.
● Notlandung durchführen.

24. Diese Frage müssen Sie sich selbst beantworten. Die Ausrüstung mit einem Feuerlöscher ist nicht vorgeschrieben. Ist jedoch einer an Bord, sollten Sie sich mit dessen Bedienung vertraut machen.

25. Dreht der Motor, werden die Flammen und der im Vergaser angesammelte Kraftstoff in die Zylinder gesogen. Das Feuer erlischt dadurch meist sehr schnell.

Kapitel 5

1. Besonders gefährliche Wettererscheinungen:
● Gewitter (Turbulenzen, Hagel, Blitzschlag)
● Vereisung
● Nebel
● Tiefe Wolken
● Starke Turbulenzen
● Fallwinde
● Windscherungen

2. Sichtbehinderung durch Dunst bei VFR-Flug:
● Umkehren.
● Auf Sicherheitshöhe achten.
● Fluglage nach Instrumenten kontrollieren.
● Mit Hilfe der Funknavigationsgeräte navigieren.

3. Gefahr bei starker Sichtverminderung:
● Hindernisse können nicht rechtzeitig erkannt werden.
● Verlust der räumlichen Orientierung (Vertigo).

4. Vor allem im Winterhalbjahr (besonders Spätherbst).

5. Differenz zwischen Lufttemperatur und Taupunkt, die Taupunktdifferenz (engl. Spread).

6. Fliegen bei Schneefall:
● Starke Sichtbehinderung
● Sinnestäuschungen (Vertigo)
● Bei feuchtem Schnee Vereisungsgefahr

7. Starker Regen kann die Strömung auf den Tragflächen negativ beeinflussen und die Überziehgeschwindigkeit erhöhen. Deshalb mit etwas erhöhter Geschwindigkeit anfliegen.

8. Innerhalb der Gewitterwolke:
- Hagel
- Blitz
- Turbulenzen, Auf- und Abwinde
- Vereisung

Unterhalb (bzw. auch am Rand) der Gewitterwolke:
- Hagel
- Blitz
- Turbulenzen
- Fallwinde
- Windscherungen
- Starke Niederschläge (Sichtbehinderung)

Achtung: Gewitter können ein Flugzeug zum Absturz bringen.

9. Im Sommer, vor allem im Juli und August. Es gibt auch ab und zu Wintergewitter.

10. Sie warten auf jeden Fall, bis das Gewitter vorbei ist. Entweder fliegen Sie Warteschleifen oder landen auf einem Ausweichflugplatz und trinken erst einmal in Ruhe Kaffee.

11. SIGMETs sind Informationen des Wetterdienstes über signifikante meteorologische Erscheinungen, die eine besondere Gefahr für die Luftfahrt darstellen können. Sie werden bei folgenden Wettererscheinungen u.a. über FIS verbreitet:
- Aktive Gewitter
- Starke Böenlinie
- Starker Hagel
- Starke Turbulenz
- Starke Vereisung
- Ausgeprägte Wellenbildung an Gebirgen
- Vulkanaschewolken

12. Manövergeschwindigkeit V_A ist die höchstzulässige Geschwindigkeit, bei der das Flugzeug durch volle Ruderausschläge nicht übermäßig beansprucht wird. Sie ist im Flughandbuch angegeben. Beim Flug in Turbulenzen sollte man auf Manövergeschwindigkeit zurückgehen, um die Belastung der Flugzeugzelle durch Windböen zu vermindern.

13. Flug in starker Turbulenz:
- Fluggeschwindigkeit auf Manövergeschwindigkeit verringern.
- Alle Flugzeuginsassen fest anschnallen.
- Lose Gegenstände sichern.
- Gebiet mit starken Turbulenzen nach Möglichkeit schnell verlassen, ggf. umkehren.

14. Wetterlagen mit Turbulenz:
- Gewitter
- Böenwalze
- Föhn

15. Anflug bei starker Turbulenz:
- Mit erhöhter Geschwindigkeit anfliegen (Landeklappen nicht voll ausfahren).
- Auf Ausschweben weitestgehend verzichten und Flugzeug bewußt auf die Bahn aufsetzen.
- Auf Durchstarten vorbereitet sein.
- Ggf. Ausweichflugplatz anfliegen.

16. Diese Aussage ist nicht richtig. Windscherungen kommen zwar nicht häufig vor. Wenn sie aber auftreten, können sie äußerst gefährlich sein.

17. Sie finden die maximal zulässige Seitenwindkomponente Ihres Flugzeuges im Flughandbuch. Die meisten einmotorigen Flugzeuge sind für 15 bis 20 kt Seitenwind zugelassen.

18. Start bei starkem Seitenwind:
- Querruder voll gegen den Wind ausschlagen.
- Mit zunehmender Rollgeschwindigkeit Querruderausschlag verringern.
- Nach dem Abheben das Flugzeug in den Wind drehen und mit einem entsprechend großen Luvwinkel die Abflugrichtung halten.

19. Die Seitenwindkomponente beträgt 15 kt (siehe Abbildung 86). Nach der Drittel-Methode erhält man 13 kt.

20. Auswirkungen von Flugzeugvereisung:
- Verminderung des Auftriebs
- Erhöhung der Überziehgeschwindigkeit
- Erhöhung des Widerstandes
- Gewichtszunahme
- Blockieren einzelner Ruder

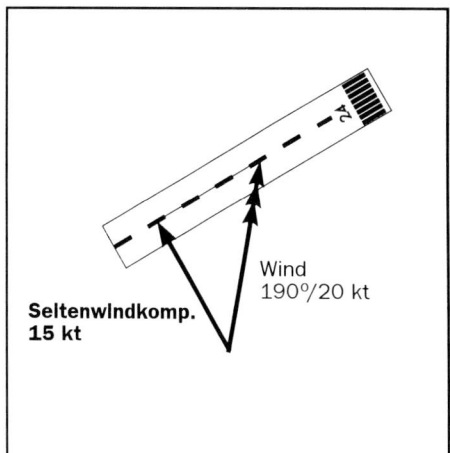

Abb. 86: Seitenwindkomponente

21. Bei Wetterlagen mit hoher relativer Luftfeuchtigkeit und Temperaturen von -5° bis
+20° C.

22. Anzeichen von Vergaservereisung:
• Drehzahlabfall bei Motor mit Festpropeller
• Ladedruckabfall bei Motor mit Verstell-
  propeller
• Rauher Motorlauf

23. Vergaservereisung kann zum Ausfall des
Motors führen. Nur eine voll eingeschaltete
Vergaservorwärmung garantiert die schnellst-
mögliche Enteisung.

24. Vereisung außerhalb von Wolken:
• Flug durch unterkühlten Regen (engl.
  Freezing Rain): Es bildet sich gefährliches
  Klareis.
• Flug mit einem abgekühlten Flugzeug
  (aufgrund längeren Aufenthalts in einer
  Höhe mit Temperaturen unter 0° C) durch
  wärmere Luftschichten: Es entsteht meist
  nur eine dünne Eisschicht, die sehr bald
  wieder abschmilzt.

25. Den Schnee können Sie mit einem Besen
vorsichtig entfernen. Aber passen Sie auf, daß
er dabei nicht in Öffnungen des Flugzeuges
oder in die Ruderspalte gelangt. Eis ist meist
nur sehr schwer zu entfernen (es sei denn, man

setzt chemische Mittel ein). Hüten Sie sich
davor, daß Flugzeug mit einem Eiskratzer zu
"bearbeiten". Sie müssen also das Flugzeug in
einen beheizten Hangar stellen und warten, bis
das Eis vollkommen abgeschmolzen ist. Bevor
Sie es wieder herausholen, prüfen Sie, ob es
völlig schnee- und eisfrei und auch trocken ist.

Kapitel 6

1. Verschieben Sie den Rückflug, vielleicht sogar auf den nächsten Tag. Sie brauchen auf jeden Fall erst einmal eine längere Ruhepause.
Fliegen Sie nur, wenn Sie sich wirklich fit fühlen.

2. Im Prinzip ja, aber wer fliegt, trinkt nicht!
Es ist ausgesprochen fragwürdig, wenn ein Pilot
mit seinen Fluggästen im Flugplatzrestaurant
Bier trinkt und anschließend ein Flugzeug be-
steigt.

3. Ein kleines Glas Bier enthält etwa 0,3 Liter.
Nach dem Genuß von 2 Gläsern wird man eine
Stunde später etwa 0,4 Promille Alkoholgehalt
im Blut haben. Mit diesem Alkoholgehalt sollte
man auf keinen Fall ein Flugzeug fliegen.

4. Beim Mann wird Blutalkohol mit durchschnittlich 0,1 bis 0,15 Promille pro Stunde
abgebaut, bei einer Frau mit durchschnittlich
0,085 bis 0,1 Promille.

5. Auf jeden Fall! Alkohol im Blut wirkt sich in
großen Höhen sehr viel stärker aus als in niedrigen. Man ist sehr viel schneller betrunken, und
der Sauerstoffmangel macht sich früher bemerkbar.

6. Offenbar bekommt Ihrem Fluggast das Fliegen nicht, vielleicht hat er sogar Angst. Versuchen Sie ihn abzulenken und ihm die Angst zu
nehmen. Sorgen Sie für Frischluft im Flugzeug
(nicht rauchen) und halten Sie diskret eine
Spucktüte bereit. Ändert sich der Zustand Ihres
Passagieres jedoch nicht, sollten Sie den Flug
möglichst bald beenden.

7. Konzentrieren Sie sich auf die Cockpitinstru-
mente und bestimmen Sie die Fluglage nur
nach ihren Anzeigen. Kehren Sie um!

8. Bei nichtgewerblichen Flügen muß ab 13.000 ft MSL Sauerstoff mitgeführt werden. Schon ab 12.000 ft MSL wird dies verlangt, wenn der Flug oberhalb 12.000 ft MSL länger als 30 Minuten dauert.

9. Müdigkeit, Benommenheit, Kopfdruck, Kribbeln in Fingern und Zehen, Schwindel, eventuell zusätzlich Euphorie.

10. Sinken Sie sofort auf eine Höhe unter 10.000 ft MSL.

11. Diese Aussage ist falsch. Druckschmerzen können auch in geringen Höhen auftreten. Sie entstehen durch Druckänderungen und treten vor allem bei einem raschen Sinkflug auf.

12. Mit geringer Sinkrate sinken, Kaugummi kauen.

13. Im Winter benötigen Sie unbedingt die Kabinenheizung. Bei einer defekten Heizung besteht die Gefahr einer Kohlenmonoxydvergiftung. Deshalb: Fliegen Sie nicht mit diesem Flugzeug!

14. Unwohlsein, Schwindel, Benommenheit, Unfähigkeit zu klarem Denken, Kopfschmerzen.

15. Zwingen Sie sich zur Ruhe. Panik kann man bekämpfen. Denken Sie an das, was Sie gelernt haben: Höhensteuer drücken, Geschwindigkeit für bestes Gleiten einnehmen, Tragflächen gerade halten und dann das Motorproblem lösen bzw. notlanden. Übrigens verlaufen in den meisten Fällen Notlandungen glimpflich.

Kapitel 7

1. Eine Notlandung ist eine durch eine gravierende Störung erzwungene Landung. Es bleibt keine andere Wahl: Sie müssen notlanden und dabei mit der verbleibenden Flughöhe und dem unmittelbar erreichbaren Gelände auskommen. Eine Sicherheitslandung ist eine vorsorgliche Außenlandung, der Weiterflug wäre mit sehr großen Risiken verbunden (z.B. Treibstoffmangel, extreme Wetterverschlechterung, Einbruch der Nacht). Das Flugzeug ist noch flugfähig,

und der Motor läuft. Es ist noch Zeit, das Gelände auszuwählen und Anflug und Landung mit Motorleistung durchzuführen. Nach der Notlandung ist ein Wiederstart nur nach Genehmigung durch die Luftfahrtbehörde des Landes zulässig. Nach einer Sicherheitslandung darf ohne behördliche Genehmigung wieder gestartet werden. In beiden Fällen dürfen Sie aber nur ohne Passagiere starten.

2. Der Motor läuft noch. Wählen Sie ein Gelände für die Außenlandung aus. Überfliegen Sie es in geringer Höhe mit geringer Geschwindigkeit und überprüfen Sie, ob es für eine Landung geeignet ist. Achten Sie auf Hindernisse, vor allem im geplanten Anflugbereich. Anflug und Landung sollten nach Möglichkeit gegen den Wind erfolgen. Die Landung auf unbekanntem Gelände ist riskant. Deshalb sollte man wie bei einer Notlandung die Flugsicherung über die geplante Sicherheitslandung informieren (kein Notruf). Schalten Sie vor der Landung alle elektrischen Verbraucher soweit möglich aus, entriegeln Sie die Türen und schützen Sie sich und Ihre Passagiere vor eventuellen Verletzungen. Landen Sie dann mit möglichst geringer Geschwindigkeit. Unmittelbar nach dem Aufsetzen sollte man die Kraftstoffzufuhr unterbrechen, um die Brandgefahr bei einem eventuellen Bruch beim Ausrollen zu reduzieren.

3. Für Notrufe gilt die international festgelegte Frequenz 121,50 MHz. Bei allen Flugsicherungsstellen ist diese Notfrequenz eingeschaltet: Ihr Notruf wird von der nächsten Flugsicherungsstelle garantiert empfangen. Einen Notruf kann man aber auch auf jeder anderen geeigneten Frequenz senden, d.h. auf der einer Bodenstelle, von der man Hilfe erwarten kann. Besteht bereits Sprechfunkverbindung mit einer Bodenstelle (z.B. FIS, Luftaufsicht), kann der Notruf auf dieser Frequenz gesendet werden.

4. Sendet der Transponder den Code 7700, wird auf allen Radarschirmen der Flugsicherung im Empfangsbereich die Position des Flugzeuges besonders markiert angezeigt. Die Flugsicherung wird versuchen, Sprechfunkkontakt mit dem in Not befindlichen Flugzeug aufzunehmen und benachrichtigt den Such- und Rettungsdienst und ggf. die Polizei.

5. Wenn Sie den Höhenverlust Ihres Flugzeuges bei Motorausfall nicht kennen, sollten Sie im Flughandbuch unter dem Kapitel "Notverfahren" nachschauen. Besser ist es allerdings, wenn Sie zusammen mit einem Fluglehrer eine Notlandeübung machen und sich die dabei erflogene Sinkrate merken.

6. Kontrolle über das Flugzeug halten bis zur Landung (sichere Geschwindigkeit und normale Fluglage).

7. Das Notlandegelände muß im Gleitflug erreicht werden können. Es sollte möglichst eben, mit festem Untergrund, hindernisfrei und gegen den Wind anfliegbar sein.

8. Gegenwind verringert die Geschwindigkeit über Grund und damit auch die Aufsetzgeschwindigkeit. Je geringer diese ist, umso kürzer ist die Landestrecke. Dadurch verringert sich auch das Risiko, bei einer Bruchlandung verletzt zu werden.

9. Straßen sind in vielen Fällen von Hindernissen umgeben (Bäume, Leitungen, Brücken usw.), die das Unfallrisiko bei einer Notlandung erhöhen. Außerdem sollte man nicht andere (in diesem Fall Autofahrer) gefährden. Allerdings spricht nichts dagegen, auf einer hindernisfreien, kaum befahrenen Straße zu landen - aber bitte in Fahrtrichtung.

10. Der Abbau von Flughöhe über dem Notlandegelände ist sehr viel sicherer als in dessen Nähe. Die Gefahr, sich bei der Einteilung des Anfluges zu verschätzen, ist aus einer vom Notlandegelände entfernten Position sehr viel größer. Außerdem hat man über dem Notlandegelände die Möglichkeit, es besser in Augenschein zu nehmen und eventuelle Gefahren vorher zu erkennen.

11. Anweisungen an Fluggäste vor der Notlandung:
- Anschnallen und Gurte festziehen.
- Lose Gegenstände verstauen.
- Brille absetzen.
- Bei der Landung Kopf und Gesicht schützen.

12. Maßnahmen kurz vor der Notlandung:
- Kraftstoffzufuhr unterbrechen.
- Alle elektrischen Schalter ausschalten. Achtung: Falls Landeklappen durch einen Elektromotor ausgefahren werden, Batterieschalter eingeschaltet lassen, bis die Landeklappen voll ausgefahren sind.
- Kabinentüren entriegeln.

13. Notlandung auf weichem Acker:
- In Richtung der Furchen landen.
- Mit Mindestgeschwindigkeit aufsetzen.
- Das Steuerhorn voll gezogen halten, damit das Bugrad möglichst spät aufsetzt und die Gefahr eines Überschlages reduziert wird.
- Bei einem Flugzeug mit Einziehfahrwerk: Fahrwerk nicht ausfahren.

14. Eine Landung hangaufwärts erfordert nur eine kurze Landestrecke. Hangabwärts ist sie viel länger. Der Hang muß also ebenfalls länger sein. Das Unfallrisiko wird dadurch größer.

15. Das Flugzeug rechtzeitig vor dem Hindernis andrücken und dabei Fahrt aufbauen. Vor dem Hindernis hochziehen, nach Überflug sofort drücken, damit es im Bereich der sicheren Mindestgeschwindigkeit bleibt. Landen.

16. Bei einer Notlandung in einen Wald bilden die Baumspitzen die "Landefläche". Bei hohen Bäumen besteht die Gefahr, daß das Flugzeug nach der Baumberührung in die Tiefe stürzt. Deshalb sollte man, wenn die Wahl besteht, möglichst auf niedrigen Bäumen aufsetzen. Auf jeden Fall gegen den Wind landen.

17. Motorausfall kurz nach dem Start:
- Sofort am Höhensteuer drücken, um die Geschwindigkeit zu halten.
- In einen Gleitflug übergehen.
- Notlandung geradeaus durchführen.

18. Schwimmwesten dürfen erst nach Verlassen des Flugzeuges aufgeblasen werden. Bläst man sie nämlich im Flugzeug auf, wäre es sehr schwierig, wenn nicht sogar unmöglich, damit durch die kleine Kabinentür ins Freie zu kommen. Stellen Sie sich vor, die vier Insassen z.B. einer Piper PA 28 würden ihre Schwimmwesten bereits in der Flugzeugkabine aktivieren...

19. Erste Maßnahmen nach Notlandung:
- Flugzeug sofort verlassen, vor allem dann, wenn durch Bruch Brand- oder Explosionsgefahr besteht.
- Ggf. Verletzte versorgen.
- Passagiere beruhigen.
- Hilfe holen.

20. Kontaktaufnahme zum Suchflugzeug:
- Feuer machen, möglichst mit starker Rauchentwicklung, z.B. durch Öl aus dem Flugzeugmotor.
- Decken oder andere Gegenstände großflächig auslegen.
- Wenn man sich im Schnee befindet, kann man Zeichen in den Schnee treten, z.B. "SOS".
- Möglichst mit allen Passagieren um das notgelandete Flugzeug laufen, denn Bewegungen werden aus der Luft leichter erkannt.
- Falls das Sprechfunkgerät noch funktioniert, Notrufe auf 121,50 MHz senden.

Kapitel 8

1. Das Luftfahrt-Bundesamt. Die Adresse finden Sie im Luftfahrthandbuch, Teil GEN.

2. Aufgrund der luftrechtlichen Vorschriften müssen Sie auf jeden Fall folgendes erledigen:
- Schriftliche Anzeige der Notlandung (durch den Luftfahrzeughalter) beim LBA innerhalb von drei Tagen.
- Benachrichtigung des Eigentümers. Falls ein Schaden auf der Wiese entstanden sein sollte, müssen Sie dem Eigentümer Auskunft über Halter, Versicherung usw. geben.
- Wiederstarterlaubnis bei der Luftfahrtbehörde des Landes einholen, falls das Flugzeug an Ort und Stelle wieder flugklar gemacht werden kann und sich die Wiese für einen Start eignet.

Zuerst aber sollten Sie, wenn Sie vor der Landung eine Notmeldung über Funk abgesetzt hatten, die Flugsicherung bzw. die Stelle, mit der Sie in Funkkontakt standen, über die geglückte Notlandung informieren. Danach werden Sie sicherlich den Halter des Flugzeuges (wenn Sie nicht selbst Halter sind) benachrichtigen und alles Weitere (Reparatur, Abtransport usw.) abstimmen. Nach der Notlandung sollten Sie das Flugzeug nicht unbeaufsichtigt, zumindest nicht ungesichert, zurücklassen. Vielleicht benötigen Sie dazu die Hilfe der Polizei.

3. Bei einem schweren Schaden am Luftfahrzeug müssen Sie sofort die nächst erreichbare Polizeistation benachrichtigen. Diese wird die Luftfahrtbehörde des Landes, das LBA und die Flugsicherung informieren. Unabhängig davon muß der Luftfahrzeughalter dem LBA innerhalb von drei Tagen eine schriftliche Störungsmeldung senden.

4. Dieser Vorfall muß nicht gemeldet werden.

5. Der Zusammenstoß mit einem Vogel ist dem LBA vom Luftfahrzeughalter innerhalb von drei Tagen schriftlich anzuzeigen.

6. Bei der Flugsicherung. Die schriftliche Anzeige einer gefährlichen Begegnung zwischen Luftfahrzeugen erfolgt auf einem speziellen Formblatt, das bei allen Flugberatungsstellen (AIS) ausliegt. Stehen Sie während der gefährlichen Begegnung in Funkkontakt mit einer Flugverkehrskontrollstelle, sollten Sie den Flugverkehrslotsen sofort informieren.

7. Der Einbauort des ELT ist an der Außenseite des Flugzeuges markiert.

8. Sie schalten das ELT aus. Es ist natürlich weiterhin betriebsbereit und wird bei einem Aufschlag aktiviert. Stellen Sie durch Abhören der Notfrequenz 121,50 MHz sicher, daß es nicht mehr sendet, und informieren Sie dann die Flugsicherung über den Vorfall.

9. Lesen Sie das Flughandbuch genau durch. Bereiten Sie den Flug besonders gründlich vor und gehen Sie in Gedanken die einzelnen Stationen des Fluges durch. Am besten aber ist es, wenn Sie erst einmal einen Checkflug mit einem erfahrenen Fluglehrer machen.

10. Flugsicherheitsmitteilungen bekommen Sie beim LBA oder beim DAeC. Übrigens: Luftfahrthandbuch-Abonnenten erhalten immer die neuesten Flugsicherheitsmitteilungen.

Abkürzungen und Akronyme

ABN > Aerodrome Beacon (Flugplatzleuchtfeuer)

ADF > Automatic Direction Finder (automatisches Peilgerät)

AIP > Aeronautical Information Publication (Luftfahrthandbuch)

AIS > Aeronautical Information Service (Flugberatungsdienst)

ATIS > Automatic Terminal Information Service (automatische Ausstrahlung von Start- und Landeinformationen)

CDI > Course Deviation Indicator (Kursabweichanzeiger/VOR)

DAeC > Deutscher Aeroclub e.V.

DFS > Deutsche Flugsicherung GmbH

ELBA > Emergency Location Beacon Aircraft (Notsender)

ELT > Emergency Locator Transmitter (Notsender)

FAA > Federal Aviation Administration (amerikanische Luftfahrtbehörde)

FIS > Flight Information Service (Fluginformationsdienst)

fsm > Flugsicherheitsmitteilung

ft > feet

GAFOR > General Aviation FORecast (Flugwettervorhersage für die Allgemeine Luftfahrt)

GND > Ground (Grund)

GS > Ground Speed (Geschwindigkeit über Grund)

hPa > Hectopascal

IAS > Indicated Air Speed (angezeigte Fluggeschwindigkeit)

ICAO > International Civil Aviation Organization (Internationale Zivilluftfahrtorganisation)

IFR > Instrument Flight Rules (Instrumentenflugregeln)

ISA > International Standard Atmosphere (Internationale Standardatmosphäre)

LBA > Luftfahrt-Bundesamt

LuftBO > Betriebsordnung für Luftfahrtgerät

LuftVO > Luftverkehrsordnung

LW > Langwelle

min > Minute

MHz > Megahertz

MSL > Mean Sea Level (mittlerer Meeresspiegel)

MW > Mittelwelle

NDB > Non Directional Radio Beacon (ungerichtetes Funkfeuer)

NM > Nautical Mile (Seemeile)

NN > Normal Null

NOTAM > NOtice To AirMen (Nachrichten für Luftfahrer)

PAPI > Precision Approach Path Indicator (optische Gleitwinkelanzeige)

QDM > mißweisende Peilung zur Station

QNH > auf MSL reduzierter Luftdruckwert eines Ortes (nach ISA)

SAR > Search And Rescue (Such- und Rettungsdienst)

SIGMET > SIGnificant METeorological Phenomena (signifikante Wettererscheinungen)

SR > SunRise (Sonnenaufgang)

SS > SunSet (Sonnenuntergang)

TAS > True Air Speed (wahre Eigengeschwindigkeit)

UKW > Ultrakurzwelle

VASIS > Visual Approach Slope Indicator System (optische Gleitwinkelanzeige)

VDF > VHF Direction Finding Station (UKW-Peilstelle)

VFR > Visual Flight Rules (Sichtflugregeln)

VOLMET > Wetterinformationen für Luftfahrzeuge im Fluge

VOR > VHF Omnidirectional Radio Range (UKW-Drehfunkfeuer)

V_A > Manövergeschwindigkeit

V_S > Überziehgeschwindigkeit

V_{S0} > Überziehgeschwindigkeit (Klappen ausgefahren)

V_{S1} > Überziehgeschwindigkeit (Klappen eingefahren)

V_X > Geschwindigkeit für besten Steigwinkel

V_Y > Geschwindigkeit für bestes Steigen

Literaturverzeichnis

Aircraft Owners and Pilot Association:
"The AOPA Mountain Flying Course", 1970

Bachmann/Faber/Senftleben:
"Gefahrenhandbuch für Piloten"
Motorbuch Verlag Stuttgart, 1981

Bramson, A.:
"Pilotenhandbuch"
Motorbuch-Verlag Stuttgart, 1984

Bramson, A.:
"Die Kunst des Landens"
Motorbuch-Verlag Stuttgart, 1987

Bundesminister für Verkehr:
"Flieger know-how"
Folge 6 "Verhalten in Notfällen", Bonn

Bundesminister für Verkehr:
"Genehmigung der Anlage und des Betriebes
von Landeplätzen für Flugzeuge"
NfL I-278/68, Bonn, 1968

Bundesminister für Verkehr:
"PPL-Fragenkatalog", Bonn

Bundeswehr:
"Flugsicherheit"
2/80, Bonn, 1980

Deutscher Ausschuß zur Verhütung von
Vogelschlägen im Luftverkehr:
Zeitschrift "Vögel und Luftverkehr"
Traben-Trarbach, 1990

Eichenberger, W.:
"Flugwetterkunde"
Schweizer Verlagshaus AG., Zürich, 1966

England/Ulbricht:
"Flugmeteorologie"
transpress, Berlin, 1990

Federal Aviation Administration:
"Advisory Circular AC0050-A"
Washington, 1979
"Flight Training Handbook"
Washington, 1980

Federal Aviation Administration:
"Airman`s Information Manual"
Washington, 1991

Garbe, J.:
"Kompendium der Flugphysiologie"
Flugmedizinisches Institut der Luftwaffe,
Fürstenfeldbruck

IG Metall:
"Das Suchtbuch für die Arbeitswelt"
Frankfurt am Main, 1991

Kerchner, W.K.:
"The Student Pilot`s Flight Manual"
Iowa State University Press, USA, 1979

Flugsicherheitsmitteilungen (fsm)
des Luftfahrt-Bundesamtes:
"Alkoholgenuß im Flugbetrieb", 1972
"Mindestkraftstoff", 1973
"Fliegen im Winter", 1974
"Einflüsse auf die Länge der Startstrecke", 1975
"Einschalten des Landescheinwerfers", 1976
"Seitenruder dagegen, Knüppel normal", 1978
"Hohe Schule der Triebwerks-Dressur" 1980
"Die Berücksichtigung des Seitenwindes", 1980
"Vereisung", 1981
"Vergeßlichkeit ist menschlich", 1981
"Geplantes Fliegen, Fliegen nach Plan", 1982
"Verringerte Motorleistung und wie man ihr
begegnen kann", 1982
"Der Anflug - die Overtüre zur Landung", 1983
"Masse und Schwerpunkt", 1984
"Lassen Sie sich Ihren Flug nicht verwäs-
sern!", 1984
"Die Sicherheitslandung", Febr. 1990

Pollit, W.:
"Der Flug"
Richard Carl Schmidt & Co., Berlin 1962

Luftfahrthandbücher der Länder:
Bundesrepublik Deutschland, Frankreich,
Österreich, Schweiz

Flughandbücher:
Cessna 172
Piper PA 28
Aerospatiale TB10

Der Autor

Der Autor, Jahrgang 1948, Studium der Flugtechnik an der Technischen Universität Berlin, von 1975 bis 1985 Referent für Luftraumplanung und Instrumentenflugverfahren bei der Bundesanstalt für Flugsicherung in Frankfurt, von 1986 bis 1993 Professor an der Fachhochschule des Bundes, Abteilung Flugsicherung, in Langen. Seit 1993 Leiter des "Büro der Nachrichten für Luftfahrer" bei der Deutschen Flugsicherung (DFS). Theorielehrer bei einer Flugschule und im Fliegerclub. Besitz der Privatpilotenlizenz mit Instrumentenflugberechtigung.